图 例

古

⊙ **王城**	京城
⊙ **新郑**	主要城市
⊙ **鄢陵**	普通城市
践土	重要地名
• 虎牢	关隘
• 风陵渡	渡口
济水	河流

今

⊛ **北京**	首都
⊙ 郑州	省级行政中心
⊙ 洛阳	地级行政中心
○ 新郑	县级行政中心
———	国界
-------	未定国界
洛河	河流

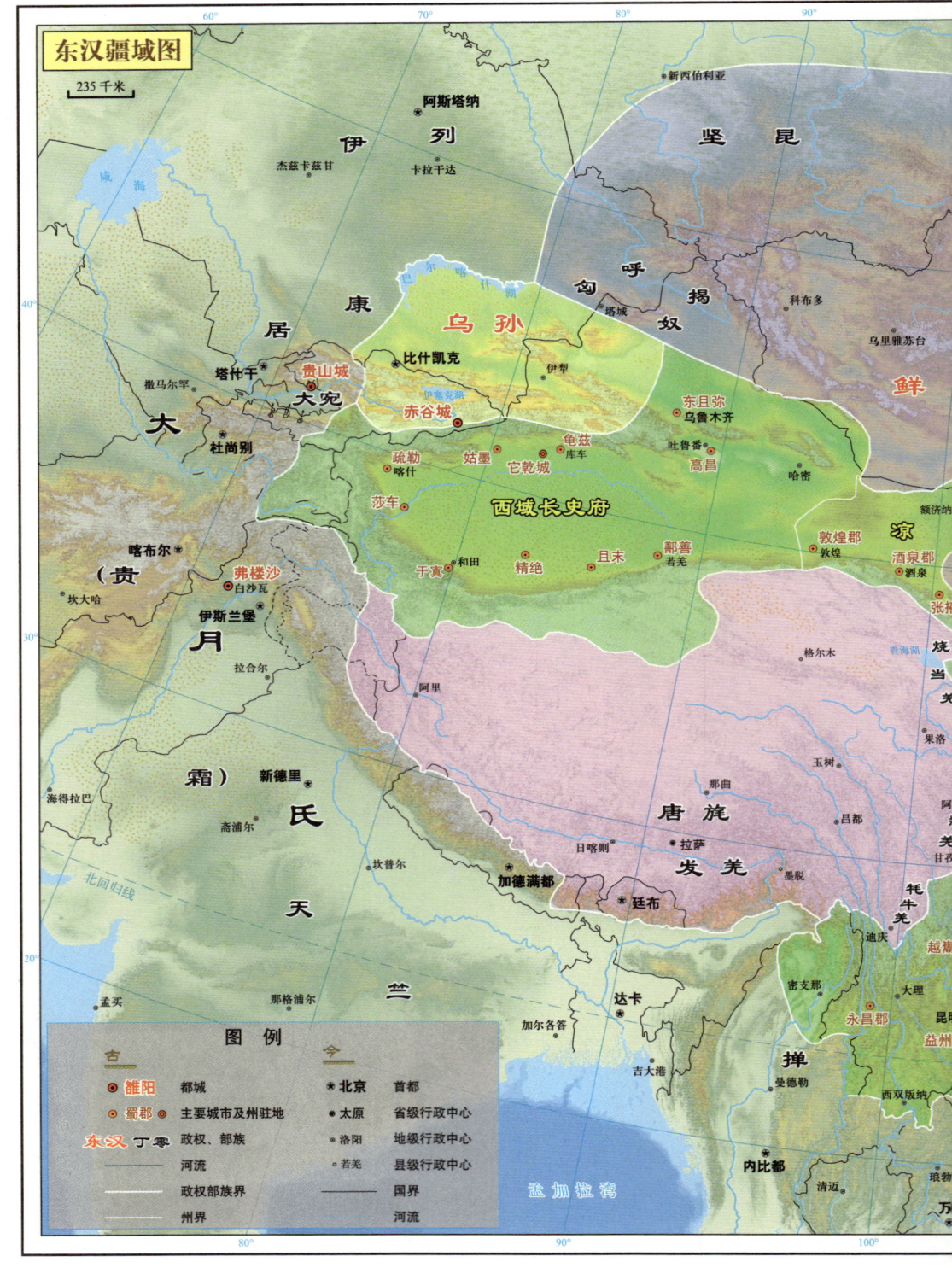

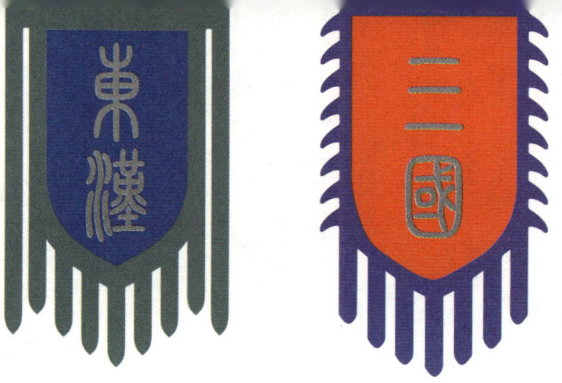

地图上的中国史 [上]
东汉三国

主编 ⊙ 李不白

中国画报出版社·北京

目录 / CONTENTS

01 一意孤行的王莽
- 固执的改革家　　002
- 绿林赤眉大起义　005

02 反莽英雄
- 皇族也造反　　　008
- 昆阳之战　　　　011
- 得不得，在河北　014
- 地图专题：昆阳之战　020

03 东汉统一天下
- 兼并义军的"黄雀"　024
- 平定陇右　　　　028
- 得陇望蜀　　　　033
- 地图专题：东汉灭蜀　036

04 光武中兴
- 精兵简政　　　　038
- 偃武修文　　　　041
- 羁縻四方　　　　043

05 光武朝的彬彬邹治
- 将星云集　　　　046
- 吏治彬彬　　　　051
- 名士风流　　　　055

06 眼光毒辣的汉明帝	又圣明，又严厉	058
	修云台、治黄河	061
	爱儒学、纳佛学	063
	反攻北匈奴的第一战	066
	鏖战西域的勇士	069
07 少年长者	教子典范马太后	074
	温厚的守成之君	077
08 永元之隆	燕然勒石	080
	诛灭窦氏党羽	082
	永元之隆	084
	地图专题：三战匈奴	086
09 扬威西域的班超	不入虎穴，焉得虎子	088
	为平西域违皇命	093
	孤军纵横，威震西域	095
	地图专题：经营西域	100
	漂泊半生，魂归汉土	102
10 "没有天子"的二十年	邓太后摄政	104
	反反复复的羌乱	107
	"关西孔子"杨震	111
	子承父业的班勇	114

11 宦官·外戚·名士	汉顺帝的宠臣大乱斗	118
	跋扈将军梁冀	121
	汉桓帝的厕所政变	124
12 令人哀叹的桓灵二帝	皇帝昏聩，宦官奢靡	126
	神秘组织"党人"	130
	党锢之祸，士人悲歌	132
13 人文与武辉	传奇家族班氏	136
	孤勇者般的奇书《论衡》	139
	中国史上第一部字典	141
	术穷天地的学者张衡	142
	安定边疆的三位英雄	145
14 敲响丧钟的黄巾起义	苍天已死，黄天当立	150
	左支右绌的镇压行动	153
	饮鸩止渴的平乱手段	156
	地图专题：黄巾起义	158
15 引狼入室，董卓进京	十常侍之乱	160
	入京的豺狼董卓	163
	我董卓的刀不够利吗？	164

16 董卓灭亡，天子蒙难	各怀鬼胎的反董联盟	168
	各打各的关东诸侯	171
	靠不住的干儿子	174
	长安大乱，天子蒙难	177
	地图专题：诸侯讨董	180
17 群雄逐鹿	袁氏兄弟争霸战	182
	艰难创业的孙坚父子	184
	颠沛流离的皇叔	186
	地图专题：群雄割据	188
18 治世能臣，乱世枭雄	枭雄曹操的第一次创业	190
	生死徐州	193
	挟天子，令诸侯	195
19 官渡之战	官渡对峙	200
	对战白马	202
	火烧乌巢	205
	地图专题：官渡之战	208
20 赤壁之战	卧龙出荆	210
	孙刘联盟	214
	火烧赤壁	217
	地图专题：赤壁之战	220
	地图专题：赤壁余波	222

21 刘备夺蜀	借口讨伐，进入蜀地	224
	兼并刘璋，反客为主	227
22 围绕荆州的恩怨	有借无还的荆州	230
	失之汉中，得之合肥	233
	威震华夏	236
	败走麦城	239
	地图专题：襄樊之战	242
23 汉祚终结	魏武归天	246
	建安风骨	249
	文帝安国	251
24 夷陵之战	为弟复仇	254
	火烧连营	256
	地图专题：夷陵之战	260
25 北伐魏国	托孤西蜀，平定南蛮	262
	滚滚长江，天隔吴魏	266
	鞠躬尽瘁，武侯北伐	267
	汉相陨落，魏延争权	273
	地图专题：秦岭古道	276
	地图专题："六"次北伐	278
26 后继无人的三国雄主	人才凋零的蜀汉	280
	末年失德的孙权	283

	东吴的惨烈宫斗	285
	英年早逝的曹叡	288
27 隐忍而起的司马家族	国之重臣司马懿	290
	诛灭曹爽夺大权	293
28 三马食槽,梦境成真	赢了战争,输了性命	296
	废黜皇帝的司马师	299
	司马夺权,变乱迭起	301
	远征东吴	304
	吴魏废君	307
29 魏国平蜀	伐蜀决议	310
	蜀国投降	313
	地图专题:祁山道	316
	地图专题:魏灭蜀之战	318
	破蜀不还	320
30 天下归晋	建晋代魏	322
	"伐吴战备官"羊祜	324
	晋灭东吴,三国落幕	329
	地图专题:西晋灭吴	334
附录	东汉三国文学史大事年表	334

8	王莽改革
17	天下反莽
22	刘縯起兵
23	更始登基
23	昆阳之战
23	王莽败亡
25	光武登基

新

8—23

> 这种根本的大改革……既然如此其旁薄郁积，自然终必有起而行之之人，而这个人就是王莽。……要实行改革，自然要取得政权；要取得政权，自然要推翻前朝的皇帝；而因实行改革而推翻前朝的皇帝，在当时的人看起来，毋宁是天理人情上当然的事。
> ——吕思勉《吕著中国通史》

时间 8—18

01 一意孤行的王莽

> 莽既不仁而有佞邪之材，又乘四父历世之权，遭汉中微，国统三绝，而太后寿考为之宗主，故得肆其奸慝，以成篡盗之祸。……及其窃位南面，处非所据，颠覆之势险于桀纣，而莽晏然自以黄、虞复出也。
>
> ——《汉书·王莽传下》

【人物】王莽、王凤、王匡、吕母、樊崇

【事件】王莽改制、绿林起义、赤眉起义

王莽是一位暗藏异志的"道德楷模"，也是一位有理想的社会改革家。他性情固执、轻于改作，一味慕古、不切实际，他刚愎自用、所用非人，导致改革不但没解决社会问题，而且激化了社会矛盾。

固执的改革家

西汉末年以来，政治腐败，朝廷奢华无度，地方官搜刮盘剥，再加上豪强地主大量兼并土地，导致百姓流离失所、生活困苦、人心浮动。王莽以道德模范的面目出现，一度给了天下人希望。

可登基以后，王莽的一肚子私欲开始曝光，他不是出于道义的救世主，而是想着借机将汉家江山传至自己的子孙。但王莽又绝非一个贪图个人享受的人，他受儒家观念和谶纬之学影响很深，做了很多理想化的社会改革，参与了不少令人啼笑皆非的迷信活动。无论哪种，王莽的所为都是十分扰民的。

他推行的政策主要有"王田""废奴""六筦（guǎn）"，根本目的都是抑制财产兼并，消除贫富不均。

王田思想源自周朝的井田制，核心就是废除土地私有，将天下的土地在名义上都变为王田，百姓分配有一定额度，多的补给少的，而且不许买卖。废奴就是把奴婢视为私人所属，不允许买卖，对奴隶制度有打压作用。这两项政策都源于儒生一贯的社会理想，王莽其实是一个固执的实验者，头破血流地证明了这些政策在中国古代封建社会都不切实际。新政推行没几年，从诸侯到百姓因为买卖田宅、奴婢犯法的数不胜数，最终王莽只能虎头蛇尾地允许买卖田地和奴婢。

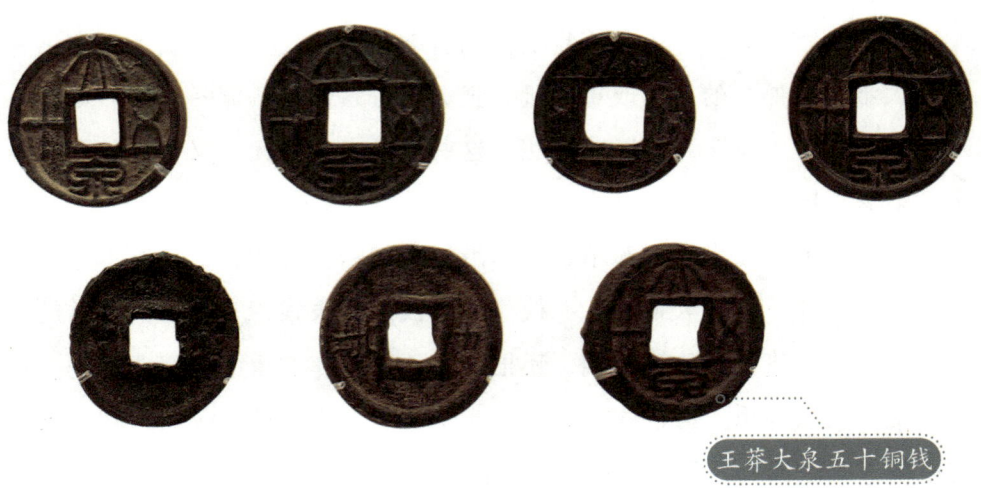

王莽大泉五十铜钱

六筦则是强制由国家专营的六个项目。根据其规定：盐、铁、酒、山泽之利、冶铜铸钱，以及放贷的权力都收归国家。这些政策本意是抵制商人暴利，控制物价，用心还是好的。尤其是放贷归国家经营后，利息远低于私人贷款，如果是祭祀或者办丧事借钱，是不收取利息的。这些政策除了冶铜和山泽专利废弃得比较早，其他的其实有些成效，甚至沿用到了东汉年间。

王莽最大的问题就是改革太急、花样太多，手下又没有得力的执行人

王莽契刀钱　　王莽错刀钱

员，所以一项项政策不问实情而削足适履，百姓自然就民不聊生了。

比如在官制方面，王莽恢复上古的官名，把朝廷上下官员的官职名称改了大半，把郡县的名字改了大批，把天下分六服，一服一千八百诸侯，从而恢复上古"总会万国"的说法。这些改动大多毫无意义，百姓和官员全都不堪其扰。

更大的失败在于钱币改革，王莽沿用周朝的子母相权，在原本好用的五铢钱外另造了很多大钱。有一枚值五十钱的大泉钱，有一枚值五百的契刀钱，有一枚值五千的错刀钱，还把早就不适合作货币的龟甲、贝壳、布币统统恢复成钱币。但这些玩意儿其实全都靠五铢钱衡量价值，在商品流通中根本就是累赘，百姓又怕法律变化导致新钱变成废料，所以谁都不要，逼得急了，竟然有在市场痛哭的。

更可笑的是对外政策。匈奴、高句丽等周边国家原本在汉朝的威严下被封了王，一个个都相安无事。王莽非要仿照周朝那一套，把他们降级为侯，连前朝发放的金印都要了回来，换成了诸侯的印。匈奴单于不愿意，想要回原来的印玺，结果王莽的使者直接把原来的印砸碎了。因为这个"壮举"，该使者回来得了个大将军职位，匈奴却举兵反叛了，南方的句町（都城在今云南广南县一带）也起兵响应。

5 绿林赤眉大起义

对属国的反叛，王莽实行武力打击，不顾民怨四起，强行起兵三十万攻打匈奴，为了达成这个宏大的数字，他还从未反叛的属国征兵，结果高句丽也被逼反了。于是王莽大赦囚徒，征发男丁到边郡进行镇压。大批士卒集聚，中央的郡县被征兵和后勤烦扰得不堪其苦，边郡的百姓活不下去便几百上千人团结在一起，落草为寇。

对此，王莽一贯内以严刑峻法，外以重兵远征强制镇压。结果，从诸侯、公卿到平民因违反法令而受重罪处罚者不计其数，而边境战乱年年不断，军队耗费巨大，边郡几乎空虚。整个社会的反王莽情绪进一步酝酿。

导致反莽情绪高涨的还有一些不容忽略的因素：王莽代汉建新后，大肆任用亲信，废黜刘氏诸侯王，一些豪强望族见此，拒绝跟王莽合作，拥护宗室诸侯王的起义不时发生；暴雨、大雪、地震等天灾也此起彼伏。人祸加上天灾，导致土地荒芜，物价（尤其是米价）飞涨，百姓被迫流落他乡形成大量流民集团，一些受灾地甚至出现了食人的凄惨景象。

天凤四年（17），蝗灾、干旱大起，荆州（今河南南部、湖北中部、湖南西部）百姓最先活不下去，起来造反。荆州本来有鱼盐之利，但政府

陶鸡

管控山泽和制盐后,百姓就难免穷苦了,只能私下到处找东西充饥,但资源有限,不仅吃不饱还时常发生争斗。所以,在饥民中擅长解决纷争的王匡和王凤两人就积累了很高的威望。他们将饥民组织起来,抢掠官府的粮食,在今天的湖北当阳占山为王。因为根据地叫绿(lù)林山,所以这支起义军又叫绿林军,后世的"绿林好汉"一词就来源于此。绿林起事以后,天下云集响应,起义军规模也逐渐壮大,几个月就聚集了七八千人,连京师也惊动了。王莽向大臣问策,一些人直言百姓造反都是被逼得走投无路,王莽大怒,把这些人都罢免,然后令荆州当地出兵镇压。一方为了生存,一方助纣为虐,结果不言而喻,绿林军大败官军,随后开仓济贫、释放囚犯,赢得一片支持,人马扩充到五六万规模。后来,因为绿林山暴发瘟疫,起义军病死了几乎一半,剩下的人马开赴三地,也就是"新市兵""下江兵""平林兵"。

绿林以外,琅琊郡海曲县(今山东日照)也出了一支起义军,起义的原因是一位姓吕的官差被县官冤杀了,他的母亲就变卖家产召集百余名同

周臣 流民图卷(局部)

王莽改革,兴师动众,对渴望安居乐业的底层人民是一场规模浩大的灾难,加上天灾横行,新朝自然流民遍地,他们的凄惨比起这幅《流民图卷》有过之而无不及。

中外对比

21年，绿林赤眉起义。

约23年，写作科学巨作《自然史》的古罗马科学家老普林尼出生。

情此事的贫民攻破官署，杀掉县官报仇。起义之后，这支军队以大海为掩护，据守海中岛屿，逐步壮大到万余人的规模。天凤五年（18），山东又有一个叫樊崇的人起兵于今天的莒县，占据了泰山。他军纪严明，管理精简，队伍一年就从几百人扩大到一万人，周围的起义势力也纷纷依附，吕母的势力在她病死后也归附了樊崇。这支军队就是赤眉军的前身（该军作战时涂红眉毛以区分敌友，故名）。

时间 18—25

02 反莽英雄

> 皇帝以圣德灵威,龙兴凤举,率宛、叶之众,将散乱之兵,歃血昆阳,长驱武关,破百万之阵,摧九虎之军,雷震四海,席卷天下,攘除祸乱,诛灭无道,一期之间,海内大定。
>
> ——《后汉书·冯衍传》

【人物】刘縯、刘秀、更始帝、王邑、王寻、邓禹、耿弇

【事件】更始帝登基、平定王郎、刘秀称帝、昆阳之战

王莽一意孤行,终成众矢之的,宗室出身的刘秀至此崭露头角,他从宛城起兵,在昆阳之战大放异彩,虽然事后遭到排挤,但始终在寻找机会。最终,刘秀险中获利,招抚河北,为平定天下奠定基础。

皇族也造反

绿林、赤眉起义军兴起以后,王莽却还大张旗鼓地准备和匈奴、句町作战,这些行动使得百姓的生活越来越苦,各路起义也就越演越烈。王莽这才开始重视这些所谓盗贼,但是因为此前有郡县起兵反抗他的先例,所以王莽不愿意地方自行建军镇压起义,地方只能等朝廷派官员带大兵镇压,导致中央军疲于奔命。当时统管青、徐两州的田况很有眼光,建议王莽允许地方自主平叛,采取坚壁清野和招降的战略。但王莽把他免职了,一意孤行地于地皇二年(21)派太师羲仲景尚、更始将军护军王党攻打樊崇起义军,同时还征调天下的粮帛到北方各郡用以对抗匈奴。

这支军队不出意料地败了,但王莽不思反省,又派更始将军廉丹和太师王匡(与绿林军领袖同名)带领十万人马平定赤眉起义军。这支军队人多势众,装备优良,最初很是占优,但他们奸淫掳掠,遭到百姓的强烈反感,最终淹没在饥民和赤眉军的海洋里。

这次大败惹得举国震动,一时间全国遍地都是起义军,不仅有饥民组织的铜马军,还有一些汉朝宗室参与其中。刘縯、刘秀是其中的典型代表。

刘縯和刘秀是南阳郡人,两人是亲兄弟,刘縯行一,刘秀行三。他们祖上据说是汉景帝的儿子长沙定王刘发,按辈分两人都是刘邦的九世孙,但到了刘秀父亲一代,已经只能做个小县官了。

兄弟二人性格迥异,刘縯慷慨沉毅,喜欢结交豪杰,刘秀则敦厚稳健。眼见天下大乱,刘縯便以汉高祖刘邦自比,将刘秀戏称为刘邦的兄长。地皇三年(22),见各路形势大好,刘縯就和刘秀一起联络豪杰,准备"复高祖之业"。

一番商议联合后,刘縯在舂陵、刘秀与李通等人在宛城举行起义。当时南阳附近最强大的势力就是绿林军中的新市兵和平林兵,刘秀、刘縯便

汉墓壁画

和他们组成联盟，一口气攻下数个县。

但在攻打宛县途中，驻守南阳的甄阜、梁丘赐率十万官军疯狂反扑，起义军战败，损失惨重，刘秀被打得单骑逃命，连亲姐姐刘元和几个外甥女都无力救援。起义军里一些首领产生畏惧情绪，准备南逃。但刘秀和刘縯兄弟越挫越勇，觉得和绿林军里的下江兵首领王常联军才是上策。在他们的积极斡旋下，两支起义军合兵一处，借助黑夜的掩护攻打官军的后勤基地。此战大获全胜，大量物资被起义军缴获，带不走的则被烧毁。随后，刘縯和刘秀率军攻击甄阜所率官军，下江兵则负责攻击梁丘赐所率官军。死战几个小时后，梁丘赐所部先败。甄阜所部见状，也失去抵抗的勇气，纷纷逃跑。刘秀兄弟率军紧追不舍，在黄淳水（今河南新野东，淯水支流）边斩杀两万多官军。甄阜、梁丘赐也被杀死。

趁着有利形势，刘縯率绿林军北进，与王莽猛将严尤和陈茂在宛城附近决战，击败他们后顺势围困了宛城，而刘秀则率军进攻昆阳一带。

此后战况一片大好，绿林军连续取得胜利，发展到十多万人。这时候，经过长期作战的各路起义军已经很有些正规军的样子了，开始有了文书、旌旗和比较完备的军队编制。为了统一指挥，起义军将领们决定拥立一位刘姓宗室为皇帝。当时，绿林军中有多位刘姓宗室。王常和南阳起兵的将领都拥护能征善战的刘縯，但绿林军其他将领忌惮刘縯的能力，所以拥护性格懦弱的刘玄，以便将其作为傀儡。争论的结果是刘玄于更始元年（23

东汉　彩绘陶百花灯

奇珍异宝

东汉石辟邪

该石雕为洛阳博物馆镇馆之宝。出土位置在汉光武帝原陵东南约一公里。多数专家认为这件石辟邪应该是东汉光武帝的陵前神兽，但准确的身份一直无人破解。

登基，怯懦的他面对群臣朝拜汗流满面，匆匆把各路将领封官了事，其中刘縯被封为大司徒。

刘縯是不赞同选皇帝的，但眼下围攻宛城仍然需要他指挥，弟弟刘秀也在昆阳作战，所以也就听之任之。自更始帝登基，这支绿林军就改称汉军。改弦易张后，汉军顺利攻下了昆阳等地，只有宛城还攻不下来。

昆阳之战

汉军公开提出恢复汉朝的举动让王莽意识到威胁，他果断将矛头对准汉军。

这一次，王莽发动了倾国之战，他从各州郡挑选四十二万精兵，号称百万大军，会合严尤残部向汉军进攻，绵延千里的路上都是各郡县运送大军粮草、辎重的队伍。沿路的义军人马不敢阻拦，纷纷跑回昆阳城内，于是百万大军直指昆阳。此时刘縯率军围攻宛城，刘秀率三千骑兵在颍川。

风云人物

阴丽华

刘秀年少时,家族没落。他曾经去长安求学,在街上看到执金吾走过,场面甚是壮观、阔气,大为感叹,于是写了一篇关于理想的作文:"仕宦当作执金吾,娶妻当得阴丽华"。阴丽华是豪门阴氏的女儿,以美貌著称。刘秀这句话广为流传,日后引发许多"乱世枭雄"的共鸣。

清 颜希源 百美新咏图传·阴后

得知军情紧急,刘秀率军撤回昆阳,但昆阳守军已经被新朝大司空王邑、大司马王寻的大军吓垮了,不少人担心妻子儿女,打算散伙跑回各自的城邑。

只有刘秀拍案而起,说道:"我们兵粮皆少,又面临大敌,齐心合力还勉强有一点儿机会,要是分散了哪还有保全的希望?!现在宛城没有打下来,那边的人不能前来支援,要是我们垮了,整个汉军一日之间就会覆灭!你们不同心同德、建功立业,还想着老婆孩子和家产?"一众将军被刘秀呵斥,心里非常不服,因为刘秀平时谨慎,大家都觉得他软弱。刘秀也不解释。刚好侦察兵来报,新莽大军已到达昆阳城外,军队绵延数百里。

情势急迫，众将领只好请求刘秀出谋划策。刘秀让王凤和王常率近万人留下镇守昆阳，自己率骑兵十三人夜里出城收拢援兵。

刘秀突围以后，王莽的军队日益增多，昆阳城连单人匹马都进出不得了。绝对优势之下，王邑却屡出昏着儿。当时新莽军中的将军严尤提议："昆阳城虽小却很坚固，而汉军的皇帝在宛城，不如率大军急速进攻宛城，对方必定弃宛城奔逃。宛城一败，昆阳的汉军必然肝胆俱裂。"但王邑觉得百万大军连昆阳城都打不下太丢气势，就将昆阳重重围住。

数以万计的新莽军或挖地道，或用冲车和棚车攻城，还集中所有机弩向城内狂射。昆阳城内的王凤等人抵挡不住，向王邑乞降。严尤认为不妨接受，再在包围圈留下一个口子，守军自然崩溃。但王邑认为攻克昆阳指日可待，不答应汉军投降，逼得汉军拼死坚守，竟然奇迹般地等到了刘秀的援军。

刘秀的援军主要来自定陵、郾城等地，这些人都是他连哄带骗

清　汉光武帝刘秀像

奇闻逸事

骑牛上阵

刘秀虽然读过不少书，手头却没一点儿资财。在他决定起兵造反时，穷得连买一匹马的钱都拿不出来。没马怎么上战场？刘秀自有办法！他骑着一头耕牛去打仗，打赢对手后抢来马，才换下那头耕牛。

拉来的。好不容易开近昆阳，援军却不敢轻举妄动了。刘秀只得一改谨慎的作风，亲自率一千骑兵为前锋冲杀，王邑、王寻没把他放在眼里，随便派几千人去阻拦，不承想刘秀骁勇异常，一口气斩杀几十个人。刘秀部下受到鼓舞，个个奋力杀敌，竟然斩杀新莽军近千人。

援军这才有了胆气，徐徐推进，但仍需刘秀带头。刘秀为了鼓舞士气，便率三千精锐骑兵直接冲击新莽军中部。王邑见了，又做出一个可笑的决定，竟然以主将身份只率万余人迎战，并下令各营严格管束将士，没有命令，不准擅自出兵。结果，王邑所部被刘秀率军击败，王寻被杀，部下士兵惊慌失措。而新莽军其余军队，都因军令不敢妄动，一时群龙无首。

昆阳城内汉军见刘秀等人取得胜利，赶忙冲出城门配合，内外夹攻新莽军。四十二万新莽军无人指挥，纷纷弃阵而逃，又遇上大风和大雷雨，滍水暴涨溢出，掉入水中淹死的有万余人。这些乌合之众大多是从各郡县强征而来，眼看败阵自然全无斗志，逃亡回乡的不计其数，王邑、严尤、陈茂等将领则带着少数成建制的轻骑兵踏着尸体渡河逃走。最终，只有王邑带着数千人回到洛阳。但大军的辎重却全都落入刘秀之手，数量多到一个多月都搬运不完，只得烧掉大部。

王莽得知昆阳惨败的消息后，异常震惊，朝廷上下为之惊恐。昆阳一战，其实也决定了国祚的归属，为刘秀日后夺取天下奠定了雄厚根基。

5 得不得，在河北

昆阳之战后，新莽军主力尽失，全国各地兴起的起义军却越来越多。他们杀死当地的长官，恢复汉朝的年号，等待天下大定。其中成纪人隗崔、隗嚣等拥戴刘氏，攻下了陇西、武都、金城、武威、张掖、敦煌等郡，控制了西北的地域；西南的益州则被公孙述控制。各武装力量从四面八方对新朝形成合围之势。最为致命的是，赢得昆阳之战的汉军是距离长安最近

东汉 奏乐出行仪仗俑

的一支势力，所以新朝的国都也就岌岌可危了。

更始帝于是抓住时机，派遣王匡进攻洛阳，西屏大将军申屠建和丞相司直李松进攻武关（今陕西省商南县西北），大军一到，连京师地区的人都知道王莽气数将尽了，纷纷起兵和汉军里应外合，他们攻破关中的入口武关，开关迎接汉军。

此时的王莽已然忧惧得不能安枕，但京师只有南北两军数万人，实在难以支持，于是他采取了一连串让人啼笑皆非的举措。他把北军分成九股，一连拜了九位将军率领，都以虎为号，号称"九虎"，命他们东进迎敌。而自己却带着群臣百官大哭，向上天求救，有哭得好的就封其为郎官，结果郎官数量一下子达到五千人。

将士和百姓们怨恨王莽，所以带着精锐军的所谓"九虎"还未和汉军交手就先败在了起义的京师百姓手中。由于"九虎"几乎一触即溃，京师起义军甚至先于汉军打到了长安城下。王莽于是派遣使者把城里的囚徒都赦免，让他们喝下猪血盟誓，恐吓如果不为新朝作战就会被鬼神惩罚。囚徒们毫不理会，刚出去就四散逃光了。

王莽只得困守孤城，直到九月城破。当大火烧进皇宫时，王莽还固执地拿着所谓虞帝的匕首，按照北斗七星的指向调整席子方位，高呼"我继承上天的德行，汉兵能把我怎样"。一个叫杜吴的人一刀就把他杀死了。

王莽死后，洛阳也被攻下，于是更始帝便将都城设在洛阳。虽然率先拿下长安，但天下还不是更始帝独大：东面有强大的赤眉军、西北有比邻关中的隗嚣军、西南则是公孙述军虎视眈眈，就连紧邻洛阳的黄河以北各州郡也都在观望，未曾归附更始政权。

"得不得，在河北"（当时童谣），能不能摆平河北，决定更始政权的命运。对于河北，更始帝的计划是派人招抚。他有一个很适合的人选，但这个人他不敢用。

这个人就是刘秀，更始帝不敢用刘秀的原因是昆阳之战后发生的一场"鸿门宴"。

原来，昆阳之战后，刘秀破军四十多万，刘縯也攻下宛城，兄弟二人功高震主，引起了更始帝忌惮。谨慎的刘秀对此早有防备，豪勇的刘縯却疏忽大意，在更始帝大会诸将的时候被寻机杀掉了。

得知哥哥的死讯，刘秀强忍悲伤，益发谦逊，悲愤不形于色。为不受更始帝猜忌，刘秀冒险返回宛城向更始帝谢罪，其间，他不为兄长服丧，不私下接触哥哥的旧部，不表自己的昆阳之功，并且表示自己也有过错。更始帝见刘秀如此谦恭，反而有些自愧，没将刘秀治罪，只是封他为武信侯，将刘秀手上的势力盘剥殆尽了事。后来，更始帝迁都洛阳，刘秀堂堂首功之臣竟然代理司隶校尉，只负责整修宫府的后勤活计，但他善忍，仍做得体体面面，大得人心。直到更始帝有意招抚黄河以北势力，刘秀才等来脱困的机会。他想办法和左丞相曹竟拉上关系，在曹竟等人的游说下，更始帝终于同意派刘秀招抚河北。

于是，更始元年十月，刘秀代行大司马职事，北渡黄河，去镇慰河北州郡，他手中除了麾节以外，几乎没有兵马。所以他只好勤恳地考察官吏，废除苛政争取百姓的支持。刘秀一路招抚到邺城，一个名叫邓禹的南阳人追赶上来。邓禹是个极有见识的人，他不求官、不求财，只是断定刘秀能成大事，想辅助他以名垂青史。邓禹建议刘秀，应该结交各地英雄，收揽民心，像汉高祖那样创立功业，拯救万民。

邓禹的话，正合刘秀心意，于是他将邓禹留下委以重任，每当任免将军时都认真听取邓禹的意见，所以手下往往人尽其才。

认为刘秀能成大事的不只邓禹，还有一个汉朝已故诸侯王的儿子刘林，他建议刘秀掘开黄河，水淹之下赤眉军必败。但刘秀顾虑百姓，没有听从。刘林于是自起炉灶，找了个算命先生王郎假冒汉成帝的儿子刘子舆，骗取百姓信任，他以邯郸为都城建了一个小朝廷，赵国以北、辽东以西的郡国都望风投降。这个小朝廷嚣张地以十万户悬赏刘秀的脑袋，刘秀有心讨伐，于是在蓟县城里征兵，但由于双方力量悬殊，所以蓟县百姓没一个愿意参军。

幸好上谷太守的儿子耿弇是个英雄，他拦住有意南归避难的刘秀，说

奇闻逸事

荒唐更始

比起谨慎稳重的刘秀，更始帝的举止让人哭笑不得。迁都长安以后，绿林军一班农民领袖都获封将相，更始帝也高坐朝堂，总算有了点儿朝廷的意思。可是这个皇帝却还是一副草莽的气质，竟然连"刚刚抢劫了多少啊？"这种话都能在朝堂说出口，满朝文武都尴尬得说不出话来。后来更始帝耽于享乐，朝政也就一股脑丢给老丈人赵萌，自己成天和韩夫人饮酒玩乐。赵萌于是借机滥加封赏，把自己的奴仆、厨师全都封了官。长安的百姓敢怒不敢言，于是作歌嘲讽道："灶下养，中郎将；烂羊胃，骑都尉；烂羊头，关内侯。"

上谷和渔阳两郡人马愿为刘秀效劳，邯郸不足为虑。刘秀欣赏耿弇的勇气，但他眼下实在走投无路，只能先突围到安全的地方再做打算。一路上他数次闯关，忍饥挨饿，甚至假冒王郎的使者才得以逃到反对王郎的信都（今河北衡水冀州区东北）和和戎（今河北邢台中部）。在那里，他总算召集了四千人马。这些兵力对比王郎还是悬殊的，好在人心思汉，而王郎又只是个冒牌货，所以通过游说和联姻，刘秀居然拉到了真定王刘杨的十余万人马，和更始帝派去征讨王郎的军队一起步步为营，将王郎的反叛势力彻底消灭。

王郎起事之初，是刘秀最艰难的时候，逃难中，跟随刘秀的冯异放下脸面到附近的村子要饭，讨来一碗豆粥。刘秀感动地说："昨得公孙（冯异字公孙）豆粥，饥寒俱解。"

清 马骀 历代名将画谱·荒亭进粥

平定王郎以后，本该是秋后算账的时候，河北的官吏豪族人人自危，因为他们曾经写的倾向王郎诋毁刘秀的数千封奏章恰好被刘秀缴获了。但刘秀很有智慧，他当着众将领的面把这些罪证都烧毁了，河北的官吏豪族于是真心实意地归附了刘秀。

见刘秀在河北日益壮大，更始帝极为不安。他派人到河北，封刘秀为萧王，令他交出兵马，回长安领受封赏，同时安排苗曾做幽州牧接管幽州兵马。但刘秀以河北未平为由，拒不领命。不久，刘秀又授意手下悍将吴汉击杀苗曾，收编了幽州兵马。从此，刘秀与更始帝公开决裂。

后来，刘秀率幽州十郡精兵打败并逼降了铜马、尤来等农民军，实力大增。

就在刘秀的势力蒸蒸日上时，更始帝的昏庸却闹得绿林军内部乌烟瘴气，实力强大的赤眉军也被他得罪了。刘秀手下的精兵悍将于是纷纷拥立刘秀为帝，刘秀推辞数次后终于在更始三年（25）六月，在河北鄗城（今河北省邢台市柏乡县固城店镇）即皇帝位，建元建武，立国号为汉，以表重兴汉室之意。

这张图描绘了吴汉奉命击杀苗曾、收编幽州兵马的故事，这是刘秀东山再起的重要一步，吴汉因此成为刘秀的心腹大将。

清　马骀　历代名将画谱·无终夺军

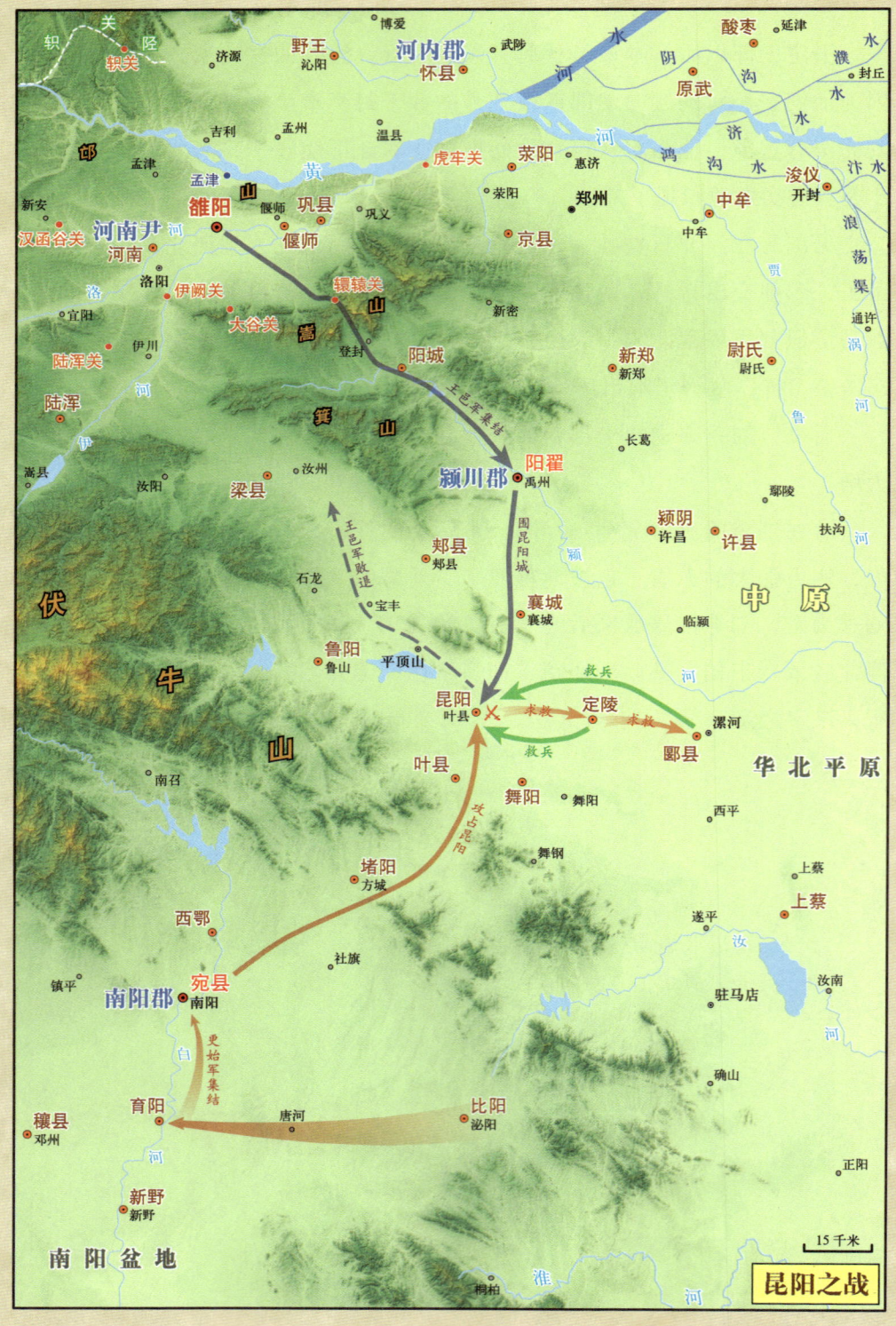

昆阳之战

本　　质：绿林各军歼灭王莽主力的大战。

作战双方：王寻、王邑率领的四十二万官军；王凤、刘秀率领的昆阳起义军，定陵和郾县的起义军。

背　　景：王莽篡汉后频繁改革制度，法令严苛细致，赋役繁重，造成了严重的社会危机。

透过地图说历史：

从地图可以看出，绿林军起义是发生在新莽王朝卧榻之侧的。绿林军在南围困南阳盆地的核心宛县，在北攻克昆阳，距离王莽政权的东大门洛阳不过几百里之遥。所以王莽立即征调四十二万兵马急攻昆阳城。

昆阳处在华北平原与南阳盆地的交界，是进攻南阳盆地的桥头堡，又是北上中原的咽喉，如此重要的战略地位，决定了西汉的昆阳城防十分坚固。再加上昆阳很小，导致几十万大军无以施展，给了刘秀战术操作的空间。

刘秀这次突围，其实所能征调的也不过是定陵和郾县两地的人马，单凭这些起义的农民是不足以让大军有勇气反抗新莽军的。刘秀的聪明在于他制造了围攻宛城的十万绿林军会支援的假情报，所以当他率几千人冲阵时，新莽军应该是将其视为骚扰，没有大张旗鼓地应对，给了刘秀首战得胜的可能。

其实，从昆阳之战开始，新莽军的战略一直非常失当：坐拥几十万精锐，完全没必要全在昆阳死磕，以数万人马围而不攻，消耗昆阳城的补给，以大部队南下和宛城守军内外夹攻绿林主力才是稳妥之策，即便围城也完全可以接纳投降，围三阙一。至于压倒骆驼的最后一根稻草，自然是王寻、王邑荒唐地以万人和刘秀公平对决了。

总体来说，昆阳之战中，新莽军的参谋团一直在提供非常老到的建议，只不过都被缺乏军事经验的王寻、王邑否决了。此战落败和王莽不尊重军事规律、选将非人是分不开的。

25—36	东汉统一
25—57	光武中兴
57—88	明章之治
88—105	永元之隆
73—102	扬威西域
105—126	殇安短政
141—159	梁氏乱政
159—189	桓灵昏聩
183—184	黄巾起义
188—189	董卓入朝
190—192	董卓灭亡
191—198	群雄逐鹿
191—198	曹操崛起
199—200	官渡之战
208—209	赤壁之战
208—219	孙刘反目
211—219	刘备入蜀

东汉

25—220

　　后汉自西元二五年光武帝即位起，至二二〇年为魏所篡止……其运祚略与前汉相等，然其国力的充实，则远不如前汉了。这是因为后汉移都洛阳，对于西北两面的控制，不如前汉之便；又承大乱之后，海内凋敝已极，休养未几，而羌乱即起，其富力亦不如前汉之盛之故。

——吕思勉《吕著中国通史》

03 东汉统一天下

时间 25—36

> 公孙习吏，隗王得士。汉命已还，二隅方跱。天数有违，江山难恃。
>
> ——《后汉书》

【人物】刘秀、更始帝、隗嚣、公孙述、冯异等

【事件】消灭赤眉、平定陇右、得陇望蜀、东汉统一

刘秀消灭各地割据势力，重建统一汉朝，王莽改制后的动乱和割据初步告一段落。

兼并义军的"黄雀"

刘秀登基称帝之际，天下最强的两路起义军赤眉和绿林决裂了，几十万赤眉军从东面一路杀向长安城。此时的更始帝可谓处处碰壁，他派兵进攻蜀地的公孙述，想要开疆扩土，结果狼狈而回；有意联合匈奴单于，但单于要他俯首称臣；就连西北的隗家也不安分。更始帝只好一面派朱鲔（wěi）率大军驻守洛阳抗拒刘秀，一面抵抗赤眉军的进攻。然而，对抗赤眉军的军队连战连败，洛阳的朱鲔也被刘秀手下的将军冯异和河内太守寇恂压制。朱鲔若非和刘縯之死关系很大，恐怕早就投降刘秀了。

更始帝处境艰难，赤眉军的樊崇也有苦处：他虽一路打到长安，但师出无名，所以手下士兵都厌倦打仗，想东归还乡。樊崇无奈，只好从军队里选了一个和刘邦亲缘最近的十五岁孩子刘盆子，把他奉为天子。刘盆子

本来是在军队里放牛的，披头散发、满身汗臭，穿上天子服饰也没个皇帝样子，还想着和其他牧童玩耍。好在善战的樊崇也没指望刘盆子有用，仍是亲力亲为，再加上绿林军内部王匡和更始帝起了分歧，所以赤眉军竟然屡战屡胜，把长安攻下了。更始帝只好投降赤眉军，被封长沙王，不久被杀。

在这个过程中，刘秀一直审时度势，坐收渔利。他先是派亲信宽宥朱鲔，又派得力将领邓禹攻入关中。朱鲔早就心无斗志，听说刘秀既往不咎也就冒险让出了洛阳，好在刘秀也信守承诺，封他为将军，并在洛阳建都。因为洛阳在长安以东，所以这个政权被称为东汉。

至于进攻关中的邓禹，他的计策是相机而动，暂避其锋：三十万赤眉军待在关中，迟早会出现粮草危机。果不其然，因为缺粮，赤眉军只好撤出长安城，到陇右一带去补充粮草，结果被割据陇右的隗嚣率军猛击，赤眉军战败，死伤遍野。

残余的赤眉军只得东归，再次折回长安时却发现邓禹已率汉军进驻长安，这些人马无法进城，便索性发掘长安周围的帝王陵寝，劫掠宝物。邓禹率军抵抗，最终寡不敌众而败退。不过，赤眉军也无力追杀消灭汉军。

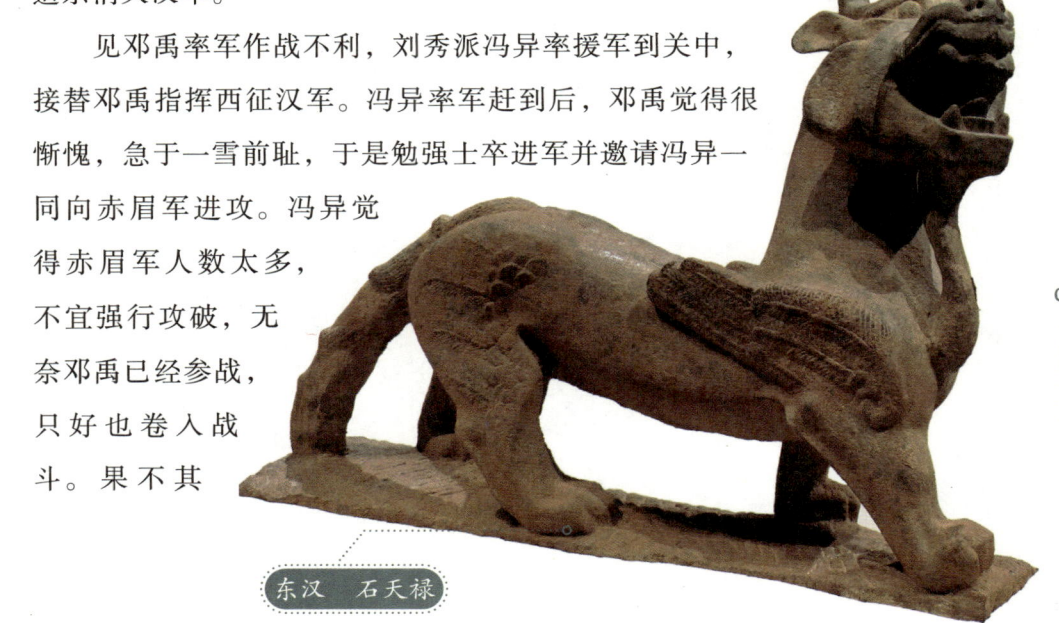

见邓禹率军作战不利，刘秀派冯异率援军到关中，接替邓禹指挥西征汉军。冯异率军赶到后，邓禹觉得很惭愧，急于一雪前耻，于是勉强士卒进军并邀请冯异一同向赤眉军进攻。冯异觉得赤眉军人数太多，不宜强行攻破，无奈邓禹已经参战，只好也卷入战斗。果不其

东汉 石天禄

然，西征汉军再次大败，邓禹败逃到宜阳，冯异也是率少数人弃马步行才脱身归营，至此坚守不出。

防守一个多月后，冯异才算恢复元气，于是率汉军与赤眉军在崤底再次大战。双方全力拼杀，从早上一直拼杀到太阳偏西，双方杀得筋疲力尽时，冯异此前准备的伏兵扭转了战局，这些强壮的士兵都穿着赤眉军服装，埋伏在道路两侧。伏兵杀出时，赤眉军还以为是援军到来，结果先喜后惊，溃不成军，有八万余人投降。

赤眉军再遭重创，粮草已尽，转向东南方撤退，企图补充粮草和人马，摆脱困境。不过，刘秀在派冯异率军进入关中时，已料到赤眉军最终会向东或向南撤退，所以此刻汉军将领侯进率军驻防在新安，耿弇率军驻防在宜阳，两军死死堵住了赤眉军的退路，刘秀自己也率军驰援宜阳，共同阻击。

赤眉军缺乏粮草，士气低落，他们一路从关中向南撤退，到宜阳遇到刘秀布下的重兵，简直绝望到了极点，冯异率领的汉军又在他们后面紧追，回关中已经是幻想。在陷入绝境的情况下，赤眉军想起刘秀此前宽宥降兵，允许非首恶回乡种地的宽容政策，决定全员请降，向刘秀呈上更始帝的传国玉玺和七尺宝剑。刘秀宽容地接纳了他们，自此实力大增。不过比起不谙世事的刘盆子，樊崇实在是个威胁，所以不久后刘秀就以叛乱罪杀死了樊崇。

成语典故

失之东隅，收之桑榆

冯异率奇兵招降八万赤眉军后，刘秀非常高兴，下诏书夸奖冯异："始虽垂翅回溪，终能奋翼渑池，可谓失之东隅，收之桑榆。"意思是说，虽然你们最初在回溪受挫，但总算在渑池扬眉吐气，也算是有得有失了！"失之东隅，收之桑榆"这句话由此流传开来，成为有得有失的惯用表达。

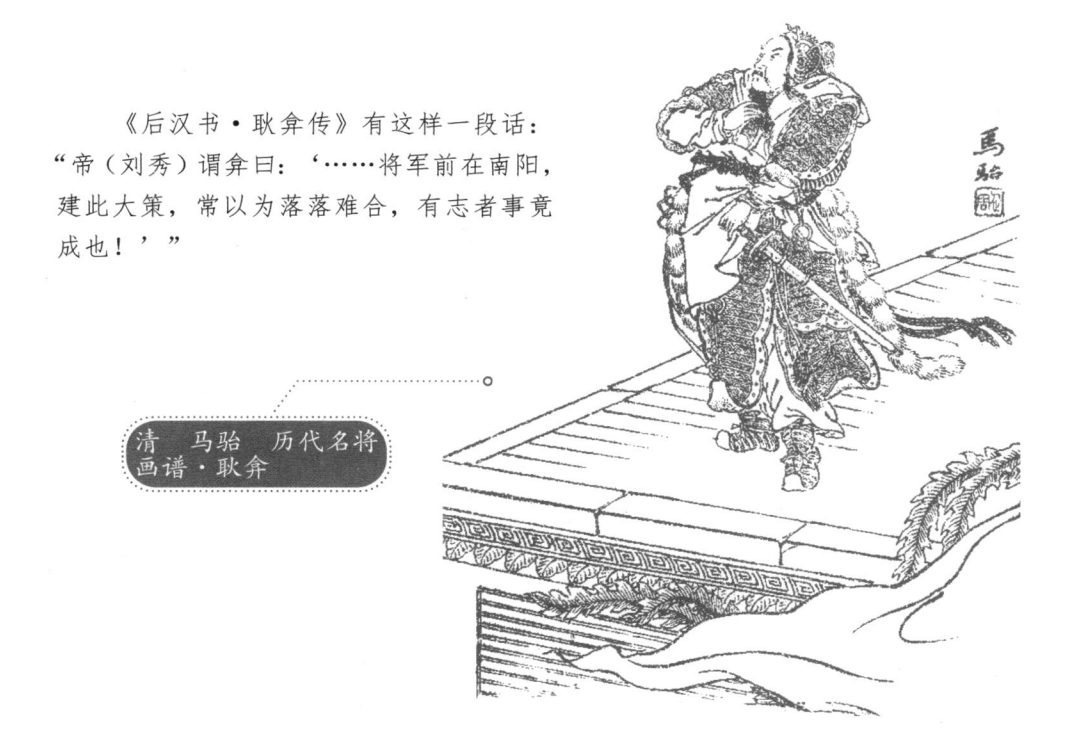

《后汉书·耿弇传》有这样一段话："帝（刘秀）谓弇曰：'……将军前在南阳，建此大策，常以为落落难合，有志者事竟成也！'"

清 马骀 历代名将画谱·耿弇

绿林军、赤眉军俱灭以后，刘秀便占有了黄河南北直到关中地区的土地，控制了天下的中轴。然而当时西北有隗嚣割据一方，西南的益州是公孙述的势力，除了这两家比较成气候外，刘秀势力的四周还散布着许多较弱的割据势力，这些势力基本都是反莽后割地自治的军阀。

由于一直实行坐收渔利的计策，刘秀军保留了相当的实力，等到最大的两股势力被平定后，刘秀这在后的黄雀就开始兼并群雄了。哪怕在与赤眉军激战之时，他也有余力派盖延率军东征梁王刘永。刘永是梁孝王刘武八世孙，其家世代为梁王，占有梁地，与他为敌其实也是迫不得已，因为梁地紧邻洛阳，而刘永又在更始帝死后登基称帝。刘永称帝以后担心势单力孤，所以就派遣使者封张步为齐王，并拉拢东海郡的赤眉别部董宪。除这个小集团外，还有庐江的李宪、渔阳的彭宠等割地自治的军阀。他们单个势力不如刘秀，但刘秀麾下亦非一块整钢（比如邓奉就和南方的势力合纵叛乱），所以反而是军阀们的领地面积较大。

然而人心思汉、军阀异心，刘秀又知人善用，所以兼并过程还是在稳步推进：他先后派盖延破刘永，派祭遵破彭宠，派马成破李宪，派耿弇破张步，到建武五年（29）时，函谷关以东的西汉领土已基本全部落入刘秀手中。

5 平定陇右

刘秀基本控制中原以后，陇右的隗嚣军事集团和巴蜀的公孙述集团与刘秀形成三足鼎立之势。由于公孙述所在的巴蜀地区地形险要，所以刘秀决定先征服隗嚣。为了增加胜算，他派使者联络位于河西的割据势力窦融，因为河西正位于隗嚣势力的后方。

窦融是一个很有远见的人，他和西汉孝文皇帝的皇后窦氏同宗同族，原本在王莽旗下作战，后来归附了更始帝。当时绿林军势大，人人都忙着争夺富庶的封地，只有窦融认定天下局势不稳，他辞去巨鹿太守之位，带领族人退居远离战乱的河西观望局势，以求保全家族。到了河西以后，果然天下大乱，赤眉军、绿林军战作一团，而他则因处事公道、管理宽和，很快就控制了河西五郡。

等到绿林军、赤眉军俱灭，窦融再度审时度势，他心中倾向归汉，但主意未定。坚定他归汉决心的人是班彪，而说到班彪就要先说隗嚣，因为班彪本是隗嚣的谋士。

隗嚣出身于陇右望族隗氏，其家族在当地影响颇大，他早年又在陇右州郡为官，所以个人威望很高。更始帝建元时，隗氏起兵反莽，隗嚣就被推举为领袖，自此成为一方割据势力。当时天下未定，隗嚣手下的军师方望劝谏他自谋帝业，可隗嚣战略眼光不佳，固执地决定投到更始帝麾下，结果卷入绿林军内斗，最后只带着十几个骑兵狼狈地逃回陇右。虽然开局不利，但隗嚣喜读经书、礼贤下士，所以还是有不少人归附于他，其中最

成语典故

穷当益坚，老当益壮

马援的祖上据说是赵国大将赵奢，但到他这一代家世已然不算显贵。马援兄弟三个皆有才干，但以马援志向最高。马援的命很苦，十二岁时父亲就亡故了，没几年长兄也离他而去，好容易当了个小官又因为宽纵囚犯被官府追捕，沦落到放牧耕田的窘境。但马援不气馁，仍然豪迈地说："丈夫为志，穷当益坚，老当益壮。"后来他果然在群雄并起时找到机会，成了隗嚣手下的将军。

有名的就是马援和班彪。

隗嚣势力壮大的时候，天下局势也渐渐分明，刘秀和公孙述相继称帝，隗嚣夹在两者之间，不得不考虑站队问题。于是他找来自己敬重的马援，请他去刘秀和公孙述处考察一番。

马援先考察的是公孙述，两人本是乡里乡亲，过去就关系要好。此番到访，马援满以为公孙述会和他握手言欢一如往日，可已然称帝的公孙述处处讲究排场，不仅以疏远的君臣之礼相待，更派大量甲士戒备。虽然口称愿封马援为大将军，却再无朋友间的真诚了。马援叹息一声，婉拒后去往洛阳。他知道如今天下未定，公孙述不效仿周公吐哺广纳人才，却在这里讲求排场，根本不足以统治天下。

到洛阳后，与马援毫无交情的刘秀却对他开诚布公，不仅不设卫兵防备，反而径直来到他面前。马援大为惊奇，问道："您就不怕我是刺客？"刘秀大笑："你不是刺客，是个说客。"马援心服口服，叹道："如今天下，欺世盗名称皇称帝的不计其数，见到陛下这高祖一般的风仪，我才知道真天子是冒充不得的。"

回到陇右后,马援把所见所闻一一告知隗嚣,建议他归附洛阳朝廷。隗嚣有些被说动了,但此时刘秀忙于应付彭宠、刘永等割据势力,所以隗嚣仍然抱有侥幸心理,又找来才名在外的班彪,和他聊起了周朝灭亡后战国并争的事情。

班彪生于扶风安陵(今陕西咸阳东北)有名的儒学之家,为避战祸才迁到隗嚣的地盘,偶尔也为他出谋划策。班彪明白隗嚣借古讽今的意思,叹了口气,语重心长地告诉他,周朝时诸侯世袭观念根深蒂固,所以王权衰落后才有割据一方的局面,可汉朝实行郡县制度,君王大权独揽,地方官员经常更替,是绝难形成长久割据的。汉朝的问题只是皇帝,百姓心中向汉,只要明君出世,天下必定统一。

这番话鞭辟入里,可隗嚣竟然对这些充耳不闻。班彪屡谏无效,索性就投靠了窦融,成了推动窦融归汉的重要谋士。

隗嚣不信任班彪或许有年龄的原因(那一年班彪只有二十七岁),但更多的是因为他满脑子都是复现周文王的伟业。可是随着彭宠、刘永势力被平定,隗嚣又不得不面对光武帝强大的事实。此时他的心态极度矛盾,一面对光武帝联手攻打公孙述的诏令虚与委蛇,一面又不得不派马援护送儿子到洛阳作为人质,临行前还对马援说,"你若觉得汉朝好,我便专心归附汉朝了"。

拖到建武六年(30),刘秀借道陇西进攻蜀地时,隗嚣终于坐不住了。他不仅拒绝汉军经过,还派兵在陇坻(今陕西省宝鸡、陇县与甘肃省清水、张家川诸县间的陇山)等重要关塞加强防守,等汉军到达陇坻时便砍伐树木堵住道路,突然发起伏击。汉军大败,幸亏骁勇的大将马武率精锐骑兵断后,才不致全军覆没。

这一败战后,汉军逐步撤出陇右转为防守,而隗嚣的兵马则乘胜进犯边境。此时大将冯异的一个决策成为战局的转机。当时,一股隗嚣叛军和冯异的军队都要开往栒邑(今陕西旬邑东北),消息传出后,汉军将领都顾忌叛军人多,且气势正盛,打算暂避其锋,放弃栒邑。只有冯异认为栒邑一失，整个关中都会动摇，而且那里城池坚固，防守有余，于是力排众议急速进军。到达枸邑之后，他关闭城门，偃旗息鼓，造出汉军未至的假象。叛军将领行巡中计，进城时被汉军突袭，大败。此战传开后，另一位汉将祭遵在汧县也大破叛军。冯异的远见这时便体现出来了，当地游移不定的势力一看叛军大败，纷纷投靠了汉朝。

刚刚接受刘秀封赏的河西窦融也开始发力，一面修书谴责隗嚣，一面请缨击破了依附隗嚣的先零羌首领封何等。寓居洛阳的马援则痛心疾首，不仅谴责隗嚣背信弃义，还亲率五千骑兵游说隗嚣的部属和羌人豪长，恳劝他们弃暗投明。

众叛亲离之下，隗嚣只好写信向刘秀服软，并推卸责任，但东拉西扯就是不肯做实质性让步。刘秀看出其意图，让他少说浮语虚辞，尽快投降。隗嚣知道拖不下去，转而派人向公孙述称臣，想借公孙述势力保全自己。

东汉平天下时，由于人心不稳，常有地方势力投敌。为了在战局不利时稳定人心，将军臧宫命人把城门的门限（门槛）锯断，命令几百辆运送物资的车往复进入城门。当地首领听到一夜车声不绝，都以为汉军支援不断，所以谁也不敢投敌。

清 马骀 历代名将画谱·城门断限

建武七年（31）春，公孙述册封隗嚣为朔宁王，派兵造势支援隗嚣。隗嚣一下子底气十足起来。到秋季，他亲率三万步骑兵进犯，但汉朝有冯异和祭遵两位大将坐镇，他并没有占到便宜。面对隗嚣的挑衅，光武帝决定亲征，但大雨冲断了道路，且隗嚣已经撤军，作战只能推迟到第二年春天。

这一次，打开战局的是汉朝中郎将来歙。来歙的勇敢是出了名的，当年为借道伐蜀一事出使陇右时，他见隗嚣虚与委蛇，曾打算当众刺杀隗嚣。这次出征，来歙更浑身是胆，只带区区两千人就敢伐山开道，奇袭略阳。略阳的略字，是用武之地的意思，这里位于今天陕甘川三省交界处，是汉中的西大门。略阳一丢，隗嚣寝食难安，立即纠集重兵不惜代价夺回。为免被围城打援，汉朝聚拢援军，暂缓支援，打算以逸待劳，等隗嚣军疲惫再行歼灭。

这个计划成败的关键就在来歙能否守住略阳。面对隗嚣的数万大军，还有公孙述开山筑堤引来的滔滔洪水，来歙和将士死守了数月，弓箭用尽、兵器折损，连城里的房梁都被削成武器，这才等到了光武帝亲征。对于这次亲征，很多臣子是极力反对的，幸好马援熟悉陇右形势，他用米堆成山川谷地，详细演示行军战略，光武帝这才决心进军。这可能是中国史料记载中最早的战术沙盘。

这一战汉军精锐尽出，窦融也率数万步骑兵赶来会师。两军会合后分路攻向陇山，武力威胁和利诱招降并举。没多久，隗嚣部下牛邯等十三员大将，包括十六个辖县以及十余万军队都投降了刘秀。隗嚣反攻略阳的军队瞬间瓦解，他只能率残部逃奔西城。

虽然在陇右推进顺利，但东汉初建，人心不稳，见天子征战西北，颍川、东郡、济阴等地未平复的势力再度兴风作浪，刘秀只得先回洛阳抽调军力平乱，派吴汉、岑彭率汉军在西城继续围困隗嚣。由于远征军兵员众多，粮草难以供应，汉军开始出现逃兵。趁着这个军心动摇的机会，隗嚣部下王元、行巡、周宗率领从蜀地来的五千多援军发起反击，竟然将隗嚣救出。汉军因为粮食已尽，不敢再战，只得仓促退出陇西，陇西数郡于是此图描绘了大将马援以米堆成山川谷地，推演行军策略。

清 马骀 历代名将画谱·聚米为山

又落入隗嚣手里。只不过此时隗嚣元气大伤，败亡已然是定局了。两个月后，隗嚣病死，他的小儿子隗纯被拥立为王。

建武九年（33）八月，来歙率冯异等五员大将再攻隗纯，大战持续到次年十月，隗嚣一脉除了将军王元只身逃奔公孙述外，大多数将领都投降汉军，隗纯等人在逃亡匈奴的路上被杀，陇右最终平定。

得陇望蜀

平定陇右之后，刘秀统一天下的最大对手就是益州公孙述。

公孙述本来只是西汉的一个县官，王莽时期一步步升任为蜀郡长官，后来趁天下大乱割蜀地自立，成了一方军阀。和遮遮掩掩的隗嚣不同，仗着四川群山环绕，天然和中央政权隔离，刘秀称帝后公孙述也公然称帝，

成语典故

得陇望蜀

刘秀围困隗嚣于西城时,颍川残余势力趁机作乱,刘秀只得赶回洛阳主持局面。临行之际,他不忘叮嘱部将:若西城能够攻下,便可以顺势攻打蜀地,平定公孙述势力。刘秀不是一个好大喜功的人,但陇、蜀不平,天下太平只是空话。一念及此,他自嘲地说:"人苦不知足,既平陇,复望蜀。每一发兵,头须为白。"这段话流传开去,人们就用"得陇望蜀"形容贪得无厌。

年号龙兴,想着复现汉高祖刘邦自四川起家成就帝业的经历。由于天下征战不休,因此安居一隅的公孙述逐步壮大。

不过,随着陇右归汉,益州其实已经被东汉的领地包夹于西南一角。为了攻下益州,刘秀决定水陆并行,双管齐下。

公孙述先是在和东汉南路水军的作战中失利,失掉了对长江的控制权,导致东汉军队沿水路长驱直入;后是错估了防守重点,被东汉水路军队避实击虚,从南方水道直接打到了成都城外不远处。再加上东汉北路的陆路军队也顺利破关入境,公孙述于是彻底没了还手之力,只能靠成都的险要地形顽抗。

令人喟叹的是东汉的来歙和岑彭这两名得意沙场的大将,他们赢下了数万雄兵,突破了山川险阻,最后竟先后死在了公孙述派出的刺客手中。

岑彭死后,刘秀命吴汉率三万汉军赶到前线,接替岑彭的职位,率南路汉军进攻蜀地。为保住成都,公孙述倾尽全力作战,力图将汉军阻隔在成都之外。而吴汉遵循刘秀制定的敌疲再攻战术,在成都与广都之间频繁发起攻击,消灭公孙述的有生力量后,才率军去攻打成都城。

建武十二年(36)十一月,岑彭被刺一年以后,臧宫所部也兵临成都城下。很快，蜀军全线崩溃，公孙述也在不久后的战斗中重伤而死，他的手下延岑见大势已去，就率成都守军投降。

至此，刘秀完全统一天下。

公孙述虽然才干不足以为天子，但在生死关头还是有几分骨气的，面对刘秀写下的招降诏书，他力排众议，说："废兴，命也，岂有降天子哉！"也许是因为这个原因，后人为他修建了一座庙宇，世代供奉，就是赫赫有名的白帝庙，白帝庙外便是白帝城。

公孙述雕像

风云人物

豪勇来歙

来歙被刺以后，知道自己命不久矣，于是立即叫来副将盖延。盖延看见来歙的伤势，悲泣伏地，久久不能仰视。来歙大怒，呵斥道："你这是干什么？！我被小人暗算，日夜忧惧无法完成国家交付的使命，所以才找你商谈大事。你怎么像个黄毛小子一样哭哭啼啼！是觉得我来歙身上插了一把刀，没力气斩你吗？"盖延大为羞愧，赶紧恭敬地听来歙交代军中大事。来歙了却一桩心事，这才从容提笔，给皇帝上书，劝天子任用骨鲠人才，不要重用自己没本事的兄弟，免得他们才不当位、惹祸上身。写罢，来歙将笔一扔，拔出要害上的利刃，决绝地闭上了眼睛。

地图专题 · 东汉灭蜀

本　　质：东汉消灭了最后一个地方割据政权蜀，完成统一的一战。

作战双方：公孙述的蜀军；水、陆两路汉军。

背　　景：光武帝刘秀得到了陇右之地，获得了进攻蜀地的北方通道，公孙述已被两面包夹。

透过地图说历史：

东汉灭蜀之战，分派水、陆两军。从地图可以看出，陆路军从归降东汉的陇右出发，进攻蜀地的北大门；水路军沿长江逆流西上，进攻蜀地的东大门。

这种攻蜀决策的产生，和汉、蜀双方的布置密不可分。在对蜀地用兵六年前，东汉就曾派出官员南下，驻扎在夷陵、江州（今重庆市北嘉陵江北岸）等入蜀要地，进行灭蜀准备，还不断派人南下，招抚湖北、湖南甚至越南地区的郡国归附，制造了数千艘各式战船。

蜀地则采取两路防御，一面在河池、下辨等要地驻兵，扼守自北方入川的孔道，一面沿长江发兵，以攻为守，趁汉军对陇西用兵，攻占了夷陵、荆门等要地，还在长江架设浮桥，沿岸修楼，于临口设营，严防汉军北上。从始至终，双方都把长江水路作为对抗的核心。

水路之战以一场强渡开始，为了击败荆门守将田戎，岑彭修造数千艘战船，又派勇士驾船逆流，纵火焚烧浮桥。风助火势，桥楼烧毁崩塌，蜀军大乱，田戎只能让出长江通路，退守江州，相当于后撤了数百公里。

凭长江水路，岑彭一路长驱直入，由于他严格禁止手下烧杀掳掠，所以沿途郡县纷纷归附，江州也就暴露在汉军面前。当时，江州城固粮多，不易攻破。面对这块"硬骨头"，汉军留兵围困，主力则继续推进。

　　公孙述见汉军破门而入，当即派兵驻守在两条水道旁边。因为岑彭行军路线偏北，所以公孙述把守南方水道的兵力较弱。

　　岑彭见状，命令臧宫率五万降军抵抗延岑率领的蜀军主力，自己率主力折回江州，然后溯江西上，在防御薄弱的南方水道，大破敌军。这一战后，他率军奔袭两千多里，攻陷武阳，在公孙述领地的南方画了一个大圈，以迅雷不及掩耳之势打到了广都，广都距公孙述所在的成都不过数十里。公孙述吓得用手杖敲地，以为是鬼神相助。

　　令人惊奇的是，在另一条水道，粮草不济的臧宫竟凭几万降兵和七百多光武帝支援岑彭的骑兵，靠故布疑阵的计策，打败了惶惶不安的蜀军主力。再加上蜀地北方的要隘河池也被陆路汉军击破，三路包夹之下，公孙述终于穷途末路了。

时间 25—57

04 光武中兴

> 帝每旦视朝，日昃乃罢……虽以征伐济大业，及天下既定，乃退功臣而进文吏，明慎政体，总揽权纲，量时度力，举无过事，故能恢复前烈，身致太平。
>
> ——王夫之《读通鉴论》

【人物】刘秀

【事件】精兵简政，羁縻乌桓、匈奴、鲜卑，退功臣、进文吏，发展儒学

刘秀清除前朝弊政，整改权力机构，偃武修文，与民休养。通过三十多年努力，一个统一富强的汉朝再次登上历史舞台。

精兵简政

刘秀登基后，花了近十二年才统一天下，经过屡次战乱饥荒摧残，天下在籍的人口只剩下反莽起义前夕的两成了。此时田地荒芜、城池衰败，可各地的官员还大体如西汉规模，形成庞大负担。为此光武帝大力裁撤官吏，合并郡县，以期精简机构，仅建武六年（30），他就下令合并减少了四百多个县，一些地方的官吏精简到十留其一。随着天下逐步安定，光武帝又感到地方的兵力不仅是财政的一个缺口，也是威胁政权的要素，于是下令将边郡以外郡县的水兵、步兵、骑兵等常备兵逐步加以取缔，仅保留维持治安的力量，若发生重大军情，一律由中央派兵平定。

此外，为减轻百姓负担，刘秀于建武十五年（39）下令度田，也就是

普查人口、登记田地。制定这个政策的初衷是好的，但执行过程中许多地方官欺软怕硬，往往对豪强的土地瞒报、少报，对百姓的土地则谎报、多报，连百姓的宅基地都被算作田地报上去了，结果民怨沸腾，光武帝气得杀了一大批瞒报的官员。

但此举不仅不能制止官吏欺上瞒下，反而导致各地"盗贼"并起，这些人平时啸聚一处，郡县派人讨伐就解散无影。好在光武帝精于谋略，想出了"五人共斩一人"的离间计——参与为乱的五人共同斩杀一人就可以免罪，纵容盗贼或胁从作恶的官吏也都不追究罪责，且允许以擒贼讨贼立功，仅对窝藏盗贼的人加罪。于是作乱者相互检举，很快首恶就被除尽了。老百姓接受了调改合理的度田，出现了牛马放牧不收的太平场面。这样，农业恢复发展了，百姓负担减轻了，人口数量也迅速提升。据统计，在刘秀统治末期，东汉在籍人口达到两千多万，比建国初增长了一倍多，政治气象为之一新。

光武帝盛大的改革在地方体现为精兵简政，在中央则体现为设置三公、建尚书台。

三公制度实际是成熟于西汉末年的旧制，就是把国事给大司徒、大司马、大司空分管。建武二十七年（51），刘秀下诏改三公为司徒、太尉、司空。但三公其实也只是地位崇高的执行者，真正掌握决策权的是尚书台。

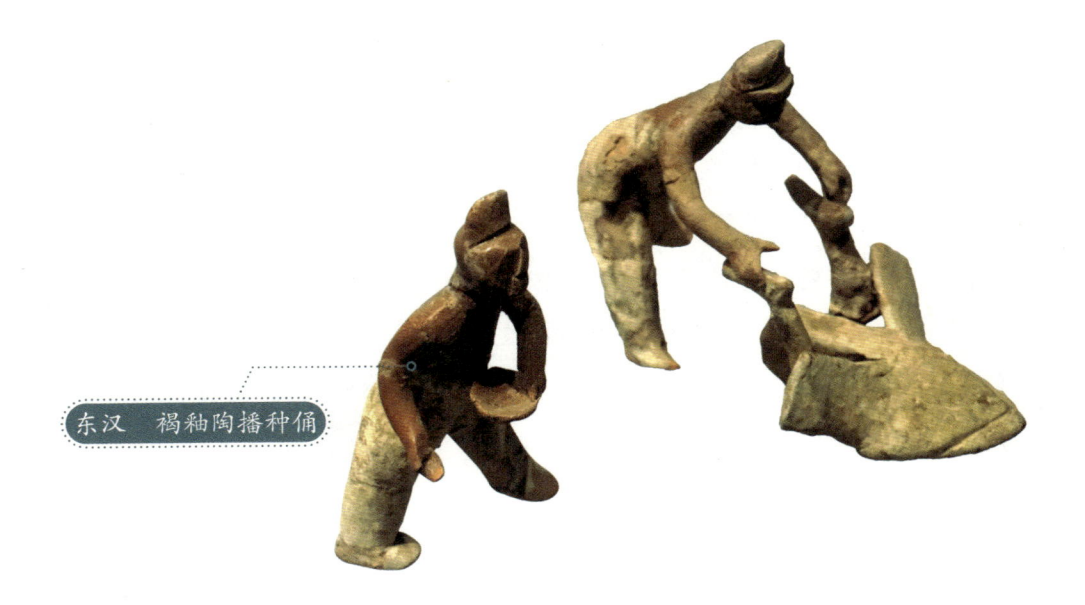

东汉 褐釉陶播种俑

奇珍异宝

建初六年玉买地券

买地券，是中国古代以地契形式置于墓中的一种迷信物品。墓葬中使用"买地券"出现在东汉初期，盛行于东汉中晚期，这种虚拟的随葬土地买卖文书是东汉土地私有化高度发展的结果。东汉是中国古代土地兼并严重、豪强地主云集、土地买卖盛行的一个时期。东汉土地私有化使得人们开始将土地看作私人财富，当时"以田饮食，以宅居处，人民所重，田重于宅也"，并十分重视对土地资源的拥有。

东汉　建初六年玉买地券拓片及释文

尚书台有一个尚书令、一个尚书仆射、六个尚书，他们都是天子的近臣，官秩最高的也不过千石，论职位高低连一郡的长官都比不上。但皇帝的诏令由他们发布，朝官的任免、纠察由他们行使，国家大政也由他们参谋，所以他们实际上成了天子的代言人。

由于天子需要随时处理国事，所以当天子在宫中时，就需要一些属官传达诏令，甚至为天子预处理尚书台的文书，刘秀于是设立了中常侍、黄门侍郎等一系列职务，这些职务经常由亲信宦官担任。宫内的宦官借此也得以参与朝政。

至此，一个高效的政务处理机构就建成了。

总的来说，光武帝的改革效果诚然不错，但太过依赖统治者的执政水平。废除郡县武备导致外寇入侵和突发叛乱时各郡无力抵御，合并郡县导致边郡空虚不易防备外侮，而掌权的尚书和宦官说到底都是天子卑微的近臣，因此也没能力如宰相般力争得失，一旦天子昏庸就更容易酿成毁灭性的灾难。

5 偃武修文

自建武十二年（36）平定公孙述后，刘秀就没有主动大规模用兵了。他深知天下统一来之不易，也深知百姓渴望和平发展，所以哪怕遇到建功立业的绝好机会也往往果断舍弃，以恢复经济和民生为第一要务。

刘秀明白，想要偃武修文，第一个要面对的就是为他打天下、立下赫赫武功的元勋们，这些人大抵为武将出身，如果任由他们身居高位，那偃武修文就是一句空话。为此光武帝大打感情牌，给元勋们各种功名利禄的同时，将他们请离权力中心。仅建武二年（26），他就封赏了两百多名功臣，此后更是大封偶有，小封不断。功臣们粗豪惯了，往往犯下过失、言行不当，光武帝对此也颇能宽宥，还经常和勋臣把酒言欢，无所避忌，远方每有一点儿珍稀宝物、美味佳肴送来，他都一一赐给群臣享用。皇上如

中外对比

25年—57年，光武帝刘秀在位，统一天下光武中兴。

约1世纪，月氏人建立贵霜帝国，全盛时统治中亚和印度部分地区，控制丝绸之路要冲。

约1世纪中期，基督教产生。

此厚恩，功臣自然也都乐于身居列侯，安享荣华了，只有邓禹、贾复等少数仍享兵权。

功臣退避以后，光武帝决定重用文吏，发展儒学。当时，不仅朝中官阶最高的三公往往由有声望的儒生担任，而且朝廷还在洛阳修建太学，设立五经博士，并鼓励郡县和私人办学，一时间全国人文蔚起、学风大盛。

考虑到西汉末年书籍多有损毁，光武帝十分重视官方藏书，他每到一地，就先访儒雅，遍求书籍，后来他更是传旨天下，收集遗篇。结果东汉官方的藏书汗牛充栋，收集到的书简要动用数千辆车运送。

光武帝的敦睦儒术不仅停留在几纸诏令，他本人同样数十年如一日地践行儒学。在处理朝政时他勤勤恳恳，太阳一出就上朝，太阳偏西才罢朝。下朝以后，他不爱驰骋田猎，就喜欢和公卿大臣议论儒家经典，往往半夜才肯休息。生活上，光武帝也严格恪守勤俭的精神，手中不把玩珠玉，两耳不迷丝竹，修建坟墓也是能省则省。

在他的以身作则下，东汉一朝士人都讲求气节，以忠君爱国为荣。

光武帝在位三十余年，由于政治清明，汉朝国力恢复很快，所以不乏用武的良机。比如建武二十七年（51），匈奴连逢灾祸，正是一劳永逸消灭匈奴的好机会。但光武帝爱惜民生，拒绝了这个诱人

熹平石经

此经由洛阳太学刻于东汉灵帝年间，刻成后立于当时的汉魏洛阳城开阳门外的洛阳太学所在地，又称《太学石经》。

的建议，说："如今，朝政还有很多需要完善的地方，各地不时地还有灾害出现，百姓生活比较贫困，人都保全不了，哪里还有精力去遥远边塞建功立业呢？我觉得，不如休养生息，让百姓先得到实惠。"

类似的事情不胜枚举，总体来说，光武帝对用兵是发自内心厌恶的，他关心的是恢复和发展经济。为此他连续下达六道释放奴婢的命令，让原来失去土地沦为奴婢的农民解放身份，准许和鼓励他们开垦因战乱而荒芜的土地，恢复和发展农业经济。不仅如此，他还实行轻徭薄赋政策，组织农民兴修水利，提高土地的产量。

经此内外不懈的治理，百姓自然安居乐业，出现了历史上有名的光武中兴。

5 羁縻四方

光武帝时代，中央政权前期忙于统一天下，后期则偃武修文厌谈兵事，因此对北方的匈奴等民族总体是包容羁縻的态度，对万里之外的西域则接近于战略舍弃。幸而光武年间东汉渐渐强盛而匈奴连逢天灾内斗，所以边患仍是减轻的趋势。

说起汉匈关系，不妨稍稍回溯一下，自汉宣帝之后，匈奴其实已经是汉朝的藩国，几代都没有为患犯边。后来中原大乱，匈奴却由于西汉末年历代君主的包容而人民炽盛、牛马繁衍。就在这个汉匈力量对比已然变化的时候，王莽却爱慕虚名，莫名其妙地将匈奴单于贬斥为侯，汉匈战乱于是又起。这一战，王莽几十万大军不仅没有建功，反而惹得匈奴再次轻视汉人，又成为北边遗患。

到了建武六年（30），光武帝初步平定天下，汉匈才再度通使，在名义上重修旧好。但这种恢复只是表面的，匈奴单于经过王莽时代的大胜已然非常倨傲，每每以冒顿单于自比，不仅拒绝汉朝的和亲请求，还扶植军阀卢芳共同侵犯汉朝北境。光武帝一度派出大司马吴汉率军讨伐，却数年鲜有成效。匈奴于是越加骄横，到了建武十三年（37），连汉朝内部的河东诸郡也饱受侵扰。光武帝只好先将幽、并两州的人迁到常山关、居庸关以东，塞内的土地于是再度被匈奴左部占据。到了建武二十一年（45），匈奴边患恶化到了极点，上党、扶风、天水、上谷、中山等地都曾被匈奴入寇，匈奴烧杀抢掠以至北边无一岁安宁。

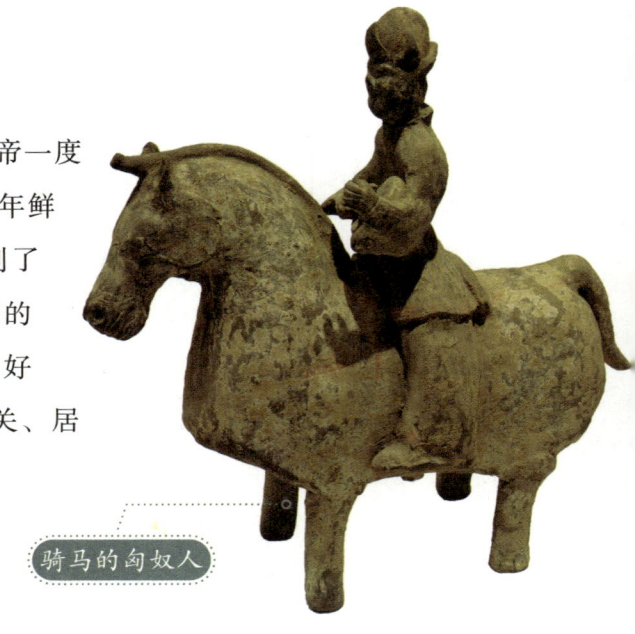

骑马的匈奴人

幸而建武二十二年（46）时事情发生了戏剧性的转变：匈奴的呼都而尸道皋若鞮单于去世，传位给儿子乌达鞮侯，一举引发匈奴内乱。因为呼都而尸道皋若鞮单于违背了呼韩邪单于定下的兄终弟及规矩，杀死了有继承权的左贤王知牙师，匈奴内部的很多贵族不服，就于建武二十四年（48）另立前单于的儿子比为新单于，称其为呼韩邪单于，以示此举是恢复呼韩邪遗志。乌达鞮侯继位不久，还未来得及解决新冒出的呼韩邪就去世了，其弟蒲奴为新单于。蒲奴试图攻杀叛乱，但呼韩邪兵强马壮，终究事不可为。于是匈奴分为南北两部，南匈奴单于呼韩邪亲附汉朝以求自保，北匈奴单于畏惧汉朝和南匈奴单于联兵，于是也虚情假意地屡次遣使求亲。之所以虚情假意相称，是因为北匈奴单于求亲之余仍然偶尔骚扰汉朝边郡。

在这次北方形势的剧变中，虽然光武帝没有直接参与，但东汉对北方乌桓及鲜卑的得当政策显然促成了匈奴北迁的局面。

鲜卑和乌桓都是东胡的后裔，原本和匈奴一同生活在大草原上。但秦末汉初时匈奴冒顿单于强盛，乌桓和鲜卑都被打败，只得迁徙到辽东塞外生活了几百年。虽然这两族和匈奴是世仇，但为了争夺生存空间，他们对汉朝并不客气，有时甚至和匈奴联手危害汉朝边关。

为了慑服乌桓和鲜卑，光武帝曾于建武二十一年（45）派伏波将军马援带三千骑兵出关掩击乌桓，派辽东太守祭肜出击鲜卑，起到了震慑作用。

　　比起武力威慑，光武帝更擅长怀柔政策，他先后对乌桓和鲜卑的首领大加封赏，让他们既享受和匈奴类似的侯王君长头衔，又给了他们大批珍宝财物。乌桓和鲜卑于是纷纷和汉朝亲附，不仅允许汉朝在上谷设置校尉管理两族并将王子送到汉朝为人质，还主动出击从侧面对分裂的匈奴大打出手。仅建武二十二年（46），乌桓的攻击就导致已然分裂的匈奴北迁数千里，漠南一时空虚。而鲜卑也在建武二十五年（49）主动出击匈奴，以两千多名匈奴人的性命作为归附汉朝的投名状。于是汉朝不费一兵一卒就使得边患大减。

　　唯一可惜的是，在王莽之乱中和汉朝中断联系的西域列国再度被匈奴控制，陷入了其横征暴敛的残酷统治之下。尽管西域各国曾多次不远万里向汉朝上书，并派来质子，但光武帝厌谈兵事，认为国家初建不宜兴兵外域，所以往往重赏这些使节，在名义上给予册封，却终究没有再派一兵一卒远征。

东汉　铜车马仪仗队

时间 25—57

05 光武朝的彬彬郅治

> 任为将帅而明于治道者,古今鲜矣,而光武独多得之。……光武以支庶之余,起于南阳,与其人士周旋辛苦、百战以定天下,其专用南阳人而失天下之贤秀,虽私而抑不忘故旧之道也。
> ——王夫之《读通鉴论》

【人物】刘秀、马援、冯异、吴汉、董宣、宋弘、严光、郅恽等

【事件】马革裹尸、强项令、宋弘拒婚等

光武帝刘秀,其实是王莽时代教育体制培养出的政治精英,颇受儒学风尚熏陶。而光武朝又以武立国,故而臣子大多文采风流、骨气刚硬,一朝君臣共创了一个吏治彬彬的时代。

将星云集

东汉以武建国,光武一朝自然将星云集,其中最有名的将军是马援。自平定隗嚣之后,马援就忠心耿耿地为光武帝南征北战,二十年间多在戎马生涯之中度过,立下了当之无愧的汗马功劳。

马援的第一件大功是平定陇右,陇右在西汉时就是边郡之地,屡次受到羌人的骚扰。后来中原大乱,羌人趁机壮大,有不少甚至趁机入居塞内,占了汉朝不少的属县。就连勇猛的来歙都亲自向光武帝上书,说陇右羌患除马援外无人能平。

光武帝深以为然，刚刚平定隗嚣就任命马援为陇西太守，命他安定陇西。马援明白羌人桀骜，因此先行震慑。他派步骑三千在临洮攻打羌人的先零部落，斩首数百人，获马、牛、羊一万多头。先零羌人一败，羌人各个部落有八千多人望风归降，但仍有几万人占据关隘进行抵抗。马援的兵力并不如羌人，所以他往往采取机动性很强的包抄战略：或者率军自小路包抄羌人营地，或者以小股人马绕后、击鼓放火恐吓。羌人不知汉军虚实，往往心惊胆战，被打得纷纷溃逃。战斗中，马援身先士卒，腿肚子被飞箭射穿仍冲锋不退，论功行赏时他却把赏赐都分给部下，不留分毫。

马援对治羌极有远见，不仅注重军事打击，还注重筑城屯戍、分化拉拢，逐步压缩羌人的生存空间。为此，他力排众议，移民充实打败羌人以后得到的废弃城池，还安排官吏、修治城郭、建造工事、开导水利；又派归附的羌人豪强到塞外游说，劝诱塞外羌人归附。一番治理之后，金城等郡再度人口充实，田郭繁荣，成为大汉的屏障。建武十三年（37），武都参狼羌与塞外各部联合叛乱，叛军声势浩大又占据险地，很是棘手。可马援断绝水源、控制草地，只凭四千人就逼得羌人水草断绝，几十万户羌人只能逃往塞外。从此，陇右安定。

成语典故

差强人意

吴汉是刘秀手下的大将，作战勇敢，心志尤其坚韧。别的将军作战不利时，往往面带惶恐，狼狈失度，只有吴汉气度自若，身处危局而面无忧色，往往能在败军之时激励将士、修整武器、逆转战局。光武帝见了，由衷赞叹道："吴公差强人意，隐若一敌国矣。"意思是说吴汉最擅长让人强行提起精神，真比得上一国人马。可惜的是，差强人意这个原本形容振奋精神的词，到后世却成了大体上还能使人满意的意思。

马援不仅是打仗的好手，也是治世的良臣，其位居陇西太守时，用人各尽其才，为政简明得当，身居边塞却关心国事。当时汉朝的币制经过王莽改革变得极度混乱，马援于是上书，提议复铸五铢钱。这个建议一度被太尉、司徒、司空三府以不合时宜为由压下，但马援再次上书据理力争，终究让建议得以采纳。这个好主意让天下百姓都感到便利。

马援在陇西治理了六年，被升为虎贲中郎将，调回中央，旋即又为汉朝立下大功一件。原来在建武十六年（40），汉朝西南的交趾郡（今越南北部）发生了一起叛乱。挑起叛乱的是交趾的一名女子征侧。此人身材壮大、武艺娴熟，父亲是当地的首领，因此威望很高。恰逢交趾太守执法严苛，征侧便煽动百姓，借机造反。叛军逐步攻陷了交趾郡，随后岭南九真、日南、合浦等地的越人也被煽动，以征侧为王建立了一个国家，彻底和汉朝决裂。

听闻战事又起，马援再次披甲出战，这一战他得到了一个流传千载的名号——伏波将军。由于交趾远离汉朝，补给困难，光武帝便派八千汉军和两千车船水陆并进。马援率军沿海而下，一路开山取道数千里才抵达作战地点。交趾叛军大多是乌合之众，没想到汉军会千里奔袭，接战之下连连败退。马援则步步为营，渐次追赶。建武十八年（42）正月，叛军女王征侧被杀，交趾至此平定。马援又转战岭南，以五十七岁高龄奔波于酷热毒瘴之中，继续收复九真等地。为了永绝后患，马援不仅打击叛乱军队，还注重发展当地落后的生产和法律，每到一地都帮助百姓修建城郭、开凿

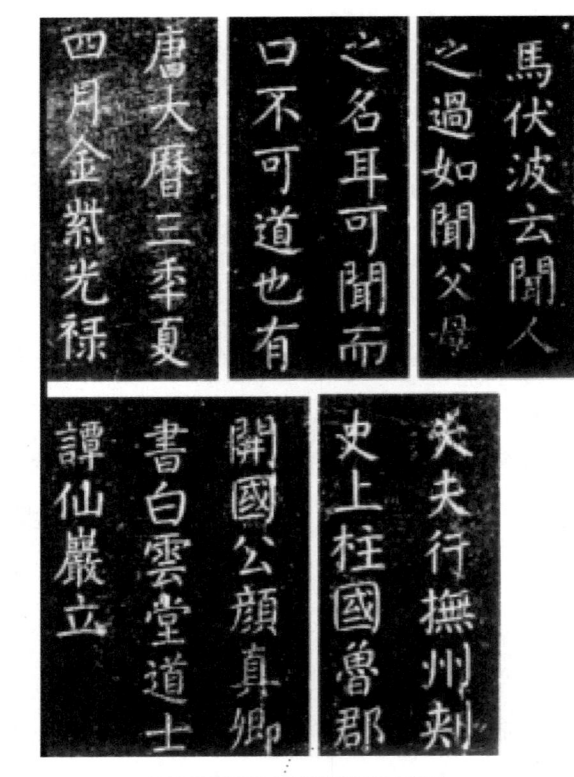

唐 颜真卿《书马伏波语》

水渠，实行简便易行的法律。当地百姓由此开化，几百年后还认真地奉行"马将军故事"。

立下大功之后，马援荣归洛阳，接风洗尘的应酬还没走完，就又披甲上马，毅然率军北上帮朝廷解决乌桓边患。朋友们都恭贺他功成名就，马援却豪迈地说："男儿就应当死于边疆草野，以马革裹尸还葬，怎么能老卧床上守在儿女身边！"于是九月才到京师，十二月这位老将就已然身在边塞了。

建武二十四年（48），五溪（今湖南境内）的少数民族又发生叛乱，朝廷派去的谒者李嵩、中山太守马成作战不利，未能取胜。马援闻讯以六十二岁高龄请缨，在皇帝面前披甲策马、扶鞍睥睨以示宝刀未老。光武帝心有不忍，但看见马援坚定的神色，只得叹了声："真是个精神矍铄的老头儿啊！"说罢任命马援出征。这一战汉军出师小胜，但在战略上出现了分歧，将军耿舒认为应当走路途平坦的充县，马援却认为充县太远，粮草无法供应，不如冒险走壶头山。这一计策本来并无弊病，谁知适逢酷暑，汉军抵达壶头山时遭遇瘟疫，多染病而死，竟然无力攻下，反而被叛军屡屡骚扰。战士们惶恐不安，唯独马援镇定自若，哪怕身患疫病也坚持眺望敌情，在敌军骚扰时还以颜色。手下将士都深为其精神所感动，不少人热

奇闻逸事

大树将军

跟随刘秀开国的将领们，往往不乏武人的豪气，征战间隙总喜欢自述战功，互相争胜。唯独冯异是个另类，他为人非常谦逊。出门见到其他大将，不论尊卑他都主动让自家车马让道。每当众将官争功论能之时，冯异便一个人默默地躲到大树下。他谦逊的态度深得士兵喜爱，每当光武帝分配兵马时，士兵们都高呼愿意追随"大树将军"。

泪横流。

直到生命的最后一刻，马援也没有放下取胜的决心，可他的身体却撑不住了，最终一语成谶，马革裹尸而还。

马援死后，受过他恩德的人泣不成声，百姓甚至将他屯兵驻扎过的地方称为伏波岭。可向来知人善任的刘秀却犯了糊涂，不仅听信权贵的一面之词认为马援作战失利，还误将马援从南方带回的一车薏米种子认作金银财宝。一代名将，生时未享受朝堂荣宠，死后也未受到万民追悼，连遗体都是经其家人六次上书请求才得以下葬。

光武帝去世后，东汉后世君王怀念开国功臣，在云台绘制了二十八位名臣画像，马援，竟不在其列。

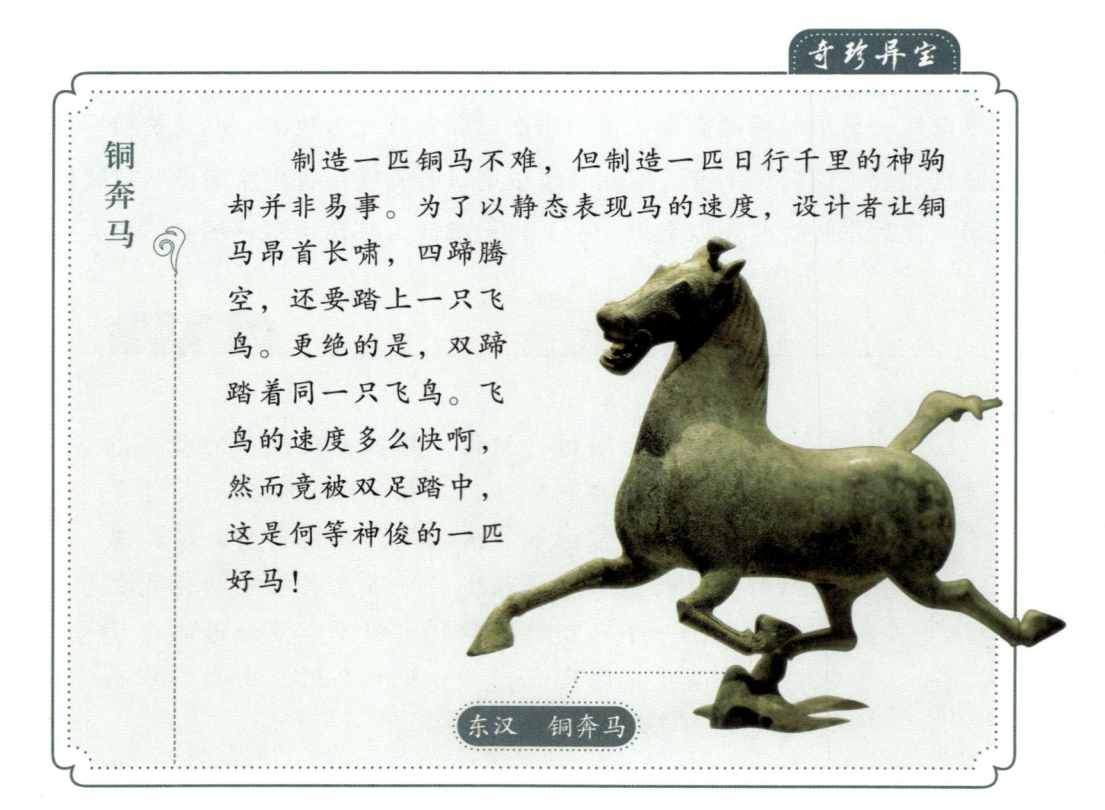

奇珍异宝

铜奔马

制造一匹铜马不难，但制造一匹日行千里的神驹却并非易事。为了以静态表现马的速度，设计者让铜马昂首长啸，四蹄腾空，还要踏上一只飞鸟。更绝的是，双蹄踏着同一只飞鸟。飞鸟的速度多么快啊，然而竟被双足踏中，这是何等神俊的一匹好马！

东汉　铜奔马

5 吏治彬彬

光武一朝，天子敦睦儒学，群臣又经过王莽时代的儒术训练，因此产生了不少名臣，由他们的逸事言语，颇能窥见光武中兴时吏治彬彬的盛状。

当时颇可称道的两位名臣是宋弘和董宣，而这两个人的成名又都和光武帝的大姐湖阳公主刘黄有关。

宋弘生年不详，为人高洁正直，在汉哀帝、汉平帝时期就已入朝为官，素有美名。后来赤眉军攻入长安，想要拉拢他为官，但宋弘如何会认赤眉军拥立的放牛娃刘盆子为大汉天子？当即以投河自杀相拒，幸好家人将其救出。直到光武帝即位后，宋弘才入朝为官，建武二年（26）就官居三公。三公俸禄不低，但他为人清廉，把财物都分给族人，家中没有多少资产。

东汉　灰陶击鼓说唱俑

光武帝很敬佩他，屡次请求宋弘推荐人才，宋弘于是推荐了沛国人桓谭，称他才学广博。桓谭果然受宠，可惜不是因为才学，而是因为音律——每次宴会时光武帝都喜欢让桓谭弹琴助兴。宋弘知道后非常生气，于是找来桓谭斥责一番，不仅如此，他还在宴会上当众请罪，说："臣推荐桓谭的目的，是希望他能以忠诚正直来引导皇上，他却使皇上喜欢听郑乐，这是臣的罪过。"这番绵里藏针的话让光武帝一个激灵，赶忙起身认错，自此重视宋弘推荐的人才，让其中不少人担任公卿。

而宋弘继续毫不客气，每每发现光武帝有贪欲享乐的苗头就严词制止。一次，光武帝得了个新屏风，盯着上面的美人图屡屡失神。宋弘当即冷冷说道："微臣从没有见过喜欢美德如喜欢美色的人。"光武帝听后，立即令人撤掉屏风。

后来，光武帝见姐姐湖阳公主刘黄新寡，就想给她说一门亲事，于是装作漫不经心地和她一起议论朝廷大臣，暗中观察姐姐的脸色。唯独提到宋弘时，刘黄面色发红，说："宋公的相貌品德，各位大臣没有人比得上。"光武帝顿时心领神会，虽然宋弘已有妻室，可谁能拒绝皇家公主呢？后来他把宋弘叫来，让刘黄坐在屏风后面，决定设一个局促成这桩亲事。

见了宋弘，光武帝若有所指地请教："俗话说地位尊贵了就换朋友，家中有钱了就换老婆，这是人的本性吗？"宋弘一听，大抵明白光武帝话中有话，思量片刻，沉声说道："臣只听说贫贱之知不可忘，糟糠之妻不下堂。"虽然只是只言片语，但是，这则流传千古的名句让光武帝心中原本想好的说辞全都黯然失色。无奈之下，光武帝也忘了避嫌，竟然直接回头对屏风后面的刘黄喊道："这事办不成了。"湖阳公主一听，羞愧得再没了心思。

另一位名臣董宣晚年被特召为洛阳令，脾气是出了名的刚正。令不算大官，洛阳又是东汉国都，达官贵人、皇亲国戚无数，所以洛阳令是个高危职位。董宣上任以后，很快遇到一桩大案，案情很简单，就是湖阳公主的一个奴仆杀人潜逃，麻烦的是此人躲在湖阳公主府里，官吏不敢硬闯。董宣听说后，决定守株待兔，算好这个奴仆陪公主出行的日子，在其必经之路等候。

湖阳公主见车驾被拦，十分愤怒，大声指责董宣。恶奴有主人撑腰，正要策马冲过，却见董宣以

东汉　镂空龙凤纹玉璧

奇闻逸事

郅恽闭门

郅恽是光武帝时另一位刚正不阿的大臣，当年王莽篡汉他就挺身上书，将王莽一顿臭骂，哪怕被关进大牢也不改说辞。在光武帝时郅恽被江夏郡举为孝廉，入京当了看守城门的小官。虽然地位卑微，但郅恽尽职尽责，正点开门，到点关门。

一次，刘秀外出打猎，车驾及随从回城较晚，郅恽不听刘秀诏令，严格按规矩闭守城门不开。刘秀无奈，只得绕路从中门入城。第二天，郅恽上书讽谏道："从前周文王尚且要忧心百姓，不敢沉迷游猎，而陛下却昼夜游猎山林，这对江山社稷会产生什么影响呢？就像徒手搏击猛虎，徒步泅渡大河一样啊，陛下如不能以此为戒，实在令臣下担忧！"刘秀听后幡然醒悟，立即把中门官员降职，让郅恽教导太子读书。

刀画地，神色分明是——越过此线者，杀无赦！恶奴登时又不敢乱动了。董宣借机当街大声指责公主的过失，满街议论纷纷。湖阳公主只是外出也没有带多少护卫，一时又羞又气拿董宣没有办法。董宣见时机成熟，令左右一把将恶奴拉下车马，当场斩杀。

湖阳公主气得要死，回宫就向光武帝告状。光武帝大怒，立刻让人把董宣带来。董宣见庭中有手持棍棒的卫士，便明白了皇帝的心思，叩头说："请让我说一句话再死！"光武帝也不急这一会儿，冷哼道："想说什么！"董宣回答："皇上中兴汉室靠的是圣德，您今天要是放纵奴仆残害良民，以后要怎么治理国家？我不须杖打，请准我自杀！"说完用头猛撞柱子，血流满面。

光武帝被说得羞愧交加，已不想处死董宣了，于是命令小宦官挟持着

黄公望　富春山居图

国宝《富春山居图》是元代画家黄公望于 1350 年创作的纸本水墨画，是中国十大传世名画之一。元代轻视书生，所以有识之士大多隐世厌官，严子陵的精神再次为时人推重。这幅画中一共有七个人，其中就有钓鱼的渔夫、砍柴的樵夫。渔、樵绝非普通人，而是元朝隐居江湖的士人之写照。《富春山居图》在流传中一度分为两半，一半为剩山卷，藏于浙江省博物馆，一半为无用师卷，藏于台北"故宫博物院"。直到 2011 年两幅长卷才首次合璧展出。

董宣，叫他给公主叩头谢罪了事。可董宣就是不肯，两手死死支在地上，任凭如何按压都不肯低头。湖阳公主气急，呵斥弟弟："你当年是老百姓时，官吏尚且不敢进门抓人，今天当了皇帝，还治不了一个小官吗？"光武帝看董宣倔强的模样，怒火消尽，无奈地摇头安慰姐姐："做皇帝可不比当老百姓了。"说罢不仅免了董宣的罪过，还赐给他三十万钱和"强项令"的雅号。强项，就是脖子硬的意思。董宣于是以六十九岁高龄为光武帝搏击豪强，将洛阳的达官贵戚治得老老实实。老百姓不受欺负，连衙门的鸣冤鼓都没人敲了。

五年后董宣死于任上，下葬时只有一床布被遮盖尸体，家里只有大麦数斛、破车一辆。光武帝知道后伤心地说："董宣廉洁，死乃知之！"于是用大夫的礼节安葬了他。

5 名士风流

光武一朝虽彬彬文治，但是士各有志，仍然有不少特立独行的饱学之士不慕荣华，喜欢隐逸山水，读书治学。严光就是其中代表。

严光字子陵，家在会稽余姚（今浙江余姚）。他少年时就声名在外，曾经和还是布衣的刘秀一同游学，两人私交甚笃。后来刘秀建国称帝，满心怀念这位才学出众的故人，可严子陵却志不在此，隐姓更名，销声匿迹了。

刘秀不甘心，就下旨动用各地力量，按照记忆里严光的形貌全国查访。这一查，还真发现齐国有一个人和严光很像。此人身披羊裘，经常在水泽边垂钓。光武帝一听正合严光脾性，就备上好车驾、礼物派人再三聘请才把他送到洛阳。严光的旧识侯霸此时已经位居三公了，他端着架子，派人给严光送了一封满是官话的信，大意是我很想立刻拜访，但是碍于朝廷制

双鱼瓷瓶

度，希望天黑后再委屈你过来。

严光不吃这一套，把竹简丢给送信的人，口授道："君房足下（侯霸字君房），天下这尊大鼎上你算是三足之一了，不错。怀着仁心以道义辅助天子天下都高兴，阿谀拍马可就要身首异处了。"这封信，侯霸转呈给光武帝看了，但光武帝不以为忤，笑着说："这狂家伙还是老样子。"说完当天就屈尊去严光住处接见。严光知道皇帝来了，却忙着睡觉不肯起身。光武帝就跑到他的卧室，摸着严光的肚子说："哎呀！子陵，就不能出来帮我理理天下大事吗？"严光不讲话，好一会儿才睁开眼睛，说："唐尧的品德多么高尚啊，可巢父还是觉得当官这事儿听起来都脏耳朵。人各有志，何必强人所难？"光武帝听了有些伤感，说："子陵，难道我都不能使你让步吗？"说完便上车，叹息而去了。

光武帝知道难以征召严光为官，但还是偶尔请他来宫里交谈，就像一同游学时那样座谈论道，严光这才亲热了不少。一次，光武帝趁机问严光："我比过去如何？""稍有进步。"严光回道，说完就和光武帝一道躺在榻上，把脚压在光武帝的肚子上睡着了。

也不知是消息走漏还是另有巧合，第二天太史官匆忙赶来汇报，说夜观天象有客星冲撞帝星，后果很严重。光武帝不以为意，笑道："只是严子陵和我共眠罢了。"

后来刘秀又征召过严子陵多次，但他都不愿接受，宁愿归隐富春山（今浙江省桐庐县境内）耕读

鲜卑服陶武士俑

垂钓，并在此终老一生。"云山苍苍，江水泱泱。先生之风，山高水长。"严光死后几千年，后世的读书人还一如既往地敬仰他不慕荣华的精神。中国传统题材"渔樵耕读"中的"渔"就是指代严子陵。

科学发明

杜诗发明水排

东汉时期，南阳因为是光武帝的故乡而备受重视，南阳太守遂成为要职。在历任南阳太守中，最有名的应数杜诗。他在任期间大修水利，修建池塘，开垦土地，把南阳治理得家家富庶。

杜诗不仅是一个好官，更是一个发明家。他注意到铁器虽逐渐普及，但铸铁时的鼓风却成为一项苦差事：熔炉需要时刻进风，风力稍微不够或不持久，铸造质量就不能保证。这项工作最初以人力和马力进行，耗时耗力。如果水流能代替人该多好啊！杜诗如是想道。经过反复钻研，他发明了用水力拉动风箱的水排，不仅解放了大量人马，效率更是原来的三倍。这项发明的伟大意义在于，它对日后水车的出现起到了铺垫作用。至此，水力逐渐为中华民族驯服，成为生产的助力。

中国古代机械复原模型 水排

06 眼光毒辣的汉明帝

> 明帝善刑理，法令分明。日晏坐朝，幽枉必达。内外无幸曲之私，在上无矜大之色。
>
> ——《后汉书·显宗孝明帝纪第二》

【人物】汉明帝、钟离意、王景、窦固、耿恭

【事件】明章之治、佛教传入、王景治水、伐北匈奴、金蒲城之战、十三将士归玉门

汉明帝遵奉光武制度，总揽权柄，权不借下，提倡儒学，注重刑法，严管后妃之家和贵戚功臣。他在位期间，吏治清明，社会安定，大败匈奴，都护西域，重开丝绸之路。

又圣明，又严厉

建武中元二年（57），时年六十二岁的光武帝去世，太子刘庄继位，即汉明帝。

刘庄原名刘阳，是光武帝和阴丽华所生，在诸子中排行第四，原本只是一个小小的东海公，太子之位则在郭皇后的儿子刘强手中。然而郭氏善妒，年老后宠爱逐渐落后于美艳贤明的贵人阴丽华，而刘强又懦弱平凡，远不如刘阳聪明，所以光武帝最终将太子之位交给刘阳，为其改名刘庄。

汉明帝自幼就是一个观察力敏锐、严厉又明白事理的人。他十二岁时有一天，光武帝正听取刺史、太守们逐一汇报天下垦田和户口数据，忽然

发现吏牍上有一句话:"颍川、弘农可问,河南、南阳不可问。"光武帝无法理解,便追问这句话是什么意思,官吏不敢坦言,索性抵赖说简牍是在长寿街上弄到的。光武帝大怒,要把这个人治罪,十二岁的刘阳突然脆生生地插话:"河南尹是京城所在地,朝廷高官都住在这里;南阳郡是皇帝故乡,皇帝的亲戚多居住在这里。这两个地方的田地住宅大多逾越制度,不能作为标准。"光武帝拿这些话诘问那个官吏,竟然分毫不差。

　　光武帝驾崩以后,汉明帝再度发挥明察严厉的性情,在父亲的葬礼上就将诸王大臣敲打了一番。原来,因王莽改制和随之而来的社会动乱,汉朝的礼仪制度已然遭到破坏,以致光武帝死后,前来奔丧的诸侯国大臣和朝臣乱成一团,诸位侯王更是在宫殿中跟刘庄并肩而坐,称他老四,全没有见天子时的礼仪。刘庄表面不动声色,心中却大为不满,立即命令秉性刚直、举止威仪、执法如山的太尉赵熹主持丧事。赵熹明白刘庄意在趁机建立礼制尊卑,于是拿着宝剑入朝,将与皇帝同坐的诸王"请"下殿阶。无论是皇帝的哥哥弟弟,还是叔叔伯伯,都必须遵从君臣之礼。确定君臣之礼后,赵熹还制定严格的宫卫制度。无论是诸王,还是各级官吏,不得随便出入宫里,除非有皇帝召唤或者特许。大臣有要事见皇帝,亦需通报,经皇帝同意接见后才可以在宦官引导下觐见。朝廷上下顿时肃然。

　　树立威严之后,汉明帝躬亲政务,

东汉　大肚皮舞蹈人俑

朝中事无论大小，都要亲自过问。有一次，刘庄接见西域使者时，赐给西域使者十匹丝绸。负责登记的尚书郎一不小心，记录为百匹，并将记录交给司农入账。好巧不巧，这个有问题的账目被汉明帝核查发现，汉明帝当即勃然大怒，急召负责登记的尚书郎进殿，气得要打他板子。朝臣们知道汉明帝的严厉，都工作认真负责，唯恐被皇帝查出纰漏。一时间，官府行政效率大大提升，朝廷内外廉洁，权贵子弟也都遵纪守法。

汉明帝虽然严苛，但大体仍是明理的，有一个叫钟离意的大臣以直言敢谏闻名，多次把汉明帝已经下达的不妥诏书封好驳回，还屡次替受罚的臣子说情。汉明帝虽然不是每次都采纳钟离意的建议，但因为知道他忠诚，所以也不加怪罪，对他敬爱有加。还有一次明帝用大棒打一个郎官药崧，药崧吓得躲到床下。汉明帝气急，拿棍子就想把他捅出来。那个郎官急中生智，说道："天子穆穆，诸侯皇皇，未闻人君，自起撞郎。"明帝听了

此图中红衣女子是一位公主，她正在汉明帝面前为她的儿子求一个郎官的职位，郎官级别不高，但汉明帝不愿意开靠关系任官的先例，所以宁可赐下千万巨款，也不愿意滥封郎官。

帝鉴图说·爱惜郎官

知道自己失态，便也不加怪罪。

总体来说，明帝是一个手腕不错的君主。在朝廷他使宗室、功臣、官僚集团都有政治代表，维持政权稳定；对百姓，他发布诏令，安顿流民，减免刑罚，照顾鳏寡孤独，缓和社会矛盾。

而对于叛乱，他既有柔情宽宥，又有雷霆手段。

由于不是长子继位，汉明帝深知自己的江山必将受到其他诸侯王觊觎，只是让他意外的是图谋不轨的不是废太子刘强，而是他的亲弟弟刘荆。早在光武帝去世时刘荆就假借大鸿胪郭况的名义给刘强写信，劝他举兵夺天下，自己好坐收渔翁之利。不承想刘强根本不想造反，还把信交给了汉明帝，刘荆偷鸡不成蚀把米，幸好汉明帝念在骨肉情谊上瞒下了此事。

汉明帝对刘荆柔情宽宥，对在永平十三年（70）谋反的楚王刘英，则先柔后厉，对其党羽王平、颜忠严刑拷打，穷搜党羽。这二人胡乱招供，牵连许多无辜，无辜者再屈打成招，最后竟然演化成牵连人数以千计的大冤狱。幸而侍御史寒朗冒死谏阻，马皇后趁机进言，明帝才幡然醒悟，为这场冤狱画上了句号。

修云台、治黄河

在为政方略上，汉明帝大体仍然沿袭光武旧制，以恢复国力为中心。在用人上则很有自己的特点，对犯错的臣子，他严惩；对有才干的臣子，他也敢放手重用，厚加荣宠。

永平三年（60），汉明帝感念创立光武中兴大业的功臣，于是命人为其中二十八位画像，永远供奉在南宫的云台。这就是著名的云台二十八将，它昭示着汉明帝对功臣的缅怀以及对人才的渴求，此后历朝历代多有效仿。可惜的是这二十八将唯独缺了马革裹尸的马援，原因是马援的女儿在明帝宫中受宠为后，汉明帝要避椒房之嫌。

永平十二年（69），汉明帝再次大胆做出一个影响深远的决定——治理黄河。

黄河是中华民族的母亲河，造福百姓的同时也时常泛滥，它的河道并不稳定，在历史上多次出现改道入海的情况，每当黄河改道，下游便泛滥成灾，百姓民不聊生。而在汉明帝年间，黄河和汴渠因堤坝失修，已然泛滥六十多年了。仅永平八年（65）就有十四个郡国遭受水害。

面对黄河泛滥的情形，光武帝一度想要治理，但当时百姓屡受兵戈之苦，实在不宜大兴劳役，此事便一直拖延下来，以致汴渠东侵，受害区域越来越广，民怨也越来越大。

当此之际，有人推荐了乐浪人王景。王景时任司空属官，就资历而言似乎还不足以担此重任。但汉明帝不拘一格，先令他协助王吴去疏浚浚仪渠检验能力。见王景表现出色，永平十二年（69）商议治理汴渠时，汉明帝便直接召见他，询问治水方略。见王景应答如流，说得井井有条，汉明帝当即赐给他《山海经》《河渠书》《禹贡图》和一些财物，于当年夏天征调数十万兵夫配合他治理河患，同时命令王吴充当他的助手。

王景到任以后亲自勘测地形，规划堤线，先从荥阳到千乘海口（今山东利津境内）修筑长达千余里的黄河堤防，这条堤防的作用就是将黄河和汴渠分流，让黄河独自入海。汴渠是始于战国时期的重要水道，主要作用是沟通黄河、淮河两大流域。黄河和汴渠分流不是目的，王景的最终设想是恢复汴渠的水道功能。这么做的难点就在于黄河水势不定，取水口若设置得保守则汴渠易于断流；若设置得冒进，则黄河

"王景治河"浮雕

南泛又会注入太多的水冲毁汴渠。为了解决这一难题，王景先对汴渠的河道进行维护，舍弃易于泛滥的弯道，使用导水效果更佳的直道，将渠深不足的地方疏浚，将风险河段加固，随后又"十里立一水门，令更相洄注"，双重保险使得汴渠再无泛滥风险。

一年多后，工程完工。汉明帝亲自沿渠巡视，下令恢复河防官员编制，将王景连升三级为侍御史。这次治河耗费巨大，哪怕王景节俭用度，用资也达到了百亿级别。幸而这次治河工程取得很大成功，黄河、汴渠的原有格局得到恢复，泛区百姓得以重建家园。此后七八百年都罕有黄河改道的消息，黄河下游经济和人口赖以迅速恢复，可谓名副其实的利在千秋。

5 爱儒学、纳佛学

汉明帝锐眼治江山之余，也非常重视思想文化建设。他非常崇尚儒学，曾命令皇太子、诸侯王及大臣子弟、功臣子孙，都要读儒家经典，还为外戚樊氏、郭氏、阴氏、马氏诸子弟在南宫建立学校，聘任经师传道授业。

奇闻逸事

第一位佛教徒

其实在汉明帝求经设寺之前，佛教就已经在中国略有流传。佛教发源于公元前5世纪，发源地是印度。由于中印之间被喜马拉雅山脉阻隔，所以佛教绕了一个大圈，经过几百年的时间经由中亚传播到天山南麓，由此逐步传入中国。中国有史记载的第一个佛教徒是楚王刘英，他"尚浮屠之仁祠"，画了佛像祷祀，汉明帝也听说过他的故事，因此对佛教印象颇佳。可惜的是，这样一个佛教徒还是没能顶住权力的诱惑，以谋反而终。

这些学校影响很大，连匈奴王子都赶来学习。

在儒家经典中，刘庄独重《孝经》，倡导"以孝治天下"，甚至命令期门、羽林的士兵都要熟读《孝经》。对儒家倡导的礼仪制度，他亦十分重视，曾亲自与东平王刘苍讨论，规定祭祀天地和祖先的仪式，按等级建立天子、王侯、百官的车马舆服制度。

刘庄本人也是尊师重道的表率，身为天子仍对当太子时的老师桓荣非常尊敬。他常常亲临太常府，去听桓荣讲课。听课时，明帝将桓荣请到东面的尊位，自己和文武百官及桓荣的弟子数百人都在下面听课，学生们纷纷向明帝讨教，但明帝一一辞让，真诚地说："老师在座呢。"桓荣已八十多岁，常常生病不起。明帝便常派太医去给他治病，还亲自前去探望。汉明帝探病时不让车马进院，而是当街停下，亲自走到病榻之前，手持经卷泣不成声。受他感染，前去探望的诸侯、大夫、将军等人无不下车徒步，

这里的雍是指辟雍，是指天子所设的大学。这幅图描绘了汉明帝亲自来到大学，带着辟雍里的学生礼拜老师，一起虚心受教。

帝鉴图说·临雍拜老

叩拜床下。皇帝亲自做表率，尊师重道遂蔚然成风。

刘庄原本就不排斥儒家以外的思想，而是采取兼收并蓄方针，加之永平七年（64）母亲阴太后过世，他悲不自胜，情感上对宗教的接纳度便更高了。

据说有一次睡觉，汉明帝梦见一个金人头顶白光，飞行至宫殿。醒后，他百思不得其解。第二天朝会时，便向群臣详述梦中所见。

博士傅毅说："我听说西方有一种叫佛的神。如今皇上所梦见的金人，就是佛的影子！"

傅毅的话引起刘庄的敬畏心理，觉得自己或许与佛有缘，于是便派使者到天竺国求取佛经，此行比《西游记》的原型玄奘取经早了五百六十多年。使者一路风尘，历经千辛万苦到达天竺，从那里请来中天竺僧人摄摩腾、竺法兰到中原传授佛法，一行人以白马驮着佛教经典回到洛阳。

汉明帝看了宏阔盛大的佛经以后，命令在洛阳城中建造官方寺院——白马寺，用来储藏佛经，讲授佛教教义。从此，佛教在中原广泛传播，成为影响中国思想的儒、释、道三家之一。

明　丁云鹏　白马驮经图

知识充电

白马驮经

白马寺位于河南洛阳城东十二公里处,古称金刚崖寺,号称"中国第一古刹",是佛教传入中国后第一所官办寺院。它建于68年,距今已有一千九百多年历史。白马寺被尊为"释源"和"祖庭",在佛教史上享有独特地位。

反攻北匈奴的第一战

在对匈奴的战略上,继位之初汉明帝很克制,对北匈奴以防守为主,对南匈奴以安抚为主。

但是,在汉明帝继位一段时间后,形势改变了。南匈奴的几位单于大多短命,从永平元年到永平六年(58—63)竟然先后有五位单于登位,权力的频繁更迭让南匈奴只好紧密依附汉朝,以对抗北匈奴。永平五年(62),北匈奴侵犯汉朝的五原郡、云中郡,南匈奴单于竟然出兵助汉朝将其击退,北方边患于是大为缓和。随着形势转变,汉朝的对匈政策便有些过时了。永平八年(65),汉朝派郑众出使北匈奴,北匈奴单于虽然态度嚣张,狂妄地想强迫汉使下拜,但由于郑众宁死不屈,终究不敢硬逼,只好释放汉使,派出自己的使节随汉使回汉都洛阳。

汉匈奴归义亲汉长青铜印

该印为东汉中央政府赐给匈奴族首领的官印。

汉朝和北匈奴的这次通使被南匈奴看在眼里，引起了其强烈不满，一些南匈奴贵族由此认为汉朝不可交，打算率兵叛逃到北匈奴。幸好使者郑众察觉到异样，粉碎了这场阴谋。有惊无险之后，郑众向汉明帝提议，汉匈关系不同往日，南北匈奴一旦联合后果不堪设想，不如在边境专设一员大将，既安抚南匈奴之心，也断绝南北匈奴往来的可能。汉明帝同意了，至此，汉朝设立度辽将军于五原郡，南北匈奴于是断绝往来。北匈奴越加贫弱，开始遣使纳贡，但仍然小动作不断。

到永平十五年（72），汉明帝终于忍无可忍，采纳谒者仆射耿秉的建议，下令进攻北匈奴。

汉明帝此举并不是心血来潮：经过光武中兴和汉明帝十多年苦心经营，东汉百姓殷富、府库充实、国力强盛；同时，由于多年防御北匈奴等势力入侵，东汉的边防建设也颇见成效——军队训练有素，防御体系完备，还有南匈奴、乌桓和鲜卑等少数民族盟友的骑兵辅助，大规模征伐北匈奴的条件已经成熟。

奇珍异宝

摇钱树干佛像

东汉时期的摇钱树佛像是中国目前发现的最早的佛像，数量达到三十二株，一百多例，还陆续出土了墓刻、陶塑佛像。其特征为袒右、通肩袈裟和蒙古人种面形，流行不到二十年（约125—140），这种袒右和蒙古人种面形的佛像便消失了。

汉 匈奴破虏印

该印为东汉中央政府赐给与汉联合征伐其他少数民族的匈奴上层的官印。

反倒是北匈奴近年处境并不乐观，南部是南匈奴和汉朝联盟；东边是世仇乌桓；北边是森林地带，住在那里的丁零人也不友善；只有西域那些小国，被北匈奴趁机控制，虽然心怀不满，但还是不得不为北匈奴的生存发展助力。而且，随着东汉强盛，西域诸国归汉之心非常强烈。汉明帝认为，只需汉军大规模出击北匈奴，西域诸国就很可能顺势倒向东汉。

于是，永平十六年（73）二月，东汉兵分四路出击北匈奴：窦固和耿忠率领酒泉、敦煌、张掖三郡的汉军及卢水羌人胡人共计一万两千骑兵，从酒泉塞出发；祭肜和吴棠率领河东郡、北地郡的兵马和西河郡羌兵胡兵及南匈奴兵共计一万一千骑兵，从高阙塞出发；来苗与文穆率领太原、雁门、代郡、上谷、渔阳、右北平、定襄等郡兵马及乌桓、鲜卑兵马，共计一万一千骑兵，从平城塞出发；耿秉、秦彭率领武威、陇西、天水三郡招募的士兵及羌、胡兵马，共计一万骑兵，从居延塞出发。这一战大体采用了太仆祭肜的计策，先攻打北匈奴西面的呼衍部族，进而进攻西域和汉朝作对的车师，从而联络乌孙等西域强国以切断匈奴右臂。但这样做北匈奴必然派重兵援救，所以需要从东面多路出兵骚扰，让北匈奴自顾不暇。

北匈奴单于平时虽然骄横狂妄，不可一世，但得知汉军联合南匈奴、乌桓、鲜卑、羌人、胡人进攻时，也充分认识到形势严峻，早早望风而逃。再加上南匈奴领兵的左贤王和祭肜不和，出工不出力，所以汉军三路都无甚斩获，只有窦固一路碰上猝不及防的北匈奴呼衍部族，一举将其击溃，斩首千余级，占据了伊吾卢（西域门户，东汉占后建城于今新疆哈密市西四堡）地区，留下部分士兵屯守而还。但这也只是半额完成了作战任务。

令人喟叹的是，亲手策划这场军事行动，曾在平定鲜卑、乌桓时立下大功的祭肜却因为左贤王的敷衍谎报落得以逗留畏懦之罪下狱的下场，出狱不久就呕血而死，死前他叮嘱儿子交还天子的所有赏赐，亲身去往军中效死，来完成他未竟的心愿。辽东百姓怀念他，自此为他修建祠堂祭祀，汉明帝也大惊失色，嗟叹良久。

隐忍几十年，东汉对北匈奴的第一仗就这样虎头蛇尾地结束了，只有外戚窦固借此立下功劳，为窦氏日后崛起埋下伏笔。北匈奴自然不服，当年就大举进攻云中和渔阳，被云中郡太守廉范击溃后才有些心惊胆战。

汉　胡人形象石座

鏖战西域的勇士

北伐匈奴虎头蛇尾之后，汉明帝仍想在北边有所作为，于是采取了两件颇可称道的举措。其一为永平十六年（73）派班彪之子班超出使西域，其二为永平十七年（74）十一月出兵西域。班超出使堪称东汉一朝伟业，后文将单章详述，本节主角是另一位英雄耿恭，有趣的是，这两人都是窦固麾下的司马。

耿恭是云台二十八将中耿弇的侄子，其祖父和叔伯五人都是东汉的开国将领，可谓将门虎子。受到家风影响，耿恭为人慷慨，腹有良谋，堪称将帅之才。在出征西域的作战中，他跟随堂弟驸马都尉耿秉、奉车都尉窦固一道以一万四千骑兵从昆仑塞浩浩荡荡地出发。这次作战仍然沿用永平十六年（73）的路线，只是推进更远，在白山获胜之后又进一步杀向不服

东汉　云纹瓦当

汉朝的车师。由于策略得当，车师很快归附，汉朝便借机留下部分人马，在车师重新设立西域都护和戊、己校尉以期恢复对西域的控制并钳制匈奴。耿恭被任命为戊校尉，屯驻在车师后国金蒲城。他深知北匈奴不会坐视西域归汉，赶忙采取三条对策：派人出使西域强国乌孙，说服乌孙坚定地站在汉朝一边；与汉人出身的车师后王夫人结成联盟，加强安抚当地人；抓紧时间练兵，打造一支人数虽少但战斗力强的军队。

耿恭一番准备之后，北匈奴单于的报复也来了，汉军大部队刚回京师，他便派左鹿蠡王率两万骑兵进攻车师。车师国的战斗力远不如北匈奴，虽然耿恭及时派出三百人前去援助，但杯水车薪，无法挽回车师被攻破的结局。击溃车师以后，北匈奴迅速包围耿恭所在的金蒲城。汉军大部队撤退时，耿恭手下只有几百人，此前又折损三百，所以这是一场一比三十甚至一比数百的战斗（耿恭此时至多有六百多人，而北匈奴精骑有两万人）。

面对强敌，耿恭据城而守，并机智地采取心理战术。他利用匈奴骑兵不善攻城的弱点，登上城头，对匈奴骑兵挑衅："让你们见识见识汉朝的'神箭'！"说罢，箭如雨下，北匈奴骑兵不少被射死，有人只被箭镞划伤一点儿皮肤，也会感觉好像沸水烫伤般疼痛。不久，天公亦怒，下起倾盆大雨，而耿恭不仅不回营躲避，反而派兵冒雨袭营。匈奴人迷信，见己方损失惨重，联想到之前的诡异"神箭"，惊恐之下真有几分相信汉兵有神相助，加上补给不易，竟然仓促退兵。其实，哪有什么神箭，那是耿恭在箭镞上涂抹了剧毒！

解围之后，耿恭料到北匈奴不会善罢甘休，便招募当地勇壮的人补充军队，又将据点从金蒲城转移到疏勒城，凭借流水阻拦匈奴骑兵。

果然，北匈奴在七月卷土重来。耿恭闻讯，急忙派出几名骑兵带着亲笔信，分别向己校尉、西域都护及敦煌太守求救，随后率军固守待援。这次匈奴利用西域缺水的特点，决断涧水围城。围城数日，城中士卒焦渴。但耿恭丝毫不放弃，一面率士卒以马粪中的汁水止渴，一面挖井取水。烈日当空，众人穿井十五丈而滴水未得。士卒几乎绝望，耿恭就亲自扛起篮子运土，给大家加油鼓劲，不久之后，水如泉涌，众人齐呼万岁。耿恭命汉军在城上泼水给匈奴人看。匈奴人以为汉军有神明保佑，军心动摇，只得再度退兵。

围城期间，己校尉、西域都护和汉朝边郡的援兵始终未至。原来，当年八月，四十八岁的汉明帝逝世了，北匈奴借机煽动西域焉耆、龟兹两国合围己校尉和西域都护，西域都护及其部下全军覆没，己校尉关宠被北匈奴军围困在柳中城。

之前关宠就已上书求救，而汉朝中央正逢国丧，按习俗是不宜妄动干戈的，所以没有派出救兵。西域各国人心惶惶，车师再度反叛，倒向了北匈奴，耿恭于是被北匈奴和车师联军围困。

这幅图描绘了耿恭断水数日后掘井得泉的情景。

清　马骀　历代名将画谱·疏勒拜泉

知识充电

疏勒古城在何方

新疆文物考古研究所的考古工作者已基本确定：位于新疆奇台县境内的石城子遗址就是东汉耿恭驻守的"疏勒城"旧址。2014年，奇台石城子遗址曾出土大量云纹瓦当，在中国古代建筑文化中，瓦当几乎是秦汉时期建筑的特指，在干燥少雨的新疆，大多数民间土制房屋无须盖瓦，更不会使用瓦当这种建筑构件。奇台石城子遗址大量瓦当的出土，说明这座古城必然与中原有密切的联系。在建筑细节里，中原和西域文化融为一体。

于是，在西域疏勒城，耿恭不得不面对一场毫无希望的鏖战，北匈奴、车师联军围城数月，守城兵士不知击退了几百次猛力合攻，箭矢射尽、粮草断绝。莫说城中的蛇鼠，就连弓身上风干的牛筋、铠甲上坚硬的皮革都几乎吃尽。几百人的队伍打到最后，剩下的不过几十人，但因为耿恭和大家同生共死，士兵们没一个愿意背叛他。

时日弥久，连北匈奴单于也为其气概折服，起了爱才之心，决心要降服众人。耿恭假装答应，把匈奴使者骗到城头，当着城下众多匈奴人的面亲手将其杀死。单于大怒，再次增兵攻城，竟然攻之不下。疏勒城下，一场关乎生死的攻守之战就这样僵持着。

直到明帝归葬，年仅十八岁的太子刘炟继位，也就是汉章帝，这时汉廷才开始讨论西域求救的上书。满朝文武各执一词，他们大都已猜到这么长时间过去西域是何等境况，很多人觉得救援已没有意义。只有司徒鲍昱坚持施救，当着满朝文武的面，他悲愤地说："天子将这些孤臣置身危难之地，遇到紧急情况却抛弃了他们，这样对外将助长蛮夷的暴行，对内会令有志捐躯报国的臣子寒心，以后边疆太平无事尚可，若匈奴再次祸乱边塞，还有谁肯替陛下率军出征？"汉章帝是位忠厚天子，对此深以为然，于是便采纳鲍昱的建议，命令征西将军耿秉暂代酒泉太守的职务，派酒泉太守段彭和谒者王蒙、皇甫援率张掖、酒泉、敦煌三郡及鄯善国的兵马共七千多人前去救援。建初元年（76），这几路汉军在柳中城会合，向车师进军，旋即攻下交河城。一路上，他们多带旌旗，行军神速。北匈奴久战疲惫，见汉军旌旗招展，误以为汉军人数很多，闻风而逃。车师国见汉军到来，又一次归降。

东汉军一路打来，发现原来驻守的关宠等汉军已全军覆没，以为邻近北匈奴的耿恭所部也应不存在了，诸将畏惧风险，于是起了班师回朝的心思。还好军中的范羌曾是耿恭手下的军吏，他不甘心，坚持要求大军去疏勒城看看。双方争执不下，最终，秦彭、王蒙、皇甫援等人率五千人班师回朝，派范羌率两千人去疏勒城救援。

范羌率援军到疏勒城下时大雪封山，时值深夜，北匈奴人已经闻讯撤走，只剩下满地苍白。而远方的疏勒城中忽然闪现了几许灯火——耿恭竟然还在守城！

范羌兴奋地高呼："耿校尉，我是范羌！大汉的援军来接您了！"

范羌入城时，耿恭身边的勇士只剩下二十六人，他们的身体已经严重透支。等到一路行军踏入玉门关时，就只剩下十三人了。这十三人个个衣服残破，形如枯槁。

经此挫折，汉章帝大为感慨，以为都护西域的条件还不成熟，便下令召回班超，弃置西域都护和戊、己校尉，只是将耿恭封为骑都尉以表他不使大汉受耻之功。

东汉　穿衣陶狗

时间 75—88

07 少年长者

> 章帝素知人厌明帝苛切，事从宽厚。感陈宠之义，除惨狱之科。……割裂名都，以崇建周亲。平徭简赋，而人赖其庆。又体之以忠恕，文之以礼乐。故乃蕃辅克谐，群后德让。
> ——《后汉书·肃宗孝章帝纪第三》

【人物】汉章帝刘炟、马太后、孔僖

【事件】马后教子、宽缓刑罚

刘炟十八岁登基，少年天子温柔敦厚，有长者之风。他宽政爱民，善于激励臣属建功立业。在位期间，东汉政通人和，经济繁荣，思想活跃，文治武功都有很大成就。魏文帝曹丕曾言"明帝察察，章帝长者"，可谓切论。

教子典范马太后

汉章帝刘炟是汉明帝和贾贵人的儿子，但登基以后，被他侍奉终身的却是马太后。这里的缘由要从马太后说起。

马太后就是伏波将军马援的小女儿，古代女子姓名不轻易外传，所以史书没记下她的名字，只能称她马氏。父亲马革裹尸之时，马氏还是个十岁左右的小姑娘。由于马援沉冤未雪，又廉洁清高，所以马家的处境十分艰难，连马援的夫人都不堪其忧病倒了。倒是年幼的马氏操持家事、管理仆从、传言递信，利落得像个成人。

虽然马援冤死，但马家门第仍算高贵。十三岁时，马氏在堂兄马严的上书请求下被纳入太子宫中。小姑娘年少懂事，待人热情，处事认认真真，遵循礼法，因此深得皇后阴丽华的喜爱，由此成了太子刘庄的妃子，很受宠爱。刘庄继位后，马氏被封为贵人。可惜的是，马氏千好万好，唯独生不出孩子。刘庄很怜惜她，就把妃子贾氏的儿子抱到马氏怀里，说："人不一定要自己生儿子，怕的只是不精心爱护养育而已。"马氏明白刘庄的意思，从此上心地抚养这个孩子，她的美德于是传遍后宫。阴丽华越发满意这个儿媳，当即建议儿子把马氏立为皇后。

马皇后和父亲马援一样，清正德高，越是身居高位越是谦恭严肃：穿的是宽松厚实的衣服，裙子不加花边，每天总喜欢抱着一本书认真地研读。她天生丽质，哪怕这般朴素着装，竟然也有清水芙蓉的艳美，妃嫔们远远见了，还以为皇后穿了名贵的新款丝绸，走近一看就笑了。马皇后借口说：

清　焦秉贞　历朝贤后故事图·含饴弄孙

"这种丝织品特别适合染色，因此才穿用。"妃嫔们听了无不叹息。

马皇后同样继承了马援的卓识远见，皇帝无意间提起的朝政争论，她都能梳理得井井有条，楚王刘英造反时数千无辜之人蒙冤，也是马皇后委婉劝谏，才免除了一场"巫蛊之祸"。可涉及自家私事，马皇后就绝对不问。在这样一位母亲的膝下长大，汉章帝年纪轻轻便颇有长者风度，对养母也越发尊敬了。

马皇后深受两朝天子敬重，按说马家权倾朝野是理所当然。但这却是她最避讳的，也是她给汉章帝上的最后一课。

建初二年（77），孝顺的汉章帝刚刚坐稳江山就想着要册封舅舅们，让太后高兴。群臣知道皇帝的意思，也都纷纷进言。

知识充电

爱草书的皇帝

刘炟是一位书法家，非常喜欢草书。草书是在隶书的基础上发展出的一种书写形式，打破了隶书一笔一画的规矩，随性奔放、飘逸有神。后世流行的章草，就是由于刘炟爱好草书而得名。章草是今草的前身，它保留隶书笔法的形迹，上下字独立而不连写。值得一提的是，草书的出现不仅是一种文化创新，也和书写媒介的进步密不可分，原来的文字都写在竹简上，处处拘束，所以很难草化，而东汉时纸和帛等书写媒介已有了一定规模。

西安碑林拓片·汉章帝草书

马太后知晓后，先后两次传诏给儿子，大意是："但凡建议你册封舅舅的，不过是想讨好我来给自己谋福罢了。当年汉成帝一天就封了王太后五个弟弟为'五侯'，惹得天下乌烟瘴气。外戚太过尊崇，少有不倾覆家族的。你父皇一生都对此小心翼翼，不让外戚担任朝廷重要官职，这些你都忘了吗？……我身为天下之母，为何每日如此俭朴？就是想让外戚们看到能知道节俭。如今的马家车水马龙，我很忧心。皇儿啊，要谨慎，切莫重蹈长安被外戚败亡的覆辙呀！

"我知道这样可能让人误会你不懂施恩，可高祖说过，无军功不封侯。我马家无功于国，还是算了吧。如今天下有事，粮价暴涨，我日夜忧心，皇上难道非要不理天下大事，违逆为娘的殷殷期望吗？你刚当天子，此事又关乎我的家族，所以为娘强行插嘴几句。等到天下太平、边境安定了，我这老太太就安安心心地含饴弄孙，不再唠叨你的大事了。"

汉章帝深受感动，这段诏书也流传千载，衍生出"车水马龙""含饴弄孙"两个成语。

在马太后的严格要求下，马家人犯法和庶民同罪，奢华纨绔、不尊法度的子弟都被无情地赶回乡下种田，马家也成了汉朝屈指可数的、荣宠一时而善始善终的外戚。

直到过世为止，这位尊贵至极的马太后，每天过的不过是手持经书、教诲儿孙的日子。在尊贵庄重的濯龙宫中，她命人养了一群肥硕的桑蚕，观看养蚕缫丝的劳作，是她最喜欢的娱乐。

建初四年（79），皇太后马氏去世，为感念她的养恩，汉章帝终身没有再尊立太后，哪怕他的生母贾氏仍在。

温厚的守成之君

相比父亲刘庄的严政，忠厚仁义的汉章帝在政令刑罚方面则宽疏多了。

例如，在刘庄时代，官员一旦被查出贪污，则三代不准做官。而汉章帝下令，将官员个人行为与家人分开看待。

为发挥官员的积极性，汉章帝行赏宽仁，不拘于限额和制度。玉门十三勇士归来时，对他们的处置其实仍有争议，因为他们既是英雄，又是败将，为了营救他们更是颇费钱粮。但汉章帝不拘旧制，仍然给这些伟大的失败者以英雄的待遇。他不仅派中郎将郑众接待，还任命十三勇士中的耿恭为骑都尉，司马石修为洛阳市丞，张封为雍营司马，军吏范羌为共丞，其余九名普通士兵也特许加入皇家禁军——羽林军。

大体而言，汉章帝是一位合格的守成之君，他沿袭前朝遗志，重用廉洁贤能的官吏，打击豪强地主兼并土地，鼓励人口增殖，减轻徭役赋税，对汉朝国力恢复颇有成效。

当时谶纬之学风行，迷信的人们往往将天灾人祸、怪异的自然现象和君主的德行、政策结合起来。这种迷信的思想时常被不怀好意者利用，但在汉章帝这里收效多是好的。每当灾害发生，他都认真地自我反省，施行宽容的政策。

建初元年（76），兖州、豫州、徐州等州发生严重旱灾，农业颗粒无收，到处都是饥民灾民。汉章帝非常痛心，询问群臣是否自己有所过错。司徒鲍昱趁机痛陈时弊，说："前几年，处置楚王刘英案件时，抓了成百上千的人。那些人并不是都有罪，受牵连而入狱的人恐怕有一半是冤枉的。被判刑流放的人远离家乡、骨肉分离，死了灵魂也不得安息。这就致使阴阳失调、干旱成灾。如

东汉　跪俑

今，皇上不如赦免那些刑徒，解除监禁，让他们回家和亲人团聚。这样也许能致和气，使天降甘露，解除旱情，免除黎民百姓痛苦。"

尚书陈宠也趁机请求："治理国家大事如同调整琴弦一样，大弦调得太紧小弦就会崩断，刑罚太严也会激起百姓不满。建议皇上进一步宽缓刑罚。"

汉章帝深以为然，一面调集国库粮食紧急救援饥民，一面听从他们的建议，大赦天下，宽缓刑罚。元和三年（86），他又任命处事宽容的郭躬担任主管刑狱的廷尉。郭躬到任后认为法律太过严苛，整理了四十一条可以从轻的条款，汉章帝一一批准。

从人格而言，汉章帝宽容而富有人情味。他包容名士，尊师重道，对天下的人文气息颇有表率作用。当时有个叫孔僖的名士，是孔子的十九代孙，此人颇为清傲，出言不慎。一次孔僖说汉武帝晚年胡来，把早年做的好事都忘光了。这事被小人揭发，按律孔僖犯了诽谤罪将面临一次审讯。孔僖心高气傲，上书给汉章帝，大意是："凭空捏造才叫诽谤，汉武帝做的事情，史书在录，天下皆知，我说了点儿实话怎么能叫诽谤？而且身为皇帝，为政好恶天下无人不知，怎么能因为有人评论就杀人呢？我今天死就死了，只怕天下人通过这件事看透陛下您的心思，再不肯直言了……"汉章帝听了，竟也没生气，反而免了孔僖的罪，将他封为兰台令史。一年以后，汉章帝去泰山祭祀，顺路拜会孔子故里，召集孔氏二十岁以上的男子六十多人集会。酒宴正酣，章帝觉得自己如此尊重儒生，不免有些得意，就问孔僖："我今天的这场大会，有没有让你的家族感到光荣？"孔僖还是那副脾气，不咸不淡地说："陛下屈天子之尊来到我们这里，是为了礼拜孔子先师，弘扬圣人的道德，至于光荣，我们不敢承受！"章帝哈哈大笑："不是圣人的子孙可说不出这番话！"

元和三年（86），尊崇儒学的汉章帝力排众议，接受博士曹褒的上疏，命他重修礼制，从王莽时代开始礼崩乐坏的汉朝，于是又有了完备的大礼。

08 永元之隆

> 自中兴以后,逮于永元,虽颇有弛张,而俱存不扰,是以齐民岁增,辟土世广。偏师出塞,则漠北地空;都护西指,则通译四方。
>
> ——《后汉书·孝和孝殇帝纪》

【人物】窦太后、窦宪、汉和帝刘肇、郑众

【事件】燕然勒石、诛灭窦氏、永元之隆

刘肇是幸运的,也是悲哀的,他见证了东汉最高光时刻,也亲手开启了宦官与外戚争权的先例。永元之隆是东汉兴衰的分水岭。

燕然勒石

章和二年(88),汉章帝去世,年仅三十一岁,太子刘肇继位,即汉和帝。当时,刘肇年仅十岁,所以由母亲窦太后临朝称制,掌控朝政大权。

至此,从光武中兴到明章之治辛苦经营的削抑外戚政策彻底破产,窦太后一口气让哥哥窦宪以侍中身份掌管朝廷机密,负责发布诰命;让弟弟窦笃出任虎贲中郎将,统领皇宫侍卫;另外两个弟弟窦景和窦瑰出任中常侍,负责传达诏令和统理文书。皇帝周围的显要职位都被窦氏兄弟霸占。窦家从此掌握国家政治中枢。

这一年北匈奴也发生动荡,饥荒导致数千人叛投南匈奴。南匈奴单于于是起了借汉朝吞并北匈奴的心思。他给窦太后传信,声称南匈奴世代受到汉朝恩典，无以为报，打算发兵北伐报答大恩；只是国中人马不足恐怕生出变故，所以需要汉朝发兵配合。窦太后不通军事，于是叫来群臣讨论。大家各执一端，相持不下。大将耿秉等人认为匈奴自相攻杀正是建功立业的良机，而尚书宋意则认为，如今北匈奴贫弱，汉朝应该接受北匈奴的归附，使其成为边境的屏障；如果出兵帮助南匈奴统一，不仅耗费巨大，而且鲜卑就不能再抢掠北匈奴并以此向汉朝讨赏，到时候势必会成为边患。

两种主张本来相持不下，然而事情因一起杀人案发生戏剧性转变。当时刘氏宗族有个叫刘畅的前来吊唁，很受窦太后喜欢，权迷心窍的窦宪害怕此人受宠分权，竟然派人把刘畅给刺杀了，还嫁祸给刘畅的弟弟刘刚。事情败露之后，窦宪怕被处死，于是主动请战匈奴以求将功抵罪。

由于有权有势的窦氏极力促成战争，汉匈于永元元年（89）开战。出兵时正是春夏之际，颇为影响农业耕种，而窦宪等贵戚又借机沿途搜刮，劳民伤财地为家族修建宏大的宅邸。一时民怨沸腾。

尽管如此，此战仍然得胜，贫弱的北匈奴在汉朝和南匈奴的联军进攻之下溃不成军，仅投降者就多达二十多万，窦宪于是意气风发地命令班固在距离汉朝边塞三千多里的燕然山刻石记功。等到九月回师，窦宪已经是食邑两万户的武阳侯、大将军，谁还敢追究刘畅之死？窦氏家族于是越发放纵，子弟中比较离谱的竟然大白天放纵奴仆拦路抢劫、侮辱妇女，还有人擅自征调边郡的精锐骑兵。这些都是杀头的大罪，可官府根本不敢管。

永元二年（90），窦宪再度立功，先是效仿汉明帝时的战略攻打伊吾，震慑车师；后来随南匈奴单于一起，于边塞伏击北单于。北单于原本和窦宪约好前来归降，所以毫无防备。这一战北单于的妻子和五个儿女都被俘虏，八千多北匈奴人被杀，北匈奴单于几乎单枪匹马地逃了回去。

永元三年（91）二月，窦宪再度出塞，在金微山大败北匈奴军队，北匈奴单于自此不知所终。这次作战出塞五千余里，创下了汉朝远征的最高纪录。窦宪立此大功，窦家人的跋扈又上了一个层次，连身为尚书台高官的乐恢，都因检举窦宪被逼喝药而死。

诚然，窦宪的几次出征为汉朝彻底消除了北匈奴的威胁，燕然勒石也成了文人乐于称道的武功。但窦宪为逃避死罪的用心，借助北匈奴危难的事实，以及出尔反尔、袭杀北匈奴单于归降人马的行为，都使得燕然勒石蒙尘，和封狼居胥不可同日而语。

平定北匈奴以后，窦宪打算立统领北匈奴残余势力的右谷蠡王为单于，再设置一个中郎将监督。司徒袁安上策反对，认为能消灭北匈奴，南匈奴功不可没，就连乌桓、鲜卑也为了汉朝和北匈奴结下死仇，如今为了一点儿北匈奴的残余势力而失信于三家盟友，非常不明智。而且北匈奴和汉地距离遥远，想要设立中郎将恐怕一年就要耗费数亿。直接让南匈奴单于统一匈奴，返回北庭，难道不好吗？

两人的计策高下立判，可窦宪弄权，袁安的良策竟被搁置。

诛灭窦氏党羽

窦太后名为汉和帝的母亲，其实二人只是收养关系，只不过这件事保密极好，竟然连汉和帝自己也不知道。窦太后没有马太后的胸襟，所以对汉和帝及其生母梁氏都不信任，生怕他们母子相认引起什么恶果。因此她一面打压梁氏族人，一面任用娘家亲信，以巩固自己的地位。

此时东汉刚刚经过明章之治，人文蔚起，所以留下了很多有气节的臣子。哪怕窦家权倾朝野，他们仍然冒死进谏。比较有代表性的有尚书何敞、司徒袁安、司空任隗、尚书仆射乐恢、司徒丁鸿等。

这些人大多受到窦氏的无情打压。尚书何敞是权尊势重的尚书台中的要员，但仅因为上书以历史典故劝谏窦太后抑制家族权力，就被窦宪直接贬到诸侯国当地方官去了。司徒袁安的门客周荣曾为袁安谋划过反对窦氏的计策，窦氏的爪牙嚣张地威胁：“满城都是我们窦家的勇士和刺客，你小心点儿！”但周荣不为所动，傲然道："我周荣不过是江淮地区的一介孤弱士人，蒙先帝大恩，能有今天的地位，就算被窦氏所杀也心甘情愿！"他告诫妻子："要是我遭遇不测，不必下葬，就让我周荣腐朽的身子给朝廷敲敲警钟！"

汉和帝虽然年幼，但并非不谙朝政，忠臣们的劝谏多少有些传到他耳朵里，让他对窦氏有些不满。后来，随着窦氏恩宠更盛，深得窦太后宠爱、可以频繁出入禁宫的窦宪女婿郭举竟然产生弑君的心思。这事被汉和帝暗中察觉，于是便决心铲除窦氏。

当时，窦宪兄弟掌握大权，汉和帝其实已经和内外臣僚隔绝了，平时相处的只有宦官。汉和帝思前想后，觉得朝中官员无不依附窦宪，唯独中常侍郑众谨慎机敏而有心计，不谄媚窦氏集团，便同他密谋除掉窦宪。这事本来贵在神速，但当时窦宪出征在外，汉和帝怕他兴兵作乱，就一直隐忍，直到窦宪和邓叠全都回到京城。

由于窦家党羽遍天下，所以汉和帝只敢相信郑众和刘氏的同宗兄弟。谨慎到什么程度呢？起事之前，他想看看《汉书·外戚传》作为参考，都不敢让手下人出宫去取，一定要让清河王刘庆从同属刘氏诸王的千乘王那里取来，连夜送到自己手里。就是那一夜，一个宦官、一个十四岁的少年天子，和一个受宠的诸侯王一起定下了快刀斩乱麻的政变计划。

按照计划，汉和帝来到北宫，向负责保卫京城的执金吾和五校尉下令，要他们立即领兵屯守南、北宫。随后关闭京师城门，逮捕窦宪的党羽郭璜、郭举、邓叠、邓磊。

中外对比

89年—105年，汉和帝在位。

91年，北匈奴的一部分离开漠北，向西方迁徙，史称"匈奴西迁"。

当时虽然是外戚干政，但政令还是借皇帝名义发的。所以保卫京师的北军不疑有他，当即将这群奸臣下狱处死，京师于是被汉和帝控制。局势稳定后，汉和帝派出谒者仆射去收回窦宪的大将军印信绶带，改封他为冠军侯，要求他和窦笃、窦景、窦瑰立即到封国接受爵位。窦宪身边没有兵马，平时拉拢的党羽此时一个也指望不上，只得狼狈退出京师。

为免政局动荡，汉和帝不愿立即处决窦宪。所以先任由窦宪、窦笃、窦景到达封国，随后才下诏书逼迫他们自杀。

就这样，刘肇一举夺回执政权。

戏剧性的是，直到永元九年（97）窦太后去世，汉和帝才被告知自己的身世，此时距离他亲政已经五年了，生母梁贵人也早就辞世。汉和帝悲伤了很久，但念及窦太后的养恩，还是以皇太后的身份安葬了她，作为弥补，他又将母亲追尊为皇太后，将外祖追封为褒亲愍侯，将三个舅舅梁堂、梁雍、梁翟都封为列侯，并加官赏赐。于是外戚梁氏开始兴盛。

汉　错银铜牛灯

永元之隆

东汉自建国到灭亡，国力变化大体呈一条抛物线，汉和帝虽然不是最有才能的，但他正处在抛物线的顶点。

消灭外戚窦氏后，汉和帝亲理政事，每天临朝听政，深夜批阅奏章，从不荒怠政事。汉和帝十分体恤民众疾苦，多次下诏赈济灾民、减免赋税、安置流民、勿违农时，多次下诏理冤狱、恤鳏寡、矜孤弱、薄赋敛。每逢天灾人祸，他都告诫上下官吏认真思考造成天灾人祸的自身原因，并且常常以此自责。

比如，永元八年（96），洛阳发生蝗灾。他便下诏说："蝗虫灾害，导致民不聊生，无论是哪方面罪过导致的，罪责都在我一个人身上。"

又如，岭南出产龙眼、荔枝，但山高路远，为了献上新鲜龙眼、荔枝满足达官贵人的需要，地方官员不得不调动大量人力，日夜不停地往洛阳运送，百姓甚至有死于运输途中的。汉和帝得知内幕后，立即下诏禁止受献。

除了个人品德外，汉和帝对吏治也很重视。据统计，他当政时期，曾四次专门下诏纳贤良。

在法制上，汉和帝则主张宽刑。他任用宽容仁爱的陈宠担任廷尉，掌管刑狱。陈宠兢兢业业，每当遇到有疑点的案子都要反复议定，按律法处刑时则往往从轻、从宽，东汉法制严苛的风气由此变得宽容。

美中不足的是，为了弥补对生母的亏欠，哪怕早年深受外戚之害，汉和帝仍然选择重用外戚梁家。此举导致窦太后时代外戚专权的逆流不弱反强。同时，由于深受宦官大恩，他对宦官郑众也大加重用，升任其为大长秋，即皇帝近侍官首领，负责宣达旨意，管理宫中事务。

虽然郑众人品不错，谦逊仁爱，对汉和帝给予的策勋班赏，也是推辞的多，接受的少，但不是每个宦官都有郑众的忠诚。宦官参与朝政的先例一开，直接导致宦官势力逐渐根深蒂固，成为东汉末年和外戚并称的心腹之患。

汉和帝在位十七年，在他治下汉朝仍然在走上坡路。据统计，到他去世前一年，也即元兴元年（105），东汉垦田面积达七百三十二万多顷，户籍人口达五千三百二十五万多人。由此，他统治的这段时间被称为永元之隆。

地图专题 三战匈奴

本　　质：东汉对北匈奴政权的最后打压。

作战双方：北匈奴军队；南匈奴军队及窦固、窦宪等所率的汉军。

背　　景：匈奴南北分裂，彼此不和，南匈奴依附汉朝与北匈奴相抗。

透过地图说历史：

东汉的疆域有点儿像一个杠铃，东西大、中间窄，地图所展示的正是这片狭窄区域，其枢纽正是河西走廊。河西走廊农牧业较为繁盛，是农耕民族和游牧民族都垂涎的宝地，也是通往西域的要道。东汉想征伐匈奴，往往就要在这片狭地调拨军队。敦煌、酒泉、张掖、五原，这些对匈战争中耳熟能详的地点基本都在这里。

东汉对北匈奴的战争，具有"以战去战"、制止掠夺的性质。而匈奴民族的掠夺又和东汉初年天下疲敝的国情有关。早在建武九年（33），光武帝就曾派军五万北伐匈奴，然而连年累月没有建功，反而助长了匈奴的骄横。无奈之下，光武帝放弃了在西域建立都护，将北方边民大量内迁，这样一来，北方荒无人烟，匈奴步入塞内，侵袭也就更加肆意了。汉匈关系的转折在于南北匈奴的分裂，这不仅削弱了匈奴的力量，还使得鲜卑、乌桓等被匈奴强迫的民族倒戈，成了攻灭匈奴的强援。

东汉对匈奴的战争大体是三次：

永平十六年（73）二月，东汉军分四路出击，主要目的是截断匈奴和

西域各国的联系，但这一战北匈奴主力采取了逃跑策略，所以只有窦固一路人马碰上了北匈奴的呼衍部族，并将其击败，顺势占据了伊吾卢地区，留下部分士兵屯守而还。

永元元年（89），南北匈奴矛盾更加激烈，南匈奴请求汉朝发兵一起消灭北匈奴，趁此机会窦宪率汉军从五原郡出发向西北进攻。汉军和南匈奴的联军与北匈奴战于稽落山，北匈奴完全不是对手，单于遁走，窦宪于是一路追击。北匈奴各部中有八十一部率众投降，前后二十余万人。窦宪于是登上燕然山，在大石头上刻下功绩。从地图的比例尺也可看出，仅燕然山距边塞直线的距离就达一千多公里，完全符合去塞三千余里的描述。

永元三年（91）二月，窦宪再度出塞，也就是地图中居中的这条路线。出征之前北匈奴已经请求投降，完全没有抵抗能力。最终汉军在金微山大败北匈奴军队，北匈奴单于自此不知所终。这次作战的地点比燕然山更偏西北，据说是汉军出塞的最远纪录。

时间 72—102

09 扬威西域的班超

> 冬十一月，遣奉车都尉窦固、驸马都尉耿秉、骑都尉刘张出敦煌昆仑塞，击破白山虏于蒲类海上，遂入车师。初置西域都护、戊己校尉。
>
> ——《后汉书·显宗孝明帝纪》

【人物】汉和帝刘庄、班超、耿秉、耿恭

【事件】班超出使西域、耿秉征服车师后国、耿恭坚守疏勒

汉和帝时，政治清明，一批仁人志士，纷纷请求到边疆建功立业。班超带三十六人威震西域，耿秉率军平定车师后国，耿恭率部坚守疏勒城，都在历史上留下了浓墨重彩的一笔。

不入虎穴，焉得虎子

班超是东汉初年名士班彪的小儿子，受家学影响，班超自幼习读经书，被教育得勤劳刻苦、谨慎孝顺，口才也磨炼得很好，完全是个读书人的样子。由于家里清贫，班超长到三十岁还要靠给官府抄书糊口。当时没有印刷技术，书刊复制主要靠手抄，连篇累牍非常劳苦。有一天班超头昏眼花，觉得这平淡的生活再也不堪忍受了，于是把笔一丢，长叹道："大丈夫就算没什么其他志向，也该像傅介子、张骞一样在异域立下功勋，哪能天天对着毛笔砚台！"左右抄书的同事们都哈哈大笑，因为光武中兴以来，大汉已经几十年不提伐匈奴、取西域之事了，可班超却决心从军、朝夕准备

清 马骀 历代名将画谱·投笔封侯

不怠。这就是投笔从戎的故事。十余年过去了，班超这才等来了政策转变。

永平十六年（73），汉明帝首次对匈奴用兵，目的是连通西域孤立匈奴。班超立即投军入伍，当时他职位很低，连个正职司马都算不上，但时运不错，跟的是此战唯一有斩获的窦固。取得小胜后，窦固觉得虽然大军不宜推进，但可以派人出使西域，从外交上孤立匈奴。班超毅然接下重任，带着三十六人，远赴万里之外。

西出阳关的时候他没有想到，这一别故土竟是三十一年。

班超到西域时，北匈奴控制西域诸国已经多年，所以此行风险重重。但班超胆大心细，特别善于从风险中发现机会。当时西域的中部是广袤的塔克拉玛干大沙漠，只有南北两边沿山的绿洲有国家分布，南边的称为南道，北边的称为北道。经过详细分析，班超决定从西域南道的鄯善国下手。

时间 72—102

　　鄯善即楼兰，是中原通往西域必经之地，是玉门关通往西域诸国的第一站。光武年间，鄯善遭西域小霸莎车国蹂躏，曾经请求归顺东汉，但厌谈兵事的刘秀婉拒了。此后鄯善只好投靠北匈奴，但立场并不坚定。得知窦固击败北匈奴的消息后，见班超等人前来，鄯善王极为热情。可几天后，鄯善王的态度却忽然冷淡了。同行的使者都以为西域各国不通礼数，亲疏无常，班超却严肃地说："恐怕是北匈奴的使者来了，鄯善王犹豫不知所从。聪明人见微知著，不可不防！"说完就叫来接待他们的鄯善侍从，套话问道："北匈奴使者都来好几天了，现在住在哪里？"侍者大为惶恐，以为班超不知从哪得知了消息，吓得供出了全部实情。

　　班超听得眉头打皱，当即扣押侍者，召集与他一起出使的三十六位随从人员，和他们一同饮酒，借酒酣之际激怒众人："大家离家万里，跑到这地角天涯，无非是想立大功、求富贵。可如今，匈奴使者才来了几天，鄯善王就对咱们没什么礼数了，我看再过几天，恐怕咱们就要被他绑着送

> 第十六拍
> 去時只覺天蒼蒼，歸日始知胡地長重陰。
> 白日落何處，秋雁所向應南方平沙四顧
> 自迷惑，遠近悠悠隨雁行，征途未盡馬跡
> 盡，不見行人邊草黃。

"征途未尽马迹尽，不见行人边草黄。"除了宜居的绿洲，西域尽是这般荒凉景象。

南宋 佚名 胡笳十八拍图卷（十六拍）

给匈奴使者，尸骨都要被豺狼吃喽！"三十六人一听，都气得怒发冲冠："您说怎么办吧，我们誓死追随您！"

"好！不入虎穴，焉得虎子。"班超满意地点头，低声布置了作战计划。他带着三十六人配上长刀弩箭，连夜奔向北匈奴使者驻地。当时北匈奴使团人数将近两百，班超认为不能强攻，就派出数人顺风放火，数人持战鼓预备。大火一起，雄壮的汉鼓声响彻夜空，几十个勇士在班超的带领下猛然冲上。匈奴人不知敌方虚实，受惊溃乱，仓促醒来接战的三十多人都被杀掉，其余一百多人都被大火烧死。当一百多个匈奴使者的头颅摆在鄯善王面前时，鄯善举国震恐。匈奴使团已经死在国中，不归顺汉朝还能怎么办呢？鄯善王只得叩头声称："我愿意归附汉朝，再无二心。"并派儿子到汉朝为人质，死心塌地地归顺了。

班超等人回去奏报给窦固。窦固见事有可为，就上书皇帝复述战果，同时请求汉明帝再加派大使到西域建功。明察的汉明帝大笑，批复："有

风云人物

班超的偶像傅介子

投笔从戎之时,班超提到了两个人物——傅介子和张骞,班超在西域的勇敢举动,其中很多都有傅介子的影子。傅介子和霍光是同时代的人物,当时汉朝因武帝的轮台诏书对外已经有所收敛,很多西域国家蠢蠢欲动。在明知很难令朝廷发兵的前提下,傅介子非常铁腕地和几个随行壮士刺杀了桀骜的楼兰王,一下震慑住了西域各国。

班超这样出色的人才,我还选什么大使?封班超为军司马,让他继续其在西域的功业吧!"于是班超正式成了汉朝的西域使节。窦固觉得班超手下人马太少,决定给他加点儿人手。班超笑道:"有我原本带的三十多人就够了,真要发生意外变故,人多反而成为累赘。"说罢带上三十多个勇士,径直沿丝绸之路南道来到于阗国。

此时,于阗王广德刚刚攻破西域小霸莎车国,威震丝绸之路南道,背后还有北匈奴支持,所以对班超一行非常冷漠。当时于阗国有迷信巫术的风俗,主事的巫师别有所图,就装神弄鬼地说:"神明发怒了!责问我们为何想倒向汉朝。赶快把汉朝使者的好马弄来祭祀,才能消除神明的怒火。"于阗国王听了,决定借此事敲打班超,就派国相来要马。班超知道其中猫腻,便满口答应,只是要求主事巫师必须亲自来取。那个巫师刚一过来,班超便手起刀落,直接把他的脑袋给砍了下来,跟着进来的国相也被捆起来打了几百鞭子。

血淋淋的人头摆在眼前,早已听闻班超在鄯善事迹的于阗王才明白汉朝的态度何等强硬,不是自己区区小国能抗衡的。于是当即处死国内的北匈奴使者,作为归汉的投名状。

班超这才重赏安慰于阗王,代表东汉与他签订盟约。见小霸于阗都归附东汉，南道诸国望风而降，纷纷不远万里向东汉派出质子。睽违六十五年，西域竟因三十多名勇敢的使者，再度对汉朝敞开大门。

5 为平西域违皇命

西域南道诸国归附后，永平十七年（74），班超又把目标指向西域北道诸国。西域北道的霸主是龟兹，龟兹国背后有北匈奴的扶持，所以非常嚣张，同为北道诸国的疏勒连国王都被龟兹攻杀，被迫以龟兹人兜题为王。班超认为，疏勒民众未必心服这个新国王，于是派军官田虑前去劝降兜题，并嘱咐如果对方不立即投降就将其逮捕。兜题以为田虑人微言轻，非常狂傲，丝毫没有投降之意，不承想这位班超的手下竟然当庭绑架了他。

班超赶到后召集疏勒全体官员，数说兜题的条条罪行，疏勒人并不喜欢这位新国王，纷纷借机投降汉朝。这一年，就是窦固进攻西域的那年，汉朝借机恢复了西域都护和戊、己校尉。就在班超的事业一片大好时，变故连生。永平十八年（75）窦固撤军后不久，北匈奴就率军打败车师后王，进攻金蒲城，将戊校尉耿恭围困在疏勒城。恰逢汉明帝去世，龟兹、焉耆和北匈奴借机攻杀西域都护、己校尉关宠，车师国也再度反水，一起发兵攻打耿恭。班超孤立无援，只好在盘橐城困守了一年多。

东汉　陶匍匐俑

后来，汉章帝继位，虽然他及时发兵救回玉门十三勇士，但汉朝在西域的经营却白费了。慎重考虑大臣的意见后，汉章帝于建初元年（76）下诏取消对西域的战略，召回班超。

班超接到诏书，含恨踏上了回国之路。疏勒举国忧恐，都尉黎弇悲泣道："大汉的使节抛弃疏勒，疏勒必将再度被龟兹攻灭。我真的不忍心见汉使离去！"说罢，竟挥刀自杀了。

班超无可奈何，只能垂泪而去，途经于阗时，于阗贵人们纷纷号泣，抱着班超的马腿不放他走。班超本来就不忍放弃自己最初的志向，一番思考后，他认为此去会引发西域列国惶恐、发生变乱，于是勒马回程，打算团结西域倾慕汉朝的势力，凭一己之力抗击反汉势力和北匈奴势力。

班超返回疏勒时，已有两座疏勒城池归降龟兹，正联合尉头国一起作乱。班超闻讯立即带疏勒兵马捕杀叛城首领，随后率军攻入尉头国，这一战，尉头国六百多人战死。尉头王侥幸逃回一个山洞中，派亲信向班超请罪。班超饶了尉头王一命，疏勒也至此平复。两年后，班超集结西域列国兵马一万人，教训了不服汉朝的姑墨。

建初五年（80），经过近七年的经营，鄯善、于阗、拘弥、莎车、疏勒、月氏、乌孙、康居列国都愿再度归附汉朝，不服从的只有焉耆、龟兹

科学发明

九章算术

《九章算术》大约成书于100年，其主要内容在先秦时代已经具备，到汉代却散坏了。现本由张苍、耿寿昌等删补而成。《九章算术》共分"勾股""方程""盈不足"等九章，故名，是中国传统数学最重要的著作。其中的分数四则运算、比例算法都是世界领先的。这本书还是现存史料中首次提出负数概念和正负数加减法运算的宝贵资料。

了。班超觉得一统西域诸国的时机成熟了，于是向汉章帝上书，请求派兵驻屯，以平定西域，断匈奴右臂，成万世之功。

看完班超的上书，汉章帝早不再追究他抗命不退的旧账了，反而佩服他的勇气和智慧，于是派代理司马徐干率军前往支援。这是一支由罪犯和志愿者组成的军队，人数大约千人，都渴望去西域建功立业、重新开始。

这支军队可谓及时雨，虽然人数不多，却表明了汉朝护卫边境的坚定立场。在班超手上，援军很快变成一支铁军，原本态度摇摆的列国信心大增，反叛的莎车国和疏勒都尉番辰瞬间就被平定。但龟兹兵多将广，想覆灭龟兹仅凭这点儿人马显然是不够的。班超知道朝廷不可能大举增兵，于是上书请求汉章帝派出使者拉拢有强兵的乌孙。汉章帝欣然同意，于建初八年（83）封班超为将兵长史、徐干为军司马，并派卫侯李邑护送乌孙使者回国，向乌孙国王赏赐锦帛，表明结好之意，联系合作事宜。没想到李邑到达于阗的时候却打起了退堂鼓。

原来，当时龟兹国正在进攻疏勒，李邑怕卷入战争，不敢继续前进。为了给自己找借口撤退，他上书朝廷谎称西域之功不可达成，而班超已在西域娶妻生子，追求享乐，根本不愿还朝了。

幸好汉章帝是班超的支持者，深知其为人忠诚，接到李邑写的告状信，汉章帝立即明白了是怎么回事。他没有明言处罚李邑，只是责令他听从班超的节制调度，并给班超添了一个特权——如果觉得李邑在西域还有用处，可以把他留下。说白了就是李邑污蔑你，你可以留下慢慢处置。可是班超胸怀大度，竟然任由李邑离开。

孤军纵横，威震西域

班超对待李邑的胸怀，博得了汉章帝的信任，也为自己的西域功业奠定了基础。元和元年（84），汉章帝派代理司马和恭等四人率八百将士支援班超。当时班超正打算征发疏勒、于阗两国兵马进攻莎车，不想莎车先下手为强，用财物买通了疏勒王。有赖这支生力军加入，这场叛乱才没有进一步恶化。

可惜的是，虽然班超已将叛乱初步控制，但因为康居国派兵干预，所以叛变的疏勒国王仍能据乌即城顽抗；更可惜的是合围莎车国的战略也彻底流产。撤兵返回驻地后，班超意识到在西域汉军总归是少数，想要四两拨千斤，就要利用西域自身的力量。于是他派人带丝绸去访问和康居有姻亲关系的大月氏王，请他给康居王写了一封信。结果不费一兵一卒，康居王就爽快撤兵。疏勒之乱就这样平复了，只有盘踞在康居国的疏勒王仍然是一个威胁。

元和三年（86），疏勒王终于按捺不住。他向康居王借兵若干，不仅杀回疏勒，还袭占桢中城。虽然卷土重来，但疏勒王的势力已大不如前了，他不敢和班超叫板，便暗中与龟兹王达成默契，派人向班超诈降，想趁机袭杀班超。然而班超早看出其阴谋，便将计就计，暗中布兵、准备舞乐，用最高礼仪接待疏勒王及其随从，酒宴正酣之际，一举将疏勒王和死忠于他的七百多人全数斩杀。这一战令西域南道彻底畅通，也让班超能腾出手

东汉　铜马拉车

来继续对莎车国的战略。

章和元年（87），班超征发于阗等国两万五千人，再次进攻莎车。这一次，他受到的阻力更大——龟兹王派遣左将军率本国及温宿、姑墨、尉头三国的军队共计五万余人援救莎车。

面对空前严峻的形势，班超召集将校及于阗王商议，提出一个大胆的计策——分兵撤退。分头撤退自然不能拖垮两倍于己的敌人，但却能诱使龟兹联军分兵！听闻汉军四散逃去的消息，龟兹王大喜，亲自率领万余骑兵日夜兼程，跑到西面挡住班超去路，又让温宿王带八千骑兵去东面堵截于阗军。

哪知汉军根本无意撤退，把龟兹联军调开以后，分散撤退的各路人马迅速集结，一个回马枪直奔莎车而去。等到龟兹王反应过来，莎车大营已经被击溃投降了。失其所救，龟兹王只得恼恨而去，班超由此威震西域，列国纷纷主动和汉朝交好。其中大月氏颇为积极，不仅出兵助汉，还积极献上珍宝特产，可是他们的目的并不单纯，竟然是想和汉朝的公主和亲。

和亲也是要看级别的，大月氏虽然不弱，但显然不够汉朝公主下嫁，于是班超断然拒绝了，还遣还了他们的使者。大月氏由此记恨班超，在永

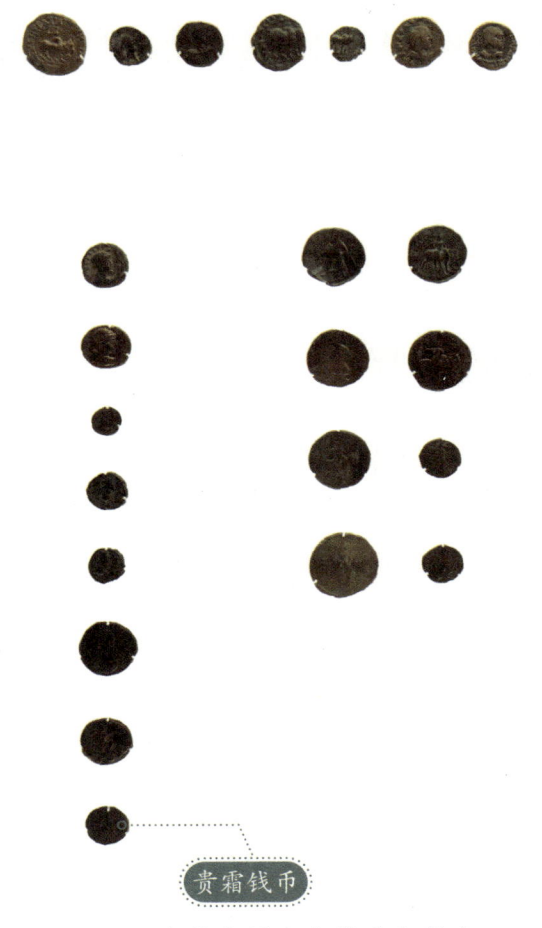

贵霜钱币

贵霜帝国由大月氏人所建，贵霜当时由第二位君主索特·麦加斯统治，班超一直不知贵霜王名，仅以"月氏王"呼之。

平二年（90）策划了一场大动乱。

这一战，大月氏竟然出动七万人马！而班超手下的兵马数量甚至不如攻打莎车时。众人惶恐不已，唯独班超轻蔑一笑，说："大月氏不远千里跨越葱岭而来，人数虽多但无法保证补给，有什么好怕的？只要我们坚壁清野，坚守不出，几十天就能解决他们！"

果不其然，大月氏军远征而来，既不能攻克坚城，又无处抢掠粮草，很快陷入困境。班超料定大月氏粮草不够，多半会派人向龟兹求救，于是偷偷派出几百人挡住去往龟兹的要道，果然截了个正着。几天后，当求救使团的脑袋被丢进大月氏帅营时，这个远方的大国终于服软了，派使者向

奇闻逸事

西去大秦

在东汉时，西域是欧亚大陆各大文明的交流中心。从中原运来的丝绸经过西域诸国后，运到大月氏（贵霜），然后运到安息（帕提亚），一路向西运到大秦（罗马），再从大秦出海往西。虽然大秦往西是什么地方，班超并不清楚，但他知道如果能与大秦建立良好官方关系或商贸关系，也是一桩大功。

于是，永元九年（97），班超派甘英打着汉朝使者旗号，出使大秦。使团从龟兹出发，经由贵霜帝国一路到达位于伊朗高原的安息帝国。这一路，甘英大开眼界，记录了很多地方的风土人情，收集了许多珍奇物产，一直来到帕提亚西界"西海"。在甘英等人准备渡过"西海"继续前行时，船员出言劝阻，说海水广阔，顺风顺水时尚有三个月行程，要是逆风逆水，在海中漂流两年也未可知，死亡率很高。甘英听后，觉得事不可为，于是放弃了这次大航海的机会。

班超请罪，请求生还。班超便放他们离开。大月氏因此大为震动，从此每年向汉朝上贡。

班超击败大月氏的同时，汉朝对北匈奴也取得绝对性优势，燕然勒石之后又深入匈奴腹地五千里，可谓亘古未有。北匈奴受此大创，只得再次收缩实力。

永元三年（91），西域北道的龟兹、姑墨、温宿见北匈奴势力退出西域，纷纷向班超投降。当年十二月，西域都护府复立，班超任都护，在龟兹它乾城重设都护府。此时，西域归汉已是大势所趋，仅有焉耆、危须、尉犁三国因曾攻杀前西域都护陈睦，害怕获罪而不敢投降。

班超招抚无果，于是在永元六年（94）秋，调集龟兹、鄯善等八国七万多兵马，进行安定西域的最后一战。这一战是平定西域中最残酷的一战，班超没有像以往那样约束士卒，所以攻克焉耆时，五千多人被杀，一万五千多人被俘，另有三十多万头牲畜被缴获。已经投降的焉耆王等人也被杀害，处死他们的地方，是前西域都护陈睦死守的故城，班超以罕见的雷霆手段，为那些埋骨他乡的英灵讨还了一个公道。

至此，西域五十余国皆归东汉控制，四万里外的奇珍贡物通过重重驿站，直达京师洛阳。

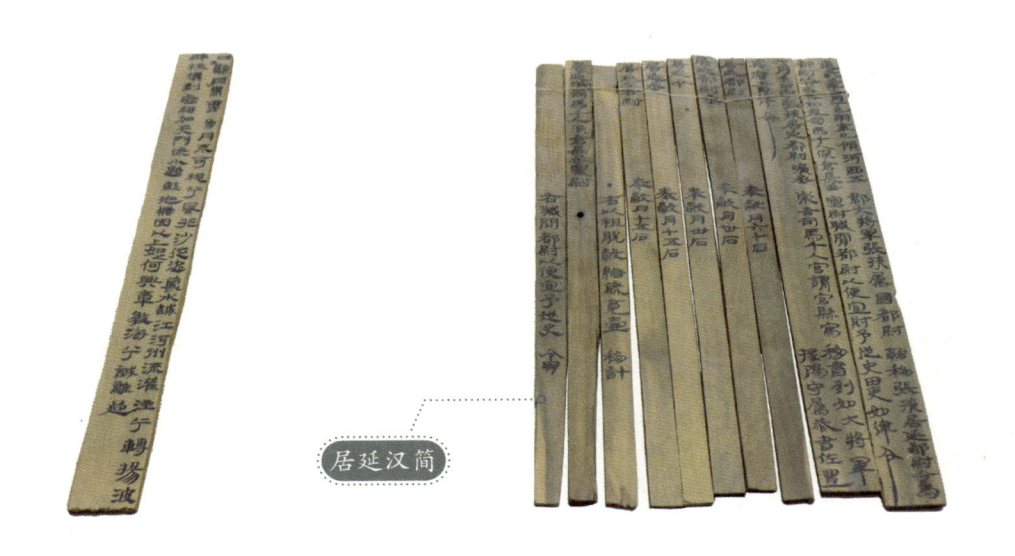

居延汉简

地图专题 经营西域

意　　义：对巩固中原地区与西域的政治、经济、文化关系，保护东西商路畅通，发展西域地区的生产有积极作用。

历　　时：三十一年

依靠力量：东汉政府的少量援军，西域本地的军队。

透过地图说历史：

西域，其实是一个比较模糊的概念。狭义的西域专指葱岭以东，玉门关、阳关以西。但在班超的时代，汉朝将玉门关、阳关以西的地区全都视为西域。

班超经营的西域主要是今天的新疆，这里气候干旱，中心是广袤的塔克拉玛干沙漠，所以彼时西域的国家多在高山脚下，凭借雪水为生，形成了一个环形。班超经营西域，大体就是顺时针走完这个大环的过程。

因为西域路途遥远、环境艰苦，又有匈奴、月氏、乌孙等强国比邻，所以汉朝政府很难顶着补给的压力派遣军队征服那里，也很少有汉朝人愿意离家万里在西域屯守。想要经营西域，就必须能用少量人马震慑西域各国，以当地的兵力对抗匈奴和各国反对势力。这就是班超的伟大之处。

最初他只以三十六人从南路进入鄯善，攻杀匈奴使者，随后又仅带领少数使节废掉亲匈奴的疏勒王，并凭借汉朝援军在疏勒坚守，反击匈奴势力。此后，班超又先后平定了莎车、龟兹、焉耆等国的贵族叛乱，击退了

班超经营西域

月氏国的入侵。正是因为他的果断勇敢，汉朝仅用很小的代价就控制了西域列国。

想要直观理解班超的艰辛，不妨了解一些东汉的后勤知识。在东汉时，后勤最直观的就是士兵的衣食武器，这些都是国家供给。武器和服装还好，粮食却是出兵西域的最大负担。

万人军队远征需要消耗多少粮食呢？东晋的一个将军算过一笔账，当时有人建议发兵四万去日南（今越南中部）平叛，按每日三十里的士兵脚程来算，四万人单是开到目的地就要耗时三百天，吃粮六十万斛（大约七万多吨），还不算马匹的消耗（一匹军马一个月可以吃掉一个士兵一年的口粮）。西域的遥远不亚于日南，而且粮食一般只能就近征集，不宜长途运输（运输途中运粮者也要吃掉很多），如此巨大的耗粮负担是沿途州郡根本无法承受的。

5 漂泊半生，魂归汉土

平定西域之后，班超受封定远侯，至此安居西域，达成了投笔从戎时封侯万里的豪言壮语。此时他已然在西域二十二年了。封侯的日子尊荣富贵，可随着年华老去，班超知道自己时日无多，于是起了落叶归根之念。

永元十二年（100），他提起笔来，恳切地上疏请求回归汉土。疏文末尾，这个万里觅封侯的英雄也露出少有的凄怆，动情地写道："请求天子恩准我的夙愿，我年老病弱，不敢奢求能活着回到酒泉郡，只希望有生之年能再入玉门关。我想让我的儿子班勇带着进献给天子的贡物入塞，好让他在我有生之年看看中原的土地。"

然而，因为干系重大，这封奏疏上达朝廷两年都如石沉大海。幸好班超在东汉还有亲人在世，他的妹妹才女班昭可怜兄长的苦闷，上书再劝和帝。因为这篇文辞哀婉、恳切动人的上书，汉和帝终于应允了，任命原戊

玉门关大方盘城遗址

己校尉任尚代替班超为西域都护，准许这位在外三十一年的英雄还乡。

任尚也是位有战功的将领，在平定羌人叛乱中立有大功，所以心气很高。但在班超临行之际，他还是诚恳地询问："您在西域三十多年，如今这个重担却交给了我，我见识短浅，希望您能指教一二！"

班超想了想，回道："我年纪大了，头脑不再灵光，您屡当要职，我班超是比不上的。如果非要说点儿什么，我想请您记住，来西域的士兵官吏，原本都不是本分孝顺的人，都是犯了罪来这儿建功抵罪的，而西域的百姓又不开化，就像鸟雀兽类一样难养易败。您是个严厉的急性子，所以要切记水清则无鱼、政清则不和的道理，最好为政简易些，不要较真小错，把握大纲就行。"

大道至简，可任尚不明就里，反倒大失所望，觉得班超实在老了，这番话平平无奇，于是自行其是。结果短短四年就逼得列国生变，只得狼狈地任由朝廷另觅贤才。

永元十四年（102）八月，出走半生的班超再度回到京师洛阳，一个月后，在故国风物中，这位立功异域的英雄安然辞世。

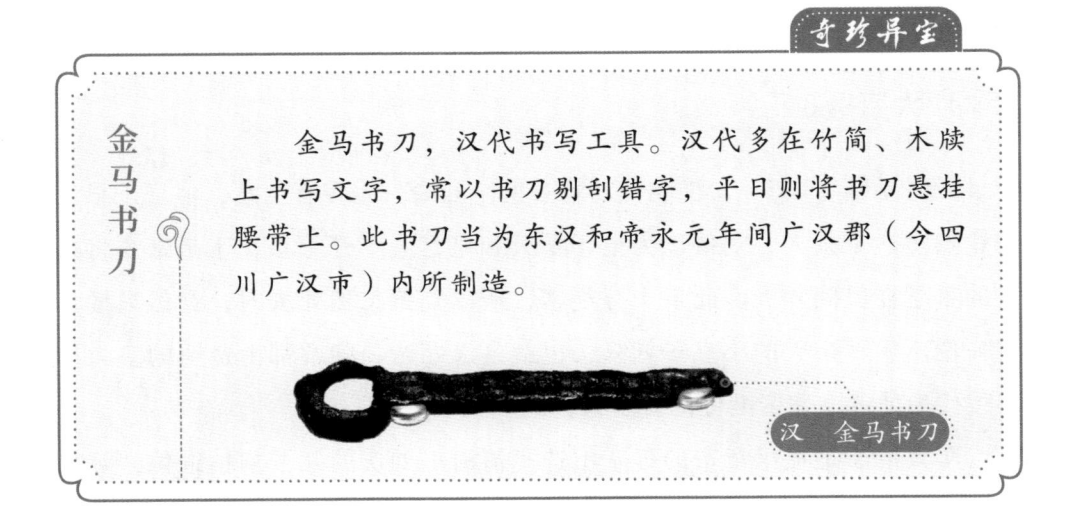

奇珍异宝

金马书刀

金马书刀，汉代书写工具。汉代多在竹简、木牍上书写文字，常以书刀剔刮错字，平日则将书刀悬挂腰带上。此书刀当为东汉和帝永元年间广汉郡（今四川广汉市）内所制造。

汉　金马书刀

10 "没有天子"的二十年

> 孝安虽称尊享御，而权归邓氏，至乃损彻膳服，克念政道。然令自房帷，威不逮远，始失根统，归成陵敝。遂复计金授官，移民逃寇，推咎台衡，以答天眚。
>
> ——《后汉书·孝安帝纪》

【人物】邓太后、邓骘、汉安帝刘祜、班勇、杨震、虞诩

【事件】整治后宫、严管外戚、支持班勇恢复西域

殇帝早夭并未亲政，安帝在位时间虽久，但朝政实际被太后邓绥主持。这二十年间东汉天灾不断，外患频仍，上赖邓绥贤明勉力维持，下赖贤臣名士苦苦支撑。只是东汉衰颓的局势却无法挽回了。

邓太后摄政

元兴元年（105），汉和帝刘肇去世。刘肇一生多有生育，但皇子早夭的竟然多达十余人，刘肇以为皇子早夭和皇宫脱不开干系，于是密令将后来的皇子在民间养大。此事十分绝密，所以刘肇忽然死去时，竟然只搜寻到一位出生百余天的小皇子刘隆，也就是汉殇帝，朝政都由贤明的皇太后邓绥代为处置。殇帝继位两百多天，就夭亡了。

邓太后于是在汉章帝的孙辈中选了清河王刘庆的儿子刘祜继位，延平元年（106）八月，刘祜即天子位，也就是汉安帝。此时刘祜只有十三岁，所以朝政仍然由邓太后把持。太后的哥哥邓骘、邓悝则掌握军机要务。

这本来是一个邓氏专权的局面,但邓太后是东汉开国首功邓禹的后人,受过良好的家教,她恭谦肃穆,堪称后宫中的另类。还是皇后时她就上书请求禁止各地贡献珍贵华丽之物,不封她的娘家人。掌握大权后,她虽然仰仗兄弟们巩固统治,但前提是这些兄弟的才能足以胜任职位。

对自己的娘家人,邓太后丝毫不客气,刚摄政一年,就给司隶校尉及邓氏故乡的地方官下诏,大意是:"以前外戚宾客之所以成为民间祸害,就是当地官吏对他们执法懈怠,不敢处罚。如今,虽然我兄弟车骑将军邓骘等人没什么过失,但邓家子弟众多,姻亲、宾客更多,这些人违法乱纪恐怕在所难免。以后,遇到这种情况,你们只管严格执法,不许姑息养奸!"

这道诏令不是面子工程,而是切实施行的。比如邓骘的儿子邓凤曾接受贿赂,事情败露后,邓太后不仅把邓骘责骂一顿,还勒令其交还所收的贿赂。邓骘只好对自己的妻子和邓凤处以极具羞辱性的髡刑,将他们剃光鬓发,以谢天下。

严格处罚以外,邓太后觉得要想皇亲贵戚们少生事端,教育才是根本。于是下令将济北王、河间王家中共计四十多个年龄在五岁以上的少年儿童,和三十多个邓氏近亲子孙,一起召到京师,专门为他们办一所学校,请老师教授经书,再由她亲自监督学业进展。有些孩子实在年幼需要照顾,她就索性把他们接到宫里,亲加教导。

对自家人尚且如此严格,何况对天下士人。所以摄政不久邓太后就下

髡钳却咸刑徒砖

令公卿及官秩两千石以上的大员举荐名儒隐士，一时儒家大受推崇。

邓太后摄政的时候，虽然白天勤理朝政，晚上诵读诗书，但此时东汉的年景已然很差，十几年天灾不断，所以百姓生活仍然困苦，地方的盗贼、边境的少数民族动乱不断。

为了度过危局，邓太后只好以身作则带头节俭。比如下令裁减膳馐、择米、刀剑、帷帐等一切奢华精细物件，精简宫中的饮食用度；将各个郡国的贡品，都减去半数以上；将上林苑的鹰犬一律卖掉；对冰纨、金银、珠玉、犀象等奢侈品都加以限制，如此种种。

为减少皇宫开支，邓太后还裁减宫人，将诸园贵人、宫人里有家可归又体弱年高、不堪使用的，造册登记，然后亲自检阅询问，决定离去的就赐给一批财物，执意留下的也不强驱。当天，就有五六百人选择回家。

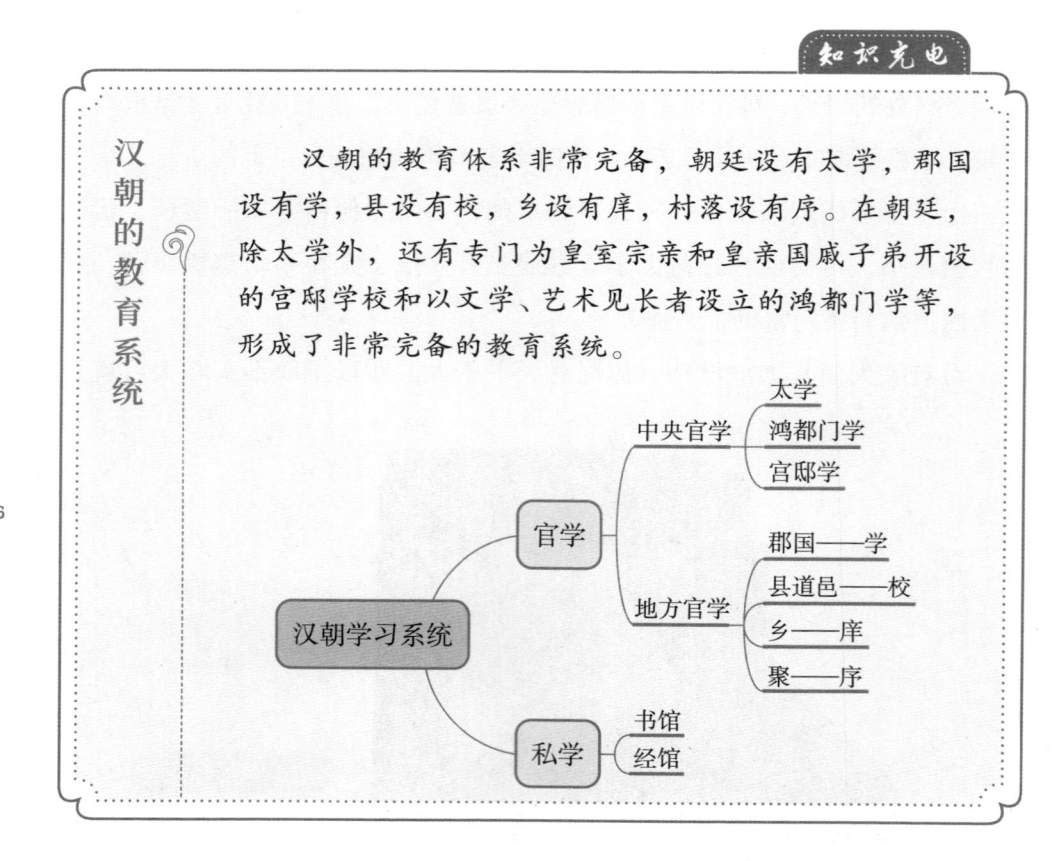

知识充电

汉朝的教育系统

汉朝的教育体系非常完备，朝廷设有太学，郡国设有学，县设有校，乡设有庠，村落设有序。在朝廷，除太学外，还有专门为皇室宗亲和皇亲国戚子弟开设的宫邸学校和以文学、艺术见长者设立的鸿都门学等，形成了非常完备的教育系统。

汉朝学习系统
- 官学
  - 中央官学
    - 太学
    - 鸿都门学
    - 宫邸学
  - 地方官学
    - 郡国——学
    - 县道邑——校
    - 乡——庠
    - 聚——序
- 私学
  - 书馆
  - 经馆

节俭以外，为安抚百姓，邓太后还从善如流地听取建议，将民间的案件审理时间做了一次大改革：轻刑的小案就在孟夏四月及时处置，不要长久收押犯人，而大案要案牵涉百姓很多，就要先关押罪犯，等到秋天农忙过了再征召相关农民把案件审理清楚；至于死刑，则谨慎地调到冬天才予以施行；其余政策也大体以宽仁为主，总体本着增收节支、减轻赋税、救济灾民的原则处置。

在邓太后的治理下，东汉经济虽频遭严重自然灾害和外敌袭扰，但仍能维持，社会总体安定，外戚宦官都不敢祸害朝廷。她也因此获得了"兴灭国，继绝世"的美誉。

不过，邓太后执政末期仍然犯了擅权的忌讳。此时，汉安帝已然成年，但邓太后以安帝道德仍有亏欠为由，将亲政之事一拖再拖。直到建光元年（121）她去世，朝政才回到了安帝手中。此时汉安帝已经二十八岁了，即便以二十弱冠的标准也已成年八年。

5 反反复复的羌乱

羌乱由来已久，早在西汉时就曾由赵充国平定，到光武帝时虽然经由马援平镇，但此时羌人中的烧当羌也逐渐强盛。有了统一号召后，羌人对汉族的冲突规模也就日益扩大。事实上，汉明帝、章帝、和帝年间羌人因为生活艰难就经常在边境生事。只是彼时东汉强盛屡战屡胜，归降的羌人因之遍布西部郡县。

对于归降的羌人，郡县的官吏往往视之为仇人奴隶，随意役使，并不和汉民一视同仁。所以羌人越来越不满。到永初元年（107），当东汉向降服的羌人征兵增援西域时，羌人终于揭竿而起。当时的羌人归降已久，早失去了武器铠甲，其实只是些拿着竹竿、木棍的农民，但光武帝时地方驻军已被裁减，郡县官府畏惧怯懦，无力镇压羌人叛逃，于是先零羌人的一支别种在首领滇零带领下与钟羌各部落大肆抢掠,切断陇道。朝廷只得命邓骘为将率领五万人讨伐。

邓骘为官虽然很有品行,举荐了不少名士,但治军打仗不太在行,被羌人连连挫败。

永初二年（108）正月,邓骘的大部队还没集结完毕,就在冀县以西被数千羌人击败,一千多汉军被杀。同年冬天,邓骘派征西校尉任尚、车骑将军从事中郎司马钧率兵与数万羌军交战,结果再次大败,八千多汉军战死。至此羌乱彻底失去控制,叛乱波及的湟中地区粮食转运困难,百姓死亡不可计数,仅谷价就达到每石一万钱。

朝廷只好换将,将邓骘派回京师封为大将军总览全局,临阵调度的重任由副将任尚担任。此后一年多,朝廷对羌人只能大体防备而已。

幸而乱世出英雄,真正让战局出现转机的是一个叫虞诩的人。这个人原本是陈国举荐的孝廉,此时正在太尉张禹手下任郎中。原本他是没什么打仗机会的,但永初四年（110）,邓骘因为羌人叛乱难平,打算放弃凉州,将边郡难以生存的百姓迁到三辅地区居住,虞诩听闻后对太尉张禹说:"大将军的政策有三点不可。第一,放弃凉州不过是为了节省一点儿费用,吝惜小钱而放弃先帝辛苦打下的基业万万不可。第二,凉州是三辅的屏障,一旦放弃则羌人直接威胁三辅,先帝的坟墓宗庙都要面临威胁。第三,西方的羌患之所以没有蔓延,全靠凉州百姓抵抗,而百姓拼死抵抗的原因就是凉州是自己的家园,自己是大汉的臣民,

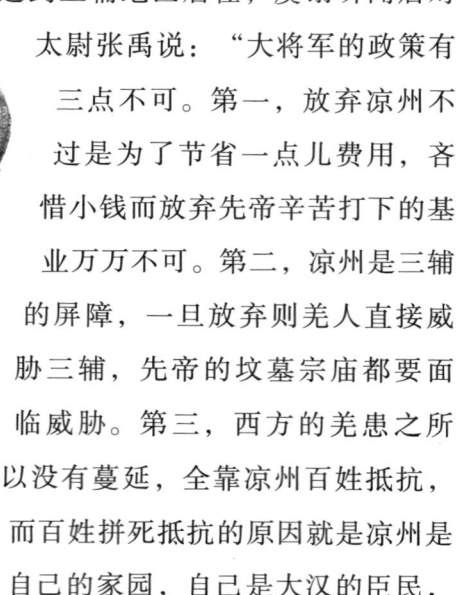

羌族士兵塑像

弃置了凉州谁还拼死戍边呢？如果再有奸雄出世，煽动百姓，联合羌人，恐怕函谷关以西的土地都不是大汉的天下了！"张禹赞赏他的意见，于是叫来大将军和公卿进行商议，众人一致认同虞诩的意见。

虞诩的建议一针见血，却把邓骘得罪了。他一面赞扬虞诩的才华，一面把他派到盗贼屯聚几年的朝歌县当官，打算整死这个刺头。不想，面对提前赶来"吊丧"的亲友，虞诩哈哈大笑，说："不避危难，是臣子的本分，盘根错节，是显本事的良机。我建功立业的时候到了！"

一到任上，虞诩明里放宽管制、麻痹乱贼，暗中让手下到处招募凶悍之辈，杀人抢劫的最好，偷盗伤人的其次，最次也要游手好闲不务正业。弄了这么一百多人后，虞诩一纸公文把他们的罪全都赦免，让他们投靠乱贼作为内应，唆使乱贼出来劫掠。而他则派官兵提前埋伏，一下就杀了数百乱贼。随后他又派会缝衣服的穷人打入乱贼中给他们缝补衣服，缝补时偷偷在下衣角缝上彩线，结果乱贼们穿上后一露面，一抓一个准。乱贼们被吓破了胆，都说官府有神灵相助，转瞬就被平定了。

元初二年（115），东汉对羌人的招抚政策开始起效，但军事上却连遭大败，只能走马换将，让任尚屯兵三辅。新官上任三把火，虞诩明白机会到了，于是向任尚献了一个颠覆以往对羌战略的奇计。他说："羌人骑马，来去如飞，而屯驻的各郡汉兵虽然有二十多万，但都是步兵，根本追赶不上，所以一直不能建功。还不如让各郡郡兵每人出钱数千，二十个人合买一匹马，装备一万精骑兵，到时以万骑雄兵追赶几千叛军，还能不建功吗？"任尚听罢大受震撼，上书后朝廷采纳了这个建议，结果轻骑一出，羌人就被打得大败。

虞诩也因此被提拔为武都太守，亲自率军参战。军队还没开到郡里，就被数千羌兵拦住了去路。虞诩手上不过三千人马，紧急之时，虞诩停军不前，当众宣言要上书请求增兵。消息很快传到羌人耳里，他们果然上当，开始分兵到周围几个县里劫掠。虞诩这才下令进军，为了防止羌兵看出端倪，他反其道而行，用出疾行和增灶两大手段：每天行军百里，加倍搭建

清 马骀 历代名将画谱·增灶断追

灶台。增加灶台自然是为了示敌以强，造出有援兵的假象，但跑这么快不是反倒露馅儿了吗？当然不是，因为羌兵机动，走得慢了虽然更能迷惑敌人，但一旦被追上就全露馅儿了。

好不容易到了郡里，羌人又集结一万多人把虞诩团团围住。虞诩这次却示敌以弱，令军队收起强弩，只用小弩还击，一来二去，羌人算好了汉军弩箭的射程不远，于是大批推进，结果被虞诩军强弩齐发，射得死伤惨重，只好暂时退兵。而虞诩抓住机会，先是猛然出城追杀一阵，随后又让士兵从东门开出，绕到羌兵看不见的北门回城，之后变换衣服再次出城。羌兵不知内情，暗中算着汉军人数，不由得大惊失色，想退兵时，又被虞诩派出的五百多个勇士在浅水挡住去路，羌兵一到就猛然杀出，结果人奔马踩阵型大乱，汉军乘机突袭，羌兵大败，死伤无数，再不能形成气候。

知识充电

东汉后十位皇帝即位年龄及寿命

皇帝	和帝	殇帝	安帝	顺帝	冲帝	质帝	桓帝	灵帝	少帝	献帝
即位年龄	10	1	13	11	2	8	15	12	14	9
寿命（岁）	27	2	31	30	3	9	36	34	14	54

虞诩这才修筑堡垒，招募流亡百姓，开始治理郡中大事。短短三年，武都郡的谷价从一石千钱降到八十钱，百姓从一万三千户增长到四万多户。

之后汉军对羌作战连续得胜，再加上元初五年（118），汉朝成功采取拉拢政策，这场历时十多年的羌乱才暂且平息。然而，因羌乱损失的二百四十多亿钱，被战火毁坏的并、凉二州，以及无数死伤的百姓却再也不能恢复如初了。

"关西孔子"杨震

虽然邓太后严格要求外戚，邓氏子弟也小心翼翼，但在她死后，其不交权柄的伏笔终于爆发。初掌权位的刘祜当即重用宦官，清洗邓氏势力，仅凭几个和邓太后有仇的宫人一面之词，就坐实了邓太后的弟弟邓悝、邓弘、邓阊等人密谋废黜皇帝的罪行，将他们统统判处死刑，就连邓骘也无辜受到牵连，先是被免官送回原籍，又在途中绝食而死。

邓骘素有声望，无罪而死，引起很多朝臣不服。大司农朱宠等人在朝廷仗义执言，替邓骘鸣不平，要求追究相关官员责任，百姓也多为邓骘鸣冤，汉安帝一时难以下台，便假惺惺地训斥州郡主官，下令厚葬邓骘，可邓氏家族的权力他却决不会交还了。

当时满朝的忠臣以杨震为代表。杨震是弘农华阴（今陕西省华阴市）人，他博览群书，被当时的人们赞为"关西孔子"。因为能力出众、品行高洁，杨震一步步进入中央，最后官居司徒。就在杨震打算大展拳脚时，贤明的邓太后去世了，亲政的汉安帝虽然也让州郡举荐人才、任用贤臣，但封赏的重点仍是自己的亲信。汉安帝把妻子的娘家人、拥立自己有功的宦官都大肆封赏了一番，就连他的乳母王圣、王圣的女儿伯荣都被宠得不可一世。这伙人搅得朝野乌烟瘴气。

杨震看不过眼，于是毫不留情地上疏，大意是："治国为政要以求取贤臣、荡涤污秽为首要，天子如今还没做出成绩就急着封赏亲信，实在不该。乳母王圣虽然把您拉扯长大，但您的赏赐早就超额回报了，请不要再让她扰乱朝廷。快些让她们母女搬出去吧，以后都不要来往了！"但汉安帝不以为然，还把奏疏拿给王圣母女看，内宠们看了都恨得咬牙切齿。

后来，伯荣骄奢淫乱，和已故朝阳侯刘护的远房堂兄刘瓌勾搭成奸，汉安帝不仅不制止这种伤风败俗之事，还索性把两人凑成一对。刘瓌没官没爵，为了让两人般配，汉安帝不顾规矩把刘瓌提拔成侍中，还让他继承了弟弟的朝阳侯爵位。

这可是败坏礼法的大事，杨震一听，当即秉笔直书，说道："按礼法，父死子继，兄终弟及，刘护有同胞弟弟在世怎么能轮到刘瓌继承？况且刘瓌无功无德，就凭搭上了伯荣母女，先当侍中，再任列侯，已经惹得舆论哗然了！"汉安帝心中不悦，没采纳建议，但也没敢把

四知太守杨震像

杨震怎样。

此后，杨震虽然升任太尉，屡屡阻拦内宠们安插亲信，但汉安帝偏向内宠，所以内宠们还是越来越肆无忌惮，以致伯荣等人外出，一路的郡国王侯、两千石的州郡官员不仅要在车前拜会，还得征发百姓为她修缮道路，派专人接待。

延光二年（123），北匈奴叛乱，天灾并起，可就在这财政吃紧之时，汉安帝下令给王圣修建大宅。宅子极尽奢华，耗费竟然达到亿万级别——已然堪比军费支出了，而其他宦官也借机狐假虎威，颠倒黑白，扰得百姓苦不堪言。杨震再次上书苦谏，然而汉安帝耳朵都长了茧，再次无视。

宦官樊丰、谢恽等人见皇帝不听杨震那套，更加肆无忌惮，竟然假造诏书，以调拨大司农所管的国库钱粮和将作大匠所管的众多建筑材料，给自家大肆建造家舍、园地、庐观，花费的人力、财力不计其数。

纸如何能包住火，何况是在杨震的眼皮底下，樊丰等制造假诏书的证据被杨震找到了，他当即写下奏疏，满以为这次奸党必死——诏书可是天子的专权，矫诏和谋反无异。

樊丰等人听说此事，惶恐万状，便先发制人诬陷杨震。汉安帝早就被

风云人物

四知杨震

杨震五十多岁时，被委任为东莱太守。在他往东莱郡上任时，路过昌邑县。此时，他所推荐的秀才王密正在做昌邑县令。为了报答知遇之恩，王密夜里怀揣十斤金子赠给杨震。杨震长叹一声，说："作为老朋友，我是了解你的，为什么你却不了解我的为人？"王密说："夜里没有人知道这事。"杨震大怒，一把推开金子，说："天知道，地知道，我知道，你知道，怎么说没人知道！"王密一听，惭愧地落荒而逃。

杨震进谏得烦了，正好想敲打他，于是派使者持节收回杨震的太尉印绶。杨震闭门不见，坚持等天子回来处置。此举被樊丰等人抓到把柄，他们赶忙又和汉安帝说杨震位高权重，不肯服罪，而且心怀怨恨。汉安帝一生气，就下令送杨震回老家去养老。

刚直的杨震一听，万念俱灰，勉强支撑自己走到洛阳城西的夕阳亭就再也走不动了，他悲怆地对儿子和弟子们说："死亡，是一个人终将经历的。想我杨震辜负圣恩，忝居高位，在朝不能诛杀奸臣，在宫不能禁灭内宠，还有什么颜面再看这皓月朗日？！我死以后，只求破木棺材一具，蔽体薄布一袭，不要送归祖坟，不要设置祭祀。"说完就服毒而死。

杨震死时，是延光三年（124），而忠臣死谏于朝，戚、宦弄权于世的大混乱还要持续将近百年，直到东汉名存实亡。

5 子承父业的班勇

前文提过，班超归国以后，西域由任尚接替，他一时有些自大，没有接受班超的建议，为政苛刻，导致西域列国在北匈奴人的煽动下起兵造反，自己也被包围在疏勒。任尚感觉形势危急，急忙向朝廷求救。为了救他，邓太后派西域副校尉梁慬就地在河西四郡征召羌兵和其他少数民族人马五千人奔赴西域。正是这条诏令，引爆了之后长达十余年的羌人大乱，朝廷为平乱耗资二百四十亿，可这支援军到达西域时，任尚已经解围了。朝廷只好召回任尚，由骑都尉段禧接任西域都护，艰难维持了一年后，永初元年（107），由于羌乱大起，朝廷和西域已经道路隔绝，不愿生事的邓太后就采纳公卿大臣的建议撤销西域都护，派人接回段禧等屯驻官兵，班超在西域的三十多年经营化为乌有。

此后，汉朝忙于平定羌乱，赈济灾民，十二年没有再提西域之事。直到元初六年（119），西域列国在北匈奴的威逼下成为边患时，汉朝为了安边才在伊吾卢驻屯了一千多人马，招抚西域各国，于是车师前王和鄯善王再度前来归降。但此举成效不大，伊吾守军冬天入驻，次年春天就被北匈奴和车师后国攻灭了，北匈奴赶走车师前王，趁机控制了西域北道。此事引发轩然大波，主战派的敦煌太守曹宗收到鄯善国情势危急的求救，上书朝廷请求出兵雪恨，再取西域。但朝中大臣大多觉得应该关闭玉门关，彻底隔绝西域。

邓太后就此事问策群臣，辩论中班勇大放异彩。班勇是班超的少子，生长在西域，颇有其父之风。望着满朝公卿，他上演了一场提前版的舌战群儒。班勇觉得，西域对汉朝的战略意义诚然重要，但历代贤君却取舍不一，这是时势导致的。而目前羌患严重，西域反叛，其根本是汉朝对羌人、西域的施政不当。所以眼下贸然出兵是阻力重重的，加之府库空虚，大兵出境一旦落败，汉朝的威严也就扫地了。但也不能完全弃置，最好恢复敦煌的三百营兵，并在那儿重新设置护西域副都尉，让边郡有一定震慑作用。同时还应派西域长史率领五百人屯驻楼兰，这样既能挡住焉耆、龟兹的来路，也可给亲汉的鄯善、于寘壮胆，对匈奴有所震慑、和敦煌有所呼应。

然而百官疑虑重重，畏首畏尾，甚至有人抬杠："是不是依你之计，就能保证北边的势力不为患边疆了？"班勇叹了口气，当场一一还击，大体意思是："那您说大汉设州牧是不是为了防范盗贼？如果州牧们能保证州郡没有盗贼作乱，我班勇也可以用性命担保北匈奴不会为边患。如今设置

东汉　善铜鸟兽纹博局铜镜

校尉和长史是为了宣扬汉朝国威，沟通西域，削弱北匈奴的盟友，动摇北匈奴的觊觎之心，如果弃置不顾，西域就必然投靠匈奴，汉朝沿边郡县就必然为其所害，河西地区又要有白日闭城的警报了。到时候祸乱蔓延并州、凉州，那中国将要消耗的军费何止十亿？"

见班勇力陈弊害，言辞恳切，邓太后最终决定采纳班勇的建议，恢复了敦煌的营兵三百人，设置西域副校尉，暂驻敦煌。但诏令把班勇完整的计划打了折扣，没有设置至关重要的西域长史，敦煌的西域副校尉也没有出屯。结果可想而知，匈奴果然和车师多次侵犯边境，河西各郡百姓深受其害。

延光二年（123），班勇的建议被搁置三年之后，弃置西域导致的诸多弊端才逐一浮现，进谏出兵西域的呼声也越来越高。在群臣呼吁下，汉安帝终于下定决心，任命班勇为西域长史，领兵五百出征西域，到柳中屯田。

班勇在西域长大，对西域错综复杂的局势有正确认知，所以一到任就抓住重点，首先将列国中亲汉的鄯善作为典型，加以封赏。对犹疑不决的龟兹，班勇则恩威并施，由于手段得当且班家在西域信誉超然，不久龟兹国王就带着姑墨、温宿等国负荆请罪，正式归附于班勇。班勇得到四国支持，于是从各国发兵万余人攻打被北匈奴控制的车师前国。这一战，匈奴伊蠡王落败而逃，车师前国于是脱离匈奴控制，回到汉朝怀抱。

得到这些归附势力后，班勇用一年多时间稳定局势，在延光四年（125）七月，他再次召集鄯善、疏勒、车师前国的人马及敦煌、酒泉、张掖的六千骑兵猛攻车师后国，这一战，车师后国和匈奴有八千多人被杀，车师后国国王和匈奴的使节都被活捉。班勇将这两个罪魁祸首押送到伊吾斩首示众，那里是一千多驻屯汉军惨遭屠戮的地方。

永建元年（126），经过一年的准备，班勇完成了对归附的车师等国的权力清洗，将支持汉朝的贵族扶上王位。随后，他征发列国人马，将矛头直指北匈奴。这一战，北匈奴的呼衍王败逃，手下两万多人马尽数归顺，北匈奴单于的哥哥也被生擒。北匈奴单于心有不甘，亲自率万余人偷袭车师后国，但班勇反应迅速，及时派出人马支援，单于偷鸡不成反倒折损了贵人骨都侯，只能无奈地远离故地，车师国便再也看不见匈奴人了。

两场荡气回肠的大战之后，西域列国大受震撼，全都臣服在汉朝麾下，只有焉耆国仍在顽抗。班勇见招抚无效，便在永建二年（127）上奏，请求出兵攻打焉耆。朝廷认为可行，就派敦煌太守张朗带领三千人马配合班勇。这一战，班勇调集西域各国兵马四万余人，制定了两路出击的战略。张朗从北道走，班勇从南道走，约定到焉耆国会师。

这一战，班勇对战局了然于心，对人心却疏于算计。他没有想到张朗急于争功，不顾约定提前抵达爵离关，并擅自提前发起进攻。战局非常顺利，斩首二千余人，焉耆望风而降。于是，功劳都被张朗抢走，而班勇却因迟到被征回洛阳，下狱免官。

一代英雄，没打过败仗，却愤懑地死在了家里。班勇死后，汉朝在西域最后的余晖也散尽了。

奇珍异宝

丙午神钩

此物是东汉中央政府命工匠制作完成后赐予东北地区地方政权——扶余国（夫余）国王或者贵族的赏赐品，是宫廷错金银技艺的典型体现，代表着中原王朝对边疆地区的管辖与统治。

错金银"丙午神钩"铜带钩

11 宦官·外戚·名士

时间 125—159

> 顺帝援大柄，授之后族，梁冀顽嚚凶暴，著于平昔，而使之继父之位，终于悖逆，荡覆汉室。
>
> ——《资治通鉴·汉纪四十四》

【人物】汉质帝刘缵、梁冀、汉桓帝刘志、李固、唐衡

【事件】梁冀跋扈、毒死质帝、厕所革命

自汉安帝亲政，到汉桓帝时期，汉朝的统治者都不够贤明，政权在宦官、外戚、名士三股势力之间勉力维持。宦官、外戚以权谋私，搅得二十多年的政治啼笑皆非，而名士冒死进言，其捐躯赴难的精神对后世影响深远。

汉顺帝的宠臣大乱斗

汉安帝亲政以后，内宠大行其事。借皇帝的偏爱步入权力核心的既有宦官也有皇后阎姬的娘家。

由于一直没能生育儿子，阎姬对太子刘保心怀不满，先是除去太子羽翼，又向皇帝进谗言，把刘保废为济阴王。延光四年（125），汉安帝南下巡游，途中得了暴病死去。此时阎姬和一应外戚都在巡游队中，所以先下手为强，在一众刘氏宗亲中选定年纪不大的北乡侯刘懿继位，以便把控大权，而前太子刘保连父亲的棺材都不能祭拜。

刘懿继位之后，阎氏外戚把持朝政，作威作福。为了集中权力，他们

将汉安帝生前的内宠几乎诛杀一空。

不承想小皇帝刘懿身体很差，在位二百多天就重病不起了。阎家人大为惶恐，赶忙控制宫廷，秘密在刘氏宗亲中再次物色继承人。

宫中的这番大动作瞒不过宦官们的眼线，他们集结党羽近二十人，相约盟誓，一同冲入章台门，将支持阎姬的权宦或杀或挟持，控制了实际掌权的尚书台。随后几人一同将还在皇城的前太子刘保拥立为皇帝，并急召尚书令等官员传达内外。朝中众人本就同情前太子无故被废，于是内外公卿、皇城禁军就都被刘保控制在手了，困守皇宫的阎家简直成了瓮中之鳖。

当年十一月，刘保继位，也就是汉顺帝，这一年他才十一岁。因为感念宦官们的大恩，他一天之内把起事的十九个人全都封侯，并大加赏赐金银财宝，封赏之草率亘古未有。

由于年纪尚小，且需巩固地位，所以汉顺帝虽然宠信宦官，但还是做了些好事，比如为大儒杨震平反，为西域的班勇增兵，将安定、北地、上郡郡治迁回因战火荒废的肥土故地，还重新修缮了废弃的太学，建了一千八百五十间房屋……

但是随着年纪渐长，顺帝逐渐有了主见，也娶妻生子，外戚便再度开始得势。幸好当时的皇后梁妠喜欢读诗书，品行不差，而作为外戚代表的梁商（梁妠的父亲）也谦恭温和，虚心荐贤，所以外戚们大体受到管束，

东汉　陶圈

不敢过分为非作歹。

宦官和外戚之外，还有一股实力稍逊的势力是汉朝真正的脊梁，也就是以李固为代表的名士，这些人怀着读书人朴素的忠君爱国思想，不顾生死、力陈时弊。由于言辞恳切，汉顺帝多少会顾及一二。比如汉顺帝阳嘉二年（133），洛阳发生大地震，将地面震出长八十五丈的大裂谷，汉顺帝十分忧惧，于是召集公卿问策，请他们直言现今的弊政和应行的善政。

这次问策堪称汉朝名士的百家争鸣，右扶风功曹马融、太史令张衡分别从节俭用度、人才举荐、官员换届腐败等方面进献良言，而李固最为勇敢，痛斥先帝宠爱的乳母等人无功居位，今朝的外戚梁氏、宦官权柄过重，要求让乳母宋娥辞让爵位，离开内宫，削减梁氏党羽的权力，罢黜大部分掌权宦官。

汉顺帝认可名士们的忠心，将李固的对策钦点为第一。然而他又放不下对宦官、外戚的信赖，所以只是命乳母搬出皇宫了事，其余宦官下跪哭诉一番也就不了了之。反倒是李固被宋娥和宦官报复，经众人多方辩白营救才被释放。

科学发明

蔡伦造纸

对人类影响最深远的宦官是造纸术改良者蔡伦。蔡伦（？—121）字敬仲，东汉桂阳郡人。88年，蔡伦因功升任中常侍，后兼任尚方令。蔡伦总结造纸经验，革新造纸工艺，最终制成"蔡侯纸"。105年，汉和帝下令推广他的造纸法。蔡伦造纸术被列为中国古代四大发明之一，对人类文化传播和世界文明的进步做出杰出贡献，千百年来备受人们尊崇。

蔡伦塑像

5 跋扈将军梁冀

汉顺帝年间，也不是所有外戚都受梁商和梁皇后节制，比如梁商的儿子梁冀。此人嗜酒如狂，做事无所忌惮。永和元年（136），梁冀升任河南尹，在任上对不法行为多有纵容。洛阳令吕放看不惯，就去跟梁商报告，梁商因此责备梁冀。事情传到梁冀耳里，他竟派人当街把吕放刺杀了，因怕被梁商发觉，事后还把罪责都推给吕放的仇家。

永和六年（141）梁商去世，大将军之位被梁冀承袭，汉朝的政治便一片乌烟瘴气了。当时身为封疆大吏的荆州刺史李固上表弹劾某官贪污，不想该官早给梁冀下了重礼，结果梁冀先是千里传书让李固作罢，见威逼不成就索性把李固贬为泰山太守。

梁冀所为，让朝中贤明的士人怒发冲冠，他们彼此提携，凭一股精诚不顾性命地和梁冀抗争。

汉安元年（142），朝廷派两位侍中、六位光禄大夫到各州郡考察政绩，七位官员都早早上路，只有光禄大夫张纲望着洛阳，闷闷不语，走到洛阳都亭时止步，长叹一声："豺狼当路，安问狐狸！"于是冒死上书检举梁冀、梁不疑兄弟二人目无君王、贪赃枉法的事情十五条。事情在京师引起轩然大波，汉顺帝不蠢，也看出梁冀不忠，但因为宠爱皇后，且梁氏姻亲遍布朝堂，居然置之不理。

建康元年（144）汉顺帝去世了，皇后梁妠没生儿子，大家便拥立虞美人生的太子刘炳为皇帝，就是汉冲帝，她以皇太后身份垂帘听政，梁冀仍担任大将军。刘炳继位刚五个月，就去世了，时年不过三岁。梁太后只好在诸侯王之子里挑选继承人。梁冀贪恋权柄，便竭力建议挑选年幼的王子，最终推出八岁的刘缵为皇帝，也就是汉质帝。

此时朝政由梁太后把持，她日夜辛劳，依靠贤能之士，亲近梁冀的老对头太尉李固，还选拔忠良人才，努力推崇节俭。不过，无论梁太后怎么努力，权力还是渐渐向大将军梁冀集中。

时间 125—159

梁冀本指望立个小皇帝为傀儡，自己就能大权独揽，哪知汉质帝年纪轻轻却非常聪明，把梁冀的一言一行看得清清楚楚。一天上朝，汉质帝偷偷用目光指点梁冀，对身边人说："这是个跋扈将军！"

不承想这句话被传到梁冀耳里，竟然给汉质帝惹来杀身之祸。为防止小皇帝长大后收拾自己，本初元年（146）梁冀叫厨子给汉质帝做了有毒的食物，把他给毒死了。两年多时间里，汉朝国祚三次断绝，一众朝臣和太后只得再择新君。

当时的诸位王子中，清河王刘蒜品行最好，正义的朝臣们有意立他为君，但梁冀想立和梁家关系亲密的蠡吾侯刘志。由于刘蒜看不起宦官，所以宦官们也站在梁冀一边。于是朝堂之下，跋扈将军梁冀气势汹汹，数落得一群忠臣噤若寒蝉，唯一带头反对的李固也被他找借口免官了。

刘志就这样登上皇位，也就是汉桓帝。那一年，他十五岁，勉强还算幼弱，所以仍然由梁太后临朝听制，梁冀把持朝政。

此时，梁冀的权力达到顶点，朝中的忠臣因为李固被免，全都没了和他争斗的底气。只有太尉杜乔最勇敢，面对梁冀面不改色，一时成为朝中忠臣的领袖。只是此时朝政已经完全不在忠臣们手中了，杜乔冒死上书劝谏汉桓帝不要继续专宠梁氏，但已经毫无作用了。

浑天仪模型

此时恰好民间有居心不轨的人散布"清河王刘蒜当统天下"的谣言以造反，梁冀当即借机诬陷李固、杜乔和这些人有勾结，请求将二人关进大牢治罪。梁太后知道杜乔一向忠直，不肯答应，梁冀只好将李固一人逮捕下狱。没想到李固名声在外，入狱后有数十人为他鸣冤，太后也觉得他冤枉，就下诏将他赦免。李固出狱之时，京师百姓奔走相告，兴奋地高呼万岁。

梁冀听说后更加忌惮，于是再次上奏请求抓捕李固。这一次，连梁冀的属官都觉得李固冤枉，当着梁冀的面斥责写奏章的从事中郎马融："李公的罪，全都出自你这杆笔下，李公要是因此被杀，你有什么脸面见天下人！"然而，强权暂时压过公理，李固竟然再次入狱，冤死其中。杜乔也被梁冀带兵强行抓进大牢而死。

两人死后，尸体被梁冀恶毒地放在洛阳城北的十字路口，日晒雨淋、飞鸟啄食。敢过来祭拜的人都要获罪。但即便如此，还是有人对遗体痛哭，宁死不肯离去。守灵最久者，竟然达十二天。

梁太后听闻此事，宽宥了这些人的死罪，准许将李固、杜乔下葬，可这些士人却对汉朝失望透顶，很多人归隐山林，终身不肯出来做官。

奇珍异宝

神农本草经

150年前后，《神农本草经》成书。这本书托名神农而作，记载多种药物的性质、味道、功能等重要信息，还主要根据有无毒性把药物分为"君""臣""佐使"三品，是我国古代最早的完整植物分类学和药学著作。这本书的原书已经失传，但因为历代的本草书都有索引，所以其中还有三百六十五种药物信息能够被辑录成书。

5 汉桓帝的厕所政变

逼死李固、杜乔之后，梁冀又风光了好几年。最初汉桓帝对梁冀极尽尊崇，将朝中大权交给他，将他的各项待遇提到最高级别——礼仪方面的待遇比肩萧何，封邑方面的待遇比肩邓禹，日常花费超过霍光。

朝中大小政事都由梁冀决定，百官升迁任免都得先到梁冀家里谢恩后才能到尚书台办理手续；地方郡县每年进献的贡品，要把上等的送给梁冀后，才进献给皇帝……

到延熹二年（159），梁冀一门前后封侯七人，皇后三人，贵人六人，大将军两人，门中女子有食邑有"君"头衔的有七人，迎娶公主的有三人，其余文武官员五十七人。声势达到顶点，手眼通天的他连皇帝的吃喝拉撒都一清二楚。

汉桓帝虽然事事听从梁冀，但堂堂天子连与谁亲近都不能自决，他也有几分火气。而梁冀丝毫不知收敛，越来越离谱，就连汉桓帝宠幸的贵人邓猛之母都遭到他的刺杀。此事发生后，汉桓帝再也坐不住，决定除掉梁冀。可朝中几乎都是梁冀的人，一举一动都在梁冀掌控中。他只能将目光转向宦官。

但哪怕宦官也不干净了，宫中有权势的宦官，即使不是梁冀同党，至少也不反对他，甚至还有暗中为他监视皇帝的。

汉桓帝只能冒险找来宦官中他认为最忠诚的小黄门唐衡，借口上厕所，让唐衡随从服侍。确定四周无人后，他低声问唐衡："你知道我周围人里，有谁跟皇后娘家不投合吗？"

唐衡说："中常侍单超、小黄门左悺和梁不疑有矛盾，中常侍徐璜、黄门令具瑗对皇后娘家的嚣张气焰不满，敢怒不敢言。"

汉桓帝心领神会，先秘密召见单超和左悺，表达想杀死大将军梁冀兄弟、发动政变的想法。两人大喜，纷纷说梁冀兄弟乃是国贼，早该被杀，就怕天子犹豫不决。汉桓帝一听，当即表示绝无犹豫，说完又找来具瑗和

东汉 灰陶侍俑

徐璜，几人歃血为盟，共谋灭梁大计。

这么大的动作，梁冀也有觉察，于是派出自己的心腹中黄门张恽到尚书台住下，以防生变。但他低估了皇帝和几个宦官的决心，没及时做出太多对策。结果宦官们当机立断，以张恽猛然进入尚书台可能意图不轨为由将这个"钉子"收押，然后汉桓帝亲自召集尚书台官员到殿听诏，令他们火速搜集调动京城人马的符节凭证，当晚就调集了千余士兵，凭借这些人马，汉桓帝包围了梁冀的宅院，令人收缴梁冀的大将军印绶。

这次斩首行动干净利落，猝不及防的梁冀根本无法抵抗，明白后果的他只得和妻子自杀，他的两个弟弟此前也已去世。梁家于是被连根拔起，族人无论老少一律下狱斩首，受牵连被处死的公卿大臣多达数十人。当时的三公全都因阿谀奉承梁冀被直接贬为平民。再上朝时，连朝堂都显得空落了。

时间 166—169

12 令人哀叹的桓灵二帝

> 党人生昏乱之世，不在其位，四海横流，而欲以口舌救之，臧否人物，激浊扬清，撩虺蛇之头，践虎狼之尾，以至身被淫刑，祸及朋友，士类歼灭而国随以亡，不亦悲乎！
>
> ——《资治通鉴·汉纪四十八》

【人物】李膺、陈蕃、汉桓帝刘志、窦武、窦太后、汉灵帝刘宏

【事件】党锢之祸、辛亥政变

"先帝在时，每与臣论此，未尝不叹息痛恨于桓灵也"，《出师表》中，诸葛亮的这句话说的就是桓灵时代。为何痛惜哀叹？因为这两位人君本性不坏，朝中也多有不惜性命的忠臣，可惜他们沉溺于物欲，深赖外戚、宦官，糊里糊涂地断送了汉家江山。

皇帝昏聩，宦官奢靡

诛灭梁冀后，原本的宦官阶层也经历洗牌，这本是肃清朝政的大好时机，但汉桓帝不明白症结所在，反而沉迷于大权在握的无拘无束，开始纵欲而为。由于宦官单超、左悺、徐璜、具瑗、唐衡五个人在诛杀梁冀中立下巨大功劳，汉桓帝就将这五人封侯，极尽荣宠，朝政和军权于是落入"五侯"为首的宦官手中。五侯中的单超甚至出任车骑将军，掌管车骑军，地位和三公相差无几。

宦官没儿子，似乎不会像外戚专权一样惹得鸡犬升天，但汉顺帝开了

个坏头：宦官的爵位和俸禄可以传承给养子或者义子。于是一些别有用心的人会认得势的宦官为父亲，宦官也乐于攀比谁的干儿子多。

这些宦官的干儿子、侄子、兄弟都被安排到各地做官，他们的官位来得容易，又仗着有靠山，贪污勒索，为所欲为，专门坑害百姓。

如徐璜的侄子徐宣，出任下邳令时，看上卸任太守李嵩的女儿。这本是徐宣高攀的一门亲事，可徐宣非常嚣张，李嵩女儿不从，他就叫人把她绑在柱子上威逼，威逼不成，竟直接用箭活活将她射死。宦官党羽的嚣张可见一斑。

虽然后来五侯因贪赃枉法被汉桓帝贬斥，级别降为都乡侯，其子弟也一律被免爵，但桓帝此举既不是为百姓申冤，也不是为朝臣主持正义，而是为强化皇权。故而，稍加抑制后，他还继续让宦官掌权。新宠宦官上台后，也大多同样残暴专横，陷害忠良，鱼肉百姓。

如果说重用宦官注定了前朝的弊病在桓帝时期恶化，那么卖官鬻爵就

知识充电

宦官是什么

宦官是中国古代专供君主及其家族役使的人员。在先秦和西汉时期，宦官并非全是阉人。从东汉开始，宦官全为被阉割后失去性能力的人，又称宦者、中官、内官、内臣、内监、中涓、中贵人等。在东汉，宦官参与国家政务，成为皇帝对付外戚和朝臣的工具，并一度控制朝廷。

汉阳陵出土着衣式宦官俑（陕西考古博物馆）

彻底断送了东汉复兴的可能。

　　卖官鬻爵的含义不必多说，以往贪官污吏私下卖官鬻爵多是为了扩散党羽，而汉桓帝卖官鬻爵竟是为了赚钱。或许是在梁冀手下被压制太久，汉桓帝特别享受当天子的为所欲为，注重物质享受。他一度在宫中畜养美人数千，这些女子并不从事劳作，每天锦衣玉食，胭脂水粉花费难以计数。加上当时羌人起义迟迟不宁，大肆封赏消耗颇巨，所以汉桓帝身为天子也觉得生活拮据了。跟百姓征税会导致朝臣反对，甚至起义频发，所以他下令公卿百官的俸禄减发，借贷王、侯的一半租税归中央使用，同时下令以不同价钱卖关内侯、虎贲郎、羽林郎、缇骑营士和五大夫等官爵。不问才能品德，只要有钱就能买官来做。

　　此举影响极坏，将东汉几百年尊崇儒学打造的良好官僚体系破坏殆尽，大量贪官污吏进入官僚系统，东汉的政坛风气于是积重难返了。

　　此前，虽然世族门阀做官占有天然优势，但也是大体以品行优良、学业突出为前提。公开卖官后，任何阶层只要交上相应的钱，就可以做官。而绝大部分人做官，直接目的就是为了钱财。因此，会十倍百倍地将买官

东汉　轺车画像石拓片

的钱从百姓身上搜刮回来。

如此折腾了九年，永康元年（167），汉桓帝去世了，讽刺的是，后宫数千竟然没能为他留下一个子嗣，于是汉朝的新君再次从诸侯王的后代中选取。一个十二岁的孩子刘宏被选上皇位，即位前他的封爵只是小小的解渎亭侯。这个孩子就是汉灵帝。

汉桓帝开启卖官之风，他的继任者汉灵帝又将卖官鬻爵"发扬光大"。汉灵帝从小困苦，特别重视钱带来的安全感。所以汉桓帝卖的还只是小官，汉灵帝却大开大合，直接制定了一套自上而下的卖官方案，两千石的官售价两千万，四百石的卖四百万，要是以德行当选没多大权力的官还可以打折，卖官的钱都入皇帝私库。买官时，既可以付现钱，也可以赊欠。为多卖官，朝廷经常调换官吏，百姓之苦可想而知。

而汉灵帝反以为荣，竟然扬扬得意地问侍中杨奇："我治国比先皇如何？"杨奇很看不惯汉灵帝的这副德行，就绵里藏针地讽刺道："陛下和桓帝相比，就像虞舜相比唐尧。"意思是你们二人半斤八两、一丘之貉。汉灵帝很生气，可这是好话，他也不好反驳，就阴阳怪气地说道："爱卿的脖子真硬啊，不愧是杨震的子孙，你死后一定会和杨震一样招来大鸟。"原来这位讽刺天子的小臣就是大儒杨震的后人。

东汉　陶车马

5 神秘组织"党人"

桓帝执政末期,政坛昏聩,宦官专权,深为忠臣良将所不齿,由于李固、杜乔之事殷鉴不远,这些忠臣名士于是团结起来,互相援护,在朝在野引领了强大的舆论氛围。宦官和外戚忌惮他们的声名,多少有所收敛。

桓灵之际名士最可称道的是陈蕃、徐稚。两人一者在朝一者在野,都是道德舆论的风向标。徐稚字孺子,是当时著名的隐士,他亲自垦田稼穑,不是自己种的庄稼不吃,德行天下闻名,但就是不愿为官。当时豫章郡的太守陈蕃也是孤高之士,平时不和他人往来,只是对徐稚倾慕已久,多次请他到手下为官。徐稚盛情难却,于是每被举荐就来陈蕃处拜谒一番,但并不受官。陈蕃更加看重他的气节,索性在客厅专门为徐稚设置一方卧榻,徐稚来,就把榻铺好,徐稚去,就高高挂起,不给任何人用。一来二去,

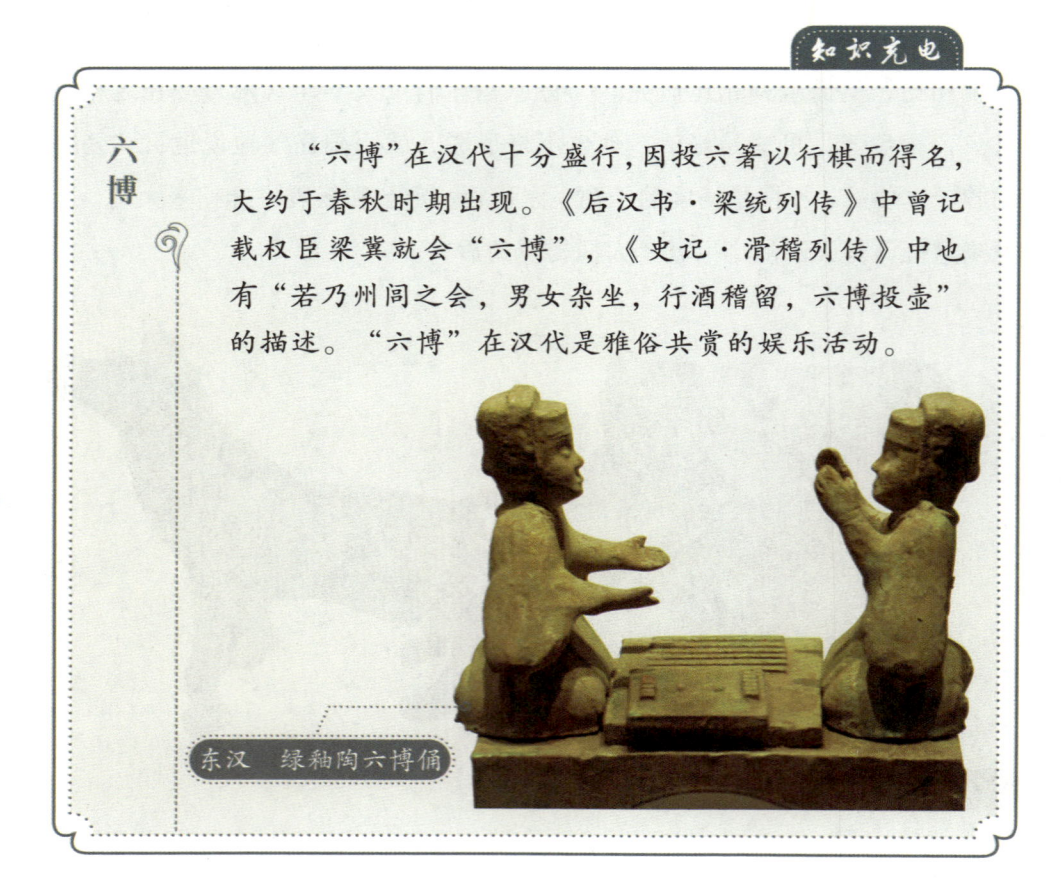

知识充电

六博

"六博"在汉代十分盛行,因投六箸以行棋而得名,大约于春秋时期出现。《后汉书·梁统列传》中曾记载权臣梁冀就会"六博",《史记·滑稽列传》中也有"若乃州闾之会,男女杂坐,行酒稽留,六博投壶"的描述。"六博"在汉代是雅俗共赏的娱乐活动。

东汉 绿釉陶六博俑

此事传为美谈，下榻就成了求贤的代名词。

徐稚特立独行，但心中常常记得别人的礼遇，虽然不受举荐，但举荐他的人去世之时，徐稚往往不远千里前去吊唁。

陈蕃后来官运不错，历任光禄勋、尚书令等机要职位，在昏聩的官场中他一如既往，不巴结任何权贵，屡屡直言进谏。延熹二年（159），梁冀方除，桓帝大肆封赏，陈蕃立即上书直言封赏过度，理应适可而止，而且宫女太多，拖累国库。其上疏有理有据，连喜好声色的汉桓帝也有些愧疚，遣散了五百多名宫女。

后来宦官见宠，贤臣李膺、冯绲、刘祐举报宦党恶行却被反坐入狱，陈蕃屡次为这些人求情，以至痛哭流涕，正是以他为首的忠臣纷纷上书，才将李膺等人保了下来。

而李膺也不负众望，继续狠抓宦党。当时一个叫张朔的人仗着是小黄门张让的弟弟，为官暴虐无道，鱼肉百姓，恰好落在李膺手里。为了脱罪，张朔弃官逃到哥哥张让家里，张让把一个大柱子掏空让他躲在里面。李膺知道后，直接来到洛阳，带领一群官差闯进张让家中，破柱取人，录完供词就把张朔杀了。张让向汉桓帝诉冤，汉桓帝念在李膺名高无错，没有把他怎样，还说张朔罪有应得。宦官们听了，都战战兢兢，连放假都不敢轻易出宫了。李膺由此名满天下，被他看重的士人简直像登龙门一样荣幸。宦官和名士的矛盾升级，宦官屡进谗言诬陷，名士们则言辞恳切地上书请求肃清朝野。

延熹九年（166），矛盾爆发，导火索仍然是疾恶如仇的李膺。当时有一个叫张成的人特别擅长占卜，名声大到连宦官宠臣乃至皇帝都有耳闻。他按照当时的吉凶观念，推算时日，认为天下即将大赦，所以提前教唆儿子杀人。果然，李膺刚把人抓起来，就接到了大赦天下的诏令。李膺为死者愤懑，就强行把张成父子杀了，结果落下把柄。宦官们一向和张成勾结，于是指使张成的徒弟上书，一举将李膺和他结交的名士和学生门徒都告了，说他们结党营私，扰乱朝廷。李膺虽然意在惩恶，但擅权的手段刺到了汉

成语典故

梁上君子

东汉时的一个荒年，百姓没有收成。有个小偷夜间溜到陈寔家里，躲藏在屋梁上面。陈寔发现后，并未喊人捉拿他，而是起来整顿衣服，把子孙们叫到面前训示："每个人都应该勉励自己。做坏事的人并不是生来就坏，只是平常不学好，慢慢养成了坏习惯，便会落到这种地步。梁上君子就是这样的人。"小偷大惊，自己下地叩头请罪。陈寔勉励他改恶向善，并赠给他两匹绢。从此全县再没有发生盗窃事件。后人常以"陈寔遗盗"比喻义行善举，"梁上君子"也成了小偷的代名词、雅号。

桓帝的禁忌，汉桓帝勃然大怒，下令将李膺及其"党羽"两百多人全都下狱。别有用心的权臣一看，纷纷借机报复，将对头诬陷为党人。这场大祸于是愈演愈烈，先是扩散到和李膺齐名的杜密，最后连三公之一的太尉陈蕃也因为党人说话被免官，一时天下震怖。

各郡纷纷按照诏书上报党人，有的郡国甚至举报了数百人。

党锢之祸，士人悲歌

永康元年（167），太学生首领贾彪说服窦武等人出面营救党人，李膺等人又在口供中牵扯出许多宦官子弟，宦官也深恐事态扩大，于是请求汉桓帝找借口赦免党人。六月，这场横祸以汉桓帝大赦天下结束。

这年年底，汉桓帝去世，由于没有子嗣，窦太后和哥哥窦武掌握朝权。陈蕃于是被起用为太傅，并接管部分尚书权力。为何窦氏如此看重陈蕃呢？

原因有二：第一，窦武是东汉名臣窦融的后人，出身名士世家，自然同情陈蕃遭遇；第二，窦氏能当上皇后，和陈蕃当年仗义执言分不开。所以朝中政事无论大小都倚重陈蕃处理，李膺、杜密等名士也纷纷被召回重用。士人们奔走相告，满以为太平可望。不承想，一点治世的苗头才刚破土，就招来一场惨绝史册的大灾难。

汉灵帝的乳母与宦官相互勾结，奉承窦太后得到宠信，多次被封爵拜官，陈蕃、窦武对此深恶痛绝，于是密谋诛灭宦官。不料消息泄露，众宦官歃血为盟，发动政变，诛杀窦武、陈蕃等人，将其曾经推荐的官员、学生门徒及下属全都免官，不许再出来做官。这些人被免官，太后被软禁，大权自然被宦官包揽。

虽然党锢之祸皆由汉灵帝的诏书而起，但那时的汉灵帝也只是个十四岁的孩童罢了。而宦官忌恨名士李膺等人在朝野的影响，所以每次灵帝下达诏书，他们都要求重申对党人的禁锢。即便天下大赦，党人也绝不赦免。禁锢还不够，对

李膺像

奇闻逸事

先见之明

中常侍张让的父亲去世后，葬在颍川。虽然一个郡的人都来参加葬礼，但却没有一个名士前往，张让感觉很耻辱，只有陈寔独自前去吊丧。第二次党锢之祸爆发后，张让感念陈寔的恩德，对陈寔及一些名士多有保全。

一些在野仍颇有影响的党人，宦官们请求将其抓捕入狱。汉灵帝有些疑惑，问宦官们："'党人'做了什么坏事要被杀死？"宦官们连哄带骗，咬定党人想要夺位。汉灵帝一害怕，就直接答应了。

抓捕令一下，李膺、杜密、翟超、刘儒、荀翌、范滂、虞放等近千人都榜上有名，一旦入狱便九死一生。由于深受敬重，这些党人往往提前得到消息，就连执行抓捕的官吏也多有留情。可党人们不愿崇高的气节受辱，纷纷学李膺将受难遭刑视为臣子的本分，宁死不逃的大有人在。甚至有些人倾慕党人，名单上没有自己也自行归罪，不肯苟安。

于是数不胜数的英雄故事发生了，他们的血泪铺成了东汉最辉煌的士人悲歌。

最终，一百名士人被下狱处死，六七百士人陆续被逮捕、杀死、流徙、囚禁。

党人深得民心，所以愿意为他们而死的人，一直都存在。

汝南督邮吴导接到逮捕名士范滂的命令后，失态到伏床痛哭，全县人都不明所以，只有范滂叹了口气，说："这一定是为了我啊！"说完主动进入监狱，不使吴导为难。

县令郭揖听说这件事，竟然解掉印绶，找到范滂，拉他一起逃跑。范

知识充电

州牧崛起

两汉的地方长官本来是太守，由于太守位高权重，中央政府便向各地分派官员督查，称刺史。西汉时刺史只是六百石俸禄的小官，东汉时逐渐增加到两千石，并且可以派遣官差向中央报告，不必再亲自回京。灵帝时期地方变乱，刺史遂改为州牧，获得行政实权，州牧其实已经类似诸侯了。

滂说:"我死了,祸事就结束了,怎么敢连累您和我的母亲呢?"说完便与母亲诀别,言辞中很担心母亲因自己早死而伤神。范母听后,挥手打消范滂的忧虑,悲壮地说:"儿啊,你如今能与李膺、杜密齐名,即使死了又有什么遗恨的呢?去吧!生命和义名不可兼得,没什么好遗憾的!"

当然,也有保全有用之身的士人,他们的遭遇更是闻者泪下。

名士张俭流亡途中,看见人家就前往投宿,户主即便知道会引来杀身之祸也愿意收留他。张俭一路逃到塞外,因帮助他而被追究灭门的,前后有数十家之多,被牵连处置的人几乎遍及全国,他们的宗亲都被灭绝,甚至有的郡县都显得空荡了。

党锢之祸,几乎涵盖了汉灵帝在位的二十一年,这是中国历史上的一场浩劫。损失的全都是最优秀、最忠诚的士人。这些人才被朝廷摧残,汉朝的官僚体系也就越发昏聩了。为政期间,哪怕成年以后,汉灵帝仍然为宦官蛊惑,不仅未曾纠正错误,甚至屡次因忠臣解除党锢的忠言妄加牵连,以致重新调查党人门生、故吏、父子、兄弟,凡是任官的,都一律罢免,禁锢终身,并牵连五族。

在二十年的摧残下,东汉终于耗尽了两汉二十二世积累的国祚,消亡于名士的悲歌之中。

风云人物

王充

王充(27—约97),字仲任,出生于会稽上虞。东汉思想家、文学批评家、汉代道家思想的重要传承者与发展者。其思想以道家的自然无为为立论宗旨,以"天"为天道观的最高范畴,以"气"为核心范畴,构成了庞大的宇宙生成模式,与天人感应论形成对立之势。其代表作品《论衡》,八十五篇,二十多万字,解释万物的异同,纠正了当时人们疑惑的地方,是中国历史上一部重要的思想著作。

时间 27—169

13 人文与武辉

> 冬十一月，遣奉车都尉窦固、驸马都尉耿秉、骑都尉刘张出敦煌昆仑塞，去破白山虏于蒲类海上，遂入车师。初置西域都护、戊己校尉。
>
> ——《后汉书·显宗孝明帝纪》

【人物】班固、王充、许慎、张衡、皇甫规、张奂、段颎

【事件】班固著史、奇书《论衡》《说文解字》

东汉中后期，政治水平不断下降，昏君逆臣联袂而出。但几百年的教化影响深远，仍然有众多文臣武将仿佛不知时节般诞出，绘成了人文蔚起、武功昭著的璀璨星图。

传奇家族班氏

在中国的史学发展过程中，班氏和司马氏一样，是影响了中国人历史观的传奇家族。所谓班氏就是班超的本家，这家祖孙三代出了两位威震西域的都护、三位入木三分的史家。

班氏的风流当从班彪算起，他在安定陇西一事上表现出非凡的远见，功成名就以后却醉心学术，专心著书立说，毕生的志向就是效仿太史公马迁，写出一部流传千载的汉史。为此，他搜集整理了海量的资料，可惜这份工程太过庞大，才刚完成资料的搜集，写出六十余篇初稿就去世了。

虽然忙于著述，但班彪把儿子教养得很好，班固自小就表现出极强的

文学天赋。他九岁就能诵读诗赋、创作文章，连大学问家王充也对他推崇不已。

当时汉朝对儒学的推广不遗余力，设立了很多教育机构。班固十六岁走出家门进入洛阳太学，拜名师，交良友，逐步贯通了经书典籍，对儒学以外的诸子百家也以很宽容的态度研究。这是他日后能够成长为一代良史的重要条件。

就在班固求学洛阳期间，父亲班彪逝世了，生存成了班固面临的直接问题，他只好中断学业，回乡为父亲守孝，并节俭用度，正式开始续写遗篇。

可惜时代对他不太友好，当时有很多别有用心者利用谶纬之学达成政治目的，出现了很多妖言惑众的邪书，因此汉廷非常忌讳私修历史。

于是永平五年（62），班固被告发了，人被扶风郡收捕关进京兆监狱，书稿也被官府查抄。班家无权无势，只得让勇敢的班超策马穿华阴、过潼关，赶到洛阳为班固鸣冤。

幸好此时在位的是汉明帝，他虽苛刻但明察秋毫，决定先看看书稿再作定论。读罢全文，汉明帝立即意识到班氏所作的是一本彪炳史册的皇皇巨著。他不仅网开一面，还将班固拜为兰台令史，掌管和校定皇家图书，同时命他和孟异等人，共同编撰记载东汉光武帝的事迹《世祖本纪》。

这个任命产生的蝴蝶效应几乎影响了大汉的命运。一方面，班固有了正式编制，生活的窘困有所缓解，变相得到

东汉　三层绿釉陶戏楼

了官方修史的地位。另一方面，利用工作便利他可以查阅东汉官藏的海量图书，资料储备比之前不知开阔了多少倍。另外还有一点，就是班超也因此来到洛阳，彻底产生了建功立业的想法。

由于官方的支持，班固进度飞快，可即便如此，这部巨著也花了他二十五年左右的时间。其间，他还写下了东汉汉赋的代表作品《两都赋》，力陈光武帝放弃长安定都洛阳的合理性，获得好评如潮。

到汉章帝建初七年（82），班固《汉书》才大体撰成，全书从汉高祖开始，到王莽被杀结束，共记录十二代帝王二百三十年间的事迹，包括《春秋》考纪、表、志、传共一百篇。《汉书》颁出后，学者们争相诵读，连后世汉帝政变前夜都要讨《汉书·外戚传》来看。

整体来说，《汉书》开辟了我国纪传体断代史的先例，此后历朝历代无不以此形式修撰前朝历史。在笔法上，《汉书》也有雄浑悲怆的英雄故事，但其行文基调不像《史记》一般有浓厚的悲剧色彩，而是以严谨客观著称，往往在看似平铺直叙中客观适度地对历史人物作出褒贬。

《汉书》写就之后，班氏的官运也来了，先是弟弟班超在西域屡立奇功，最后连班固也有机会跟随窦宪北伐，当了随军司马。这两战他很幸运，

奇珍异宝

白虎通义

儒家的经典经过两汉的几百年解读，形成了很多分歧颇大的流派，已然影响经学的传播和发展。于是，建初四年（79）十一月，汉章帝广招天下大儒来到白虎观聚会，彼此讲学辩论，以达到统一思想、裁定经义的目的。

会议历时一个多月才结束，其间，班固以史官身份出席，负责记录大儒们的意见，这份记录就是《白虎通德论》（《白虎通义》），是当时经学的大成之作。

赶上了汉朝燕然勒石、出塞五千里的奇功。《燕然勒石铭》就是由他亲笔写就，刻在千里之外的燕然山上的。

然而成也萧何败也萧何，窦宪给了班固建功立业的机会，但窦氏垮台也株连了无辜的班固。六十一岁时，班固竟然冤死狱中。

此事过后一段时间，汉成帝才得知班固的冤屈，大为光火，立即下令处死诬陷班固的官员，但一部《汉书》却成了未完的绝笔。谁能续写这部巨著呢？满朝文臣面面相觑，最后大家推出了一个女子，曹大家（gū）。

曹是她夫家的姓氏，大家是老师的意思，因为她学问好所以经常被叫进宫充当妃子们的老师。这个奇女子其实是班固的妹妹班昭，她博学高才，爱好历史，闻讯决定继承父兄的大业，奉诏完成未尽的《汉书》。

经她之笔，汉书八表与前篇融合得天衣无缝。

这部皇皇巨著终于落成以后，班昭顿时成为女子们的偶像，她总结自己的人生经验，写下对后世女子影响很大的《女诫》。《女诫》虽然限于时代不可避免地有封建思想残余，但其中宣扬的某些品德至今仍值得称道。

5 孤勇者般的奇书《论衡》

东汉光武帝建武三年（27），王充生于会稽上虞。和小自己五岁的班固不同，他的童年见证了东汉建立前的最后一段兵荒马乱。聪明的他从小读书习字，表现出过人的天赋，书馆里的百十个稚童中只有他不犯过失，

中外对比

166年—176年，党锢之祸。

166年，罗马皇帝派遣使者从海路来到中国贸易，中西"海上丝绸之路"开通。

2世纪，《圣经·新约》成书。

学习经书时记忆力惊人的他每天能背诵千余字，须知，儒家经典《论语》也不过一万六千多字。

由于父亲在他十几岁时早亡，王充青年时期一度停学，在官府担任小官，但并不顺心。二十七八岁时，王充才下定决心奔赴洛阳太学，拜班彪为师。那时书籍是奢侈品，家贫的王充无钱置办，就在洛阳的书市整日流连，借以读遍百家的学问。

由于坎坷的人生经历、卑微的出身，王充学问越深越对世俗产生怀疑，认为俗世间谬误百出，读书人追求华丽而罔顾实际，以致内容虚伪、言辞华丽、言之无物的伪书横行，于是决心著书批判。

在太学修行五年后，学业有成的他在家乡开馆教学，工作之余秉持着让语言轻重得体、辨明真伪的目的，开始创作《论衡》。该书八十五篇，二十余万字，是一本出色的政论散文集。

《论衡》中最能代表王充思想的是《论死》《订鬼》"九虚""三增"各篇，所说的是被世俗困惑已久而百姓不能觉察真相的问题，对史书虚妄夸大的记载、灵魂不死的封建迷信观念，甚至一些圣贤之言，都作出了挑战。

在那样一个儒学、谶纬之学风行的时代，王充是勇敢的逆行者，他否认上帝的存在，否认长生不死，也否认雷公龙神等诸多神明，更否定事事从三皇五帝上古明君取法，认定事物在不断发展，今朝胜于往日，惹得舆论哗然。

这本书的观点虽离经叛道，但立论却基于生活事实，逻辑非常严密，儒生们往往被驳斥得说不出话，只能从内容上挑毛病，为这本书打上"芜杂"不堪的定论。

王充无权无势，在唯一可称道的学问上又被孤立，因此一生郁郁不得志，《论衡》也几近失传。直到东汉末年，大学者蔡邕得了这本奇书如获至宝时，学术界才激起对王充的兴趣。如今几千年过去，人们才认清这个倔强的学者不是逆行，而是先行，他是伟大的唯物论传道者。

中国史上第一部字典

历史的发展，也伴随文字的变迁，从先秦到两汉，汉字经过了甲骨文（商朝）、金文（周朝）、小篆（秦朝）、隶书（汉朝）的四次演变，在书写媒介、字形字音方面都发生了众多改变，其本身已然是一部丰饶的历史。

学者虽然不可避免地接触古文、古字，但那只是为了从古书中求得知识，从没有人放下经学、系统地研究这些文字上的学问，以致有不学无术的人想当然地以为汉隶书就是古人所造的字形，直到许慎出现。

许慎，字叔重，东汉汝南召陵（今河南省漯河市召陵区姬石镇许庄村）人，自幼才华横溢，对经学很有心得，以至于当时著名的儒家马融都称赞："五经无双许叔重。"

因为才学出众，许慎刚达到三十岁的年龄限制就被举为孝廉，后来做到五经博士，那是东汉对学者经学成就的官方肯定。在工作中，许慎和王充一样发现对五经的解说各家各执一词，其中多有随意而为，纰漏百出的。为此他专门写就一本《五经异义》，造成巨大轰动。

当时汉儒虽然推崇儒家经籍，但经籍的原本其实大多毁于秦火，流传下来的大多是口述版本。以《论语》为例，当时流行的就有齐国人、鲁国人传下的各一版，后来在孔庙的墙壁中又挖出了一部古文版。哪一部是原本呢？不解决这个问题还怎么研究五经？而想探讨这个问题就要对不同版本的古书做比较，

东汉　灰陶持铲男俑

古书不会说话，但古代的文字却往往能成为下判断的力证。

许慎于是将目光放到文字上，关注字形、声读和字义，研究其创造和演变的理论，从而和五经印证，形成一门真正的学问。

中国的文字浩如烟海，许慎这一研究就是二十多年，他搜集古往今来一万多个汉字，穷究其来源变迁，对文字的含义、读音作出考证后的解释。由于汉字太多，为了避免这些资料杂乱无序，许慎精心研究汉字的共性，提炼出五百四十个部件作为检索的依据，这些部件被分为很多部，每一部为首的部件就是"部首"。此举开创了部首检字的先河。此外他还细致地分析了上万个汉字形体，创立了以"六书"来分析小篆构形的理论，将数万个汉字创造的方式归纳为：象形、指事、会意、形声、假借、转注六种，此法同样沿用至今。

说到这里，大家多半想起了一个词——字典，没错，《说文解字》就是中国历史上第一部分析字形、字音、字义的字典。许慎比较系统地建立了分析文字的理论，反驳了今文经学家随意解释经义、阐发微言大义、标新立异的做法，同时保存了大部分先秦字体和汉代的文字训诂，反映了上古汉语词汇的面貌。

这本书被许慎献给朝廷，得到天子和群臣的一致赞誉，《说文解字》因此流传千古。

受这本书影响，后世出现了很多抛开经学专门研究语言文字的学者，和研究经学的"大学"相对，这门学问被称为"小学"。

5 术穷天地的学者张衡

78年到139年，这段起于明章治世末尾、终于东汉衰颓之初的时间，是张衡的一生。在东汉人文蔚起的大时代中，他上观天象，下垂人文，成长为古今罕见、术穷天地的大学者。

张衡，字平子，是南阳郡西鄂县（今河南省南阳市石桥镇）人，出身名门，蜀郡太守张堪正是他的祖父。

张衡少年时才高于世，但性格恬淡喜静，没有半分骄傲之情。他少年时曾经在三辅游学，后入京师洛阳在太学贯通五经六艺，学成归来后醉心学术，一不和俗人往来，二不受官场举荐。当时汉朝太平已久，加之外戚当政，不少人因而奢靡无度。为劝诫士人，张衡历时十年模仿班固的《两都赋》完成《二京赋》。这篇皇皇大赋将司马相如等人开创的京都赋推动到极致，在作品的体制、规模，理性的精神和充实的社会内容的结合程度等多方面都超越了班固和司马相如。连大将军邓骘都看得啧啧称奇，极力征召他入朝为官，但张衡仍旧婉拒了。

花十年完成一篇文章，这在文学史上是罕见的，但在科学史上却屡见

奇珍异宝

吴越春秋

《汉书》以外，东汉历史散文中颇可称道的当数赵晔的《吴越春秋》。这本书原有十二卷，现存十卷，写的是春秋时吴越两国争霸的故事。前五篇主要写吴国崛起，从建国者吴太伯写到吴王夫差，后五篇主要写越国称雄，从无余写到勾践及其后人。这本书兼有编年体和纪传体的特性，情节曲折多变，引人入胜。全书不是原封不动地按照正史撰写，而是适度地加入了传说和作者合理的想象，极具浪漫主义色彩，因此给人以极强的震撼感。可以说它是后世《三国演义》一类演义小说的先河之作。

《吴越春秋》书影

不鲜。张衡在文才之外也颇有科学家的缜密,他对天文、地理、数学和机栝都颇有研究。

阳嘉元年（132），张衡在太史令任上发明了候风地动仪,用来监测远方的地震。这个大家伙形状像装酒的酒樽,又像扣在地上的酒坛,只是顶盖不平,圆圆的像个鸡蛋。它通体以精铜铸成,直径八尺,内部有一根立柱,受到震动就会向震源方向倒去。铜柱一倒,就会触发机关,带动外壁对应方位的青铜龙张嘴,一个珠子就清脆地掉到下面的铜蛤蟆嘴里。所以一旦铜蛤蟆响动,就是有地震发生。曾经一龙机发,地不觉动,洛阳的学者都责怪这个地动仪不足信,可几天之后却传来了陇西地震的消息,众人这才明白地动仪是如此灵敏。

发明地动仪后,张衡又观察天象,制作了和天上星斗同步运转的浑天仪。浑天仪外观是一个直径四尺多的铜球,球上刻有二十八宿、中外星官以及黄赤道、南北极、二十四节气、恒显圈、恒隐圈等,内里设有复杂的转动机械。为了让仪器随时间精确运转,张衡以滴水计时的漏壶流水为动力,如此一来,随着时间流逝,水滴均匀落下,浑天仪就和星空同步运转。

浑天仪、地动仪之外,张衡还有众多类似指南车、计里鼓车之类的发明,无不令人惊叹。

醉心学术之余,张衡也是位有抱负的臣子,他为官时仗义敢言深为宦党忌讳,因而被从中央下放到河间国任国相。在任上他仍然执法严明,上能规诫骄奢淫逸的河间王,下能打压豪强安抚百姓,用时三年就把河间国治理得井井有条。此时他年事已高,就上书告老还乡,但朝廷征拜他为尚书,直到永和四年（139）他在任上寿终正寝。

他毕生所作的诗、赋、铭、七言、《灵宪》《应闲》《七辩》《巡诰》《悬图》等作品共计三十二篇,是古代科学史、文学史上不朽的丰碑。

科学发明

候风地动仪

地动仪是中国东汉时期科学家张衡创造的传世杰作。地动仪有八个方位，分别是东、南、西、北、东南、西南、东北、西北，每个方位上都有口含龙珠的龙头，在每个龙头下方都有一只蟾蜍与其对应。任何一方如有地震发生，该方向龙口所含龙珠即落入蟾蜍口中，由此便可测出发生地震的方向。

地动仪

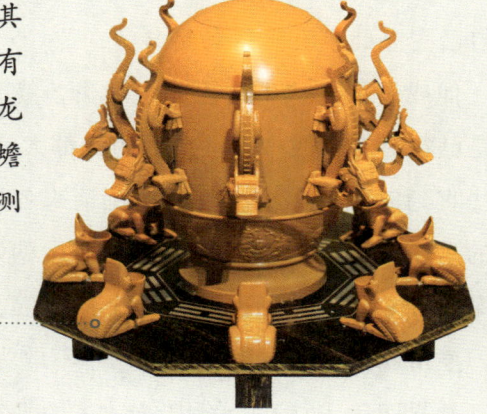

安定边疆的三位英雄

自元初五年（118）羌乱初步平定以后，东汉朝廷以马贤监督羌人。由于连逢灾馑，且官员横暴，羌人的反抗仍以一定规模反反复复，张掖、金城等地都出现过长官被杀、城池落入羌人之手的状况。对此马贤也没有办法根治，只能查缺补漏不断平复，反复维持了二十多年，有过大胜，也有落败，整体稳定了西部局面。但是到永和六年（141），马贤再也坚持不住了，在出征羌人部落的射姑山大战中英勇殉国。

当时马贤身为征西将军，他的落败不仅让汉朝对羌人的压力大减，也导致汉朝东面和西面的羌人部落再度合兵，当年春天就酿成遍及三辅的大祸，汉朝的园陵被烧毁，百姓大遭杀掠。

与此同时，北面的乌桓、匈奴、鲜卑也时常作乱，汉朝的边境再度烽火连天。

乱世出英雄，平定边患的任务由此落到了三位英雄人物身上。

首先出场的是皇甫规，当时他只有三十多岁，资历尚浅，听闻马贤败绩，他立即上书，表明马贤数年来劳顿兵马而无功绩，落败是早该预料到的；羌人之所以反叛就是因为马贤管理不力，官吏对羌人滥加侵害，如果派自己主办此事五千兵马足矣。

他或许没有吹牛，但大言炎炎，终究让人不敢相信，此时朝廷更看重的是已在对羌作战中立下功勋的武都太守赵冲。

直到汉顺帝去世，朝廷照例请来各地的贤良方正之士问策，郁郁不得志的皇甫规认为机会到了，于是痛斥朝廷卖官鬻爵，梁冀奸臣当道。跋扈将军梁冀一看，当即给他评了个最下等，还数次授意官府找机会弄死皇甫规。皇甫规只好藏在家里，十几年不敢为官。

延熹四年（161）羌乱再次加剧，时任泰山太守的皇甫规已年近花甲，但仍然越职请缨，这一次朝廷应允了，皇甫规被任命为中郎将，当年十一月就斩杀八百多名羌兵，十余万羌人听闻他的威名赶来投降。次年三月，皇甫规发动归降的羌人共同讨伐叛乱的沈氏羌，当时军中瘟疫大发，三四成士兵死去，但因为皇甫规不惧传染亲自到各军营慰问，竟然没有羌兵造反，一直坚持到了东羌投降。皇甫规的对羌方略就是严抓吏治，公正对待降羌，因此羌人特别敬爱他，在免职诛杀一大批鱼肉羌民的贪官之后，又有十多万羌人赶来归附。

皇甫规为将功勋卓著，但因经常检举贪官而人缘很差，且对宦官深恶痛绝，和他有仇的人就诬陷他全凭金银宝贝贿赂羌人归降，其实没什么本事。皇甫规气得在奏疏中怒骂："说我贿赂羌人，请问是以私财还是公财？要是私财那我家徒四壁，要是公财不知账目何在？就算我贿赂属实，难道用千万钱财就让羌人归心省下上亿军费不是大功一件吗？"原本他当论功封侯，但因为不肯贿赂宦官，宦官怀恨作祟，于是朝廷将他下狱处刑，赶上大赦才得以回家。

皇甫规不结党羽但爱才如命，曾经对张奂青眼有加。张奂是有名的将才，和皇甫规同岁，也是凭举荐贤良方正之士的机会得到重用，皇甫规当年差点儿倒数第一，张奂的对策却被点为第一。永寿元年（155），张奂出任安定属国都尉。刚到职，就碰见南匈奴左奥鞬台、且渠伯德等七千余人造反，东羌也打算响应。当时张奂手中不过两百余人，军官们都觉得无能为力，叩头请求不要出战，但张奂毫无畏惧，即刻率军出城，一面收集士兵进驻长城隔断匈奴和东羌的联系，一面派人招诱东羌。一番举措竟然说得东羌首领们弃暗投明，反而出兵攻打南匈奴，一战下来，张奂仅凭几百人就平定了一场可能发展到数万人规模的大叛乱。

然而张奂什么都好，就是和梁冀关系较近，因此梁冀一倒他也受到株连。亲朋好友无人敢为他说半句话，倒是素昧平生的皇甫规七次为他上书举荐，于是朝廷任命他为武威太守。后来皇甫规又上书把自己的度辽将军让给张奂，自己做他的副手。张奂没有让皇甫规失望，他在任上平定了波及九郡的鲜卑叛乱，匈奴、乌桓二十多万人因他重新归降汉朝。可惜在凯旋途中，他被卷入了党锢之祸，因为不了解京中局势错杀了以窦武为首的正义士人，为此终身蒙羞。

皇甫规和张奂以外，另一位将军段颎其实在平乱中功劳更大，但和前两位的厚德不同，段颎杀伐无情，使用的全是雷霆手段。他的性格有点儿像主张"明犯强汉者，虽远必诛"的陈汤，有本事也能惹事。

他早年在辽东属国任都尉，正赶上鲜卑来袭。他有心率军攻打，又担心鲜卑人逃走，于是竟然胆大包天地叫驿

鎏金铜盒砚

张奂不仅作战勇敢，还十分清廉。有一次，被招降的羌人部落为了报恩，送来二十匹好马以及八件金器。但张奂没有收下，他当着羌人酋长们的面举起酒杯，把美酒倒在地上起誓："即便这些黄金多如粟米，我也不会揣进自己怀中。"

清 马骀 历代名将画谱·酹酒还金

站的信使假装带着诏书请他退兵。鲜卑果然上当，赶忙追击，结果全中了段颎的埋伏，大败而归。上面知道此事后，为他算了笔账：假传诏书要判重刑，但他立有功劳，经司寇判决，在服刑结束后给他封了个议郎了事。

后来他率兵平定西羌，当时羌人正为患张掖，已经攻没了巨鹿坞，大肆杀戮百姓。见汉军人马到来，羌人就纠集多个部落向段颎袭来。段颎毫无惧色，亲自下马和羌人血战，刀砍断了，箭射光了，一直打到正午仍然勇不可当。羌人被他疯狂的打法震撼了，起了退意，而段颎不依不饶，率军追杀四十余天，饿了就割块干肉，渴了就嚼把积雪，从汉朝边境追出两千多里，直到将羌人的大帅杀死为止。

类似的事他做过多次，永康元年（167）西羌已被打服，东羌也正在被张奂和皇甫规招抚，只是往往降而复叛。段颎觉得招抚劳民伤财，就给汉桓帝上书，说只需五千骑兵、万余步兵、三千辆战车，三冬两夏即可永绝后患。

汉桓帝同意了，于是次年春天，段颎率军一万多人只带十五天的军粮就出塞千里，直捣羌人的逢义山，当时羌兵人多势众，汉朝士兵们非常害怕。段颎一面令步兵结阵，以长矛利箭对抗羌人的骑兵，一面让轻骑兵分列两侧，一旦羌人的骑兵进攻受挫就从两侧袭杀。大阵布好以后，段颎才对士兵们说："现在离家几千里远，你们随我进军就能立功，自己逃命大家就都得死，咱们拿命拼个功名吧！"于是汉军都如困兽死斗般怒吼出声，勇猛向前，结果羌人大败，这一战算是洗雪了汉朝百年对羌的耻辱。

建宁二年（169），段颎再次使出雷霆手段，对残余的东羌叛众展开一场大屠杀，此战一万九千多羌人被斩杀，东羌于是彻底平定。据段颎解释，他攻杀羌众的初衷是当时正值春耕时节，郡县没有粮食供应，羌人无粮必反。但在道德上此事一直为人诟病，很多人因此耻于谈段颎的战功。

但作为将军段颎又确实是称职的，每当赏赐下发，他往往直接充作军费。士兵有病则亲自探望，亲手为其包扎。从军十多年，他没有一天享受过高床软枕，吃住都和士兵一样。一生一百八十战中，他杀敌三万八千人，俘获牲畜四十二万多头，所带的士兵死亡不过四百多人。

科学发明

周易参同契

这本书由东汉的魏伯阳所著，记载的内容大多是炼丹修仙之术，是道家系统论述炼丹的最早著作。这本书的意义还不止于此，因为炼丹术往往需要了解矿物性质，伴随化学反应，所以这本书的内容在化学史上也有重要意义。

时间 183—188

14 敲响丧钟的黄巾起义

讹言"苍天已死，黄天当立，岁在甲子，天下大吉"……皆着黄巾为标帜，时人谓之"黄巾"，亦名"蛾贼"。

——《后汉书·皇甫嵩朱俊列传》

【人物】张角、张宝、张梁、皇甫嵩、朱俊、卢植

【事件】黄巾军起义、军权下放于州牧

几十年政治的大乱局，十余年包藏祸心的传道，终于引发以太平道为背景的黄巾起义。起义爆发后，汉灵帝为尽快平定战事将军权从朝廷下放到地方，结果地方割据力量迅速崛起，成了军阀混战和三国分立的历史根源。

苍天已死，黄天当立

汉灵帝统治末期，东汉政坛再次走上前朝老路。汉灵帝既宠幸助他登上皇位的宦官，又宠信皇后何氏的娘家，于是戚宦之争再度上演。比前代更可怕的是忠臣名士大多罹逢党锢之祸，平民百姓则数十年负担对羌作战的军费、徭役，加之土地兼并严重，百姓的痛苦简直无以复加了。

借此机会，张角创立的太平道迅速崛起。他们以符水为百姓治病，以行善为教义教化天下人，辗转进行欺骗、蛊惑，十余年间积累了数十万信徒，遍及青、徐、幽、冀、荆、扬、兖、豫八个大州。有人为了看病竟然变卖家产，千里奔走，病死在路上的不计其数。

到了光和六年（183），张角觉得时机成熟，于是将信众改组，划分为三十六方——大方一万余人，小方六七千人；每方设一个统帅，直接听令于张角。这样，原本散漫的宗教组织俨然有了军队的建制。在三十六方中，张角大肆宣传"苍天已死，黄天当立，岁在甲子，天下大吉"。光和六年是癸亥年，所以"岁在甲子"就是在明年起事。为了造势，张角命令信徒用白土在京城和地方的官府大门都写上"甲子"二字，又和中常侍封谞、徐奉等人勾结，约定里应外合发动起义。张角的口号不是乱喊的，而是充满道家思想和阴阳家思想：汉朝为火德，所以苍天指东汉；火生土，土为黄色，所以"黄天"自然是理应取代东汉的新朝廷，也就是头绑黄巾的太平道教徒。"岁在甲子，天下大吉"则指起兵日期是甲子年第一个甲子日，也即光和七年（184）三月五日。

黄龙二年钱纹砖

谁知在起义前一个月，张角的弟子唐周告密，供出勾结中常侍的大方统帅马元义。结果马元义被车裂，数千太平道信徒被杀，朝廷下令追捕张角等人。事出突然，张角被迫于二月在冀州起义。

起义军头绑黄巾，当时人称"黄巾贼"。张角自称天公将军，他的弟弟张宝称地公将军、张梁称人公将军，组成黄巾军的核心领导。他们率黄巾军烧毁官府、杀害官吏、四处劫掠。由于东汉自光武帝起严格限制内郡的常备军马，所以地方无力反抗。一个月内，黄巾军势如破竹，州郡失守、吏士逃亡，七州二十八郡都有黄巾军活动。京都洛阳为之震动。

见黄巾军如此凶猛，汉灵帝慌忙任命何进为大将军，率左右羽林军、五营将士进驻都亭，整点武器，先保证洛阳无虞。随后在函谷、大谷、广成、伊阙、辕辕、旋门、孟津、小平津八大关口设置都尉镇守，命令各州郡训练士兵、整点武器、召集义军、准备作战。

时间 183—188

风云人物

医圣张仲景

张仲景是南阳人，他活跃在东汉末年，当时群雄争霸、战乱频仍，人民的日常生活遭到重大破坏，长途的军旅行动也导致伤寒杂病和瘟疫的大流行，黄巾军就是以为人治病起家。张仲景就在这一时期悬壶济世，创造并记载了大量有效的方剂，集结成巨著《伤寒杂病论》。该书是秦汉以来中国医药理论的大成之作，其确立的"辨证论治"原则，是中医临床的基本原则，因为这些卓越的贡献，张仲景被称为医圣。

张仲景塑像

借此机会，皇甫规的侄子皇甫嵩上书请求解除党禁，拿出皇宫的钱财及西园的良马赐给军士，以提升士气。中常侍吕强认为被禁锢的党人会和黄巾军联合，扩大叛乱之势，也建议大赦党人，并诛杀贪官，考查地方官吏是否称职。汉灵帝听了十分害怕，于是接受他们的建议，结束了这场十几年的浩劫。

但此时东汉的内政已经彻底被宦官败坏了，中常侍赵忠、张让等人都被封侯，行事无所忌惮。汉灵帝对他们信任到可笑的地步，经常说："赵忠常侍是我的父亲，张让常侍是我的母亲。"

这些宦官眼看天下大乱，不思为国尽忠，反而将黄巾之乱视为打压异己的机遇，以勾结黄巾为名诬陷害死了不少忠臣。

5 左支右绌的镇压行动

在讨伐黄巾的大战中，孙坚、曹操、刘备等造就三国鼎立局面的英雄人物其实大多参与其中，只不过那时还不是他们的主场。在镇压黄巾战斗中担任主将的是卢植、皇甫嵩、朱俊三人，其中北中郎将卢植负责讨伐张角本部，左中郎将皇甫嵩和右中郎将朱俊分兵两路，负责讨伐颍川的黄巾军。

相比总数以十万计的黄巾军，皇甫嵩和朱俊总共才四万多兵马，因此在作战初期落入下风，皇甫嵩所部被迫退守长社，被黄巾军重重包围。这些黄巾军大多是穷苦灾民，因此军事素养不高，竟然犯了草中结营的大忌，结果大风忽起，被皇甫嵩军士纵火烧得大败。恰好此时骑都尉曹操也赶来援助，于是三人合兵对黄巾军一阵追打，数万黄巾士兵被杀。令人惋惜的是朱俊的护军司马傅燮，他耿直地认为黄巾军不过一群乌合之众，于是上书告诉天子，祸乱不在黄巾而在内朝，立即诛杀祸乱朝廷的阉党才是当务之急。赵忠看到这份奏章，大为光火，屡屡向傅燮身上泼污水，汉灵帝听信谗言，对立下汗马功劳的傅燮，没有半点儿加封。

初战告捷以后，皇甫嵩和朱俊乘胜追击，从颍川打到汝南、陈国，黄巾将领波才、彭脱抵抗不住，手下的黄巾军投降的投降、逃跑的逃跑，颍川、汝南、陈国三地至此平定。

而卢植一面也进展顺利，张角被连连击败，损失了数万人马，最后只能退守太平道的发源地广宗。卢植认为这里不易攻取，因此谨慎地挖掘沟壑，修筑围墙，阻拦黄巾退路，随后精心准备攻城的云梯等器械，很快就要攻下广宗城。不承想这个妥帖的作战计划被宦官破坏了。当时天子关心战况，就派了一个小黄门过来视察。这种巡察的宦官位卑权重，军中一般会给些好处拉拢。但卢植为人清高，不肯向一个小黄门折腰，结果此人回到京城胡说一气，说广宗非常容易拿下，可卢植却坚守不战，别有用心。

汉灵帝急于击破黄巾，竟然不加考虑地将立了大功的卢植像犯人一般

时间 183—188

抓回下狱论罪,派东中郎将董卓代替卢植率军继续镇压黄巾军。同时,他命令皇甫嵩率军北上东郡,朱俊率军加紧进攻宛城赵弘所部的黄巾军。

由于宛城坚固,黄巾众多,达十多万人,朱俊一时无法拿下,围城三个月眼看要建功时,汉灵帝的疑心病又犯了,迷迷糊糊地想把朱俊也换掉。幸好司空张温上表说情,才为他赢得了些时日。就在这宝贵的时间里,朱俊率军加紧进攻终于杀死了宛城统帅赵弘。但黄巾军并不屈服,而是推举韩忠为统帅,继续顽抗。他们的抵抗没有持续多久,朱俊就采用声东击西之计,命令一支军队鸣鼓攻打宛城西南,趁着黄巾军主力被吸引之际,他亲率五千精兵进攻宛城东北,顺利攻入城池。黄巾军顿时大败,韩忠只得率残部退保内城,并请求投降。

东汉绿釉陶人形烛台

可朱俊认为如果随便接受黄巾军投降而不予处置的话,会让百姓产生"作乱能得好处,即便不成功也能投降了事"的错误观念,因而加紧攻城,结果逼得黄巾军垂死挣扎,汉军人少根本打不进去。朱俊这才意识到自己的谬误,下令撤除包围,给黄巾军逃生的机会,瓦解他们的斗志,再利用伏兵将出城逃跑的黄巾军打败。这一战,宛城顺利光复,第一个登上宛城的将领就是司马孙坚。随后这支黄巾军虽然仍有少数叛逃,但已经不成气候,被朱俊追到西鄂精山攻破,其余黄巾军彻底溃散。

相比之下,围困张角的一路汉军却不太顺利,临阵换将后的战况证明了卢植的判断:由于准备不周,继任的董卓屡战不下,只落得个功过相抵,汉军于是再次临阵换将。这次接任的是皇甫嵩。

皇甫嵩到达时,张角已经病死,由他弟弟张梁继续统率黄巾军作战,这支镇守广宗的黄巾军是精心选出的精锐，战力非同小可，皇甫嵩率军数次进攻都落了下风，只好采取偷袭的手段。先是收兵回营休整数日，以放松黄巾军的警惕，随后连夜调动兵马，黎明时出其不意地突袭黄巾军的军营。

经过一天苦战，汉军大获全胜，张梁及三万多黄巾军战死，其余黄巾军试图渡河逃走，结果溺死五万多人。经此大败，黄巾军就只剩下张宝一支主力在曲阳坚守，但这支军队依旧不是皇甫嵩的对手，十一月时就被彻底击败了，被杀、被俘的黄巾士兵有十几万人之多。至此，轰轰烈烈、数十万人参与的黄巾起义短短十个月就被镇压了。这些凭宗教武装的平民虽

奇珍异宝

曹全碑

《曹全碑》全称《汉郃阳令曹全碑》，因曹全字景完，所以又名《曹景完碑》。《曹全碑》系东汉王敞等人为郃阳令曹全记功颂德而立。此碑立于东汉灵帝中平二年（185）十月。全碑共1165字。碑高253厘米，横宽123厘米。《曹全碑》属东汉末隶书完全成熟期的代表作品之一，记载了东汉末年曹全镇压黄巾起义的事件，是研究东汉末年农民起义重要的历史资料，也是现存中国汉代石碑中保存比较完整、字体比较清晰的少数作品之一。

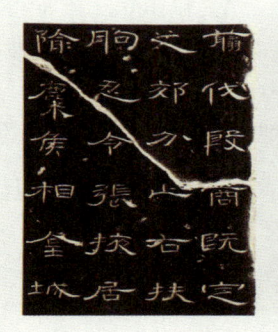

《曹全碑》拓本（局部）

然不是熟悉军事、训练有素的东汉将领的对手,但他们的起义却直接导致地方拥兵自重,这些人有头脑、懂军事,最终成为灭亡东汉的军阀势力。

饮鸩止渴的平乱手段

东汉对黄巾军的胜利,是东汉名将率领专业军队对起义军乌合之众的胜利,是军事上的征服,而非政策上的平抚,所以汉朝的心腹大患仍在。大规模起义被镇压后,各地小股起义不断,名目繁多,例如黑山、白波、黄龙等,势力大的两三万人,势力小的也有六七千人。其中张燕所部兵势最盛,他们收拢山贼盗匪,人数几近百万规模,号称黑山贼,黄河以北的郡县深受其害,朝廷无力镇压,只能承认张燕为平难中郎将,把黄河以北的山头谷底都划给他管辖。当此乱世,西边的羌人也不安分。

188年,黄巾军余部郭大等人在河西白波谷起义,为患太原、河东等地;汝南郡葛陂黄巾军再起,攻下郡县;青州、徐州黄巾军又兴起,攻掠郡县……于是东汉各地都忙于镇压起义,正常社会生产活动完全被打断。

如何彻底镇压起义,成为朝廷当务之急。此时太常刘焉认为四方兵患不休主要是因各州的长官刺史权力太小,不如将部分刺史改为州牧,由有

《汉兖州刺史雒阳令王稚子阙》清拓本

王稚子为东汉和帝时人,元兴元年(105年)卒。其墓在四川新都弥牟镇西北五里,墓前立石阙一对。右阙题"汉故先灵侍御史河内县令王君稚子阙",左阙题"汉故兖州刺史雒阳令王君稚子阙"。皆隶书,字势古朴雄健,向来有名。

清廉名声的重臣担任，让州牧掌握地方军政大权，自行招兵买马平定兵乱。

此政策一出，地方的世族获得空前政治地位，他们在地方威望很高，不仅容易获得州牧职位，而且振臂一呼就是一方诸侯。结果黄巾、羌乱得到缓解，但地方军拥兵自重却逐渐成为一种时尚。他们悄然发展壮大自己的势力，大量收编黄巾溃兵及其他起义军，当利益发生冲突时，甚至会互相攻击，朝廷往往只能事后追认结果。这些地方势力头领有文化，也懂战略，比黄巾军要成气候，他们往往非常重视人才、决策，因此发展非常迅速，中央对他们却越加无能为力。

当时比较有名的军阀有：

幽州刘虞，汉朝的宗室，因为讨伐张纯而实际控制了幽州的军政大权。

并州董卓，他是汉朝的并州牧，在讨伐黄巾、对抗羌人，以及后来讨伐张纯、乌桓首领丘力居的战斗中获得军权。

凉州马腾、韩遂，原本在凉州刺史麾下，后来刺史被杀，就和汉阳人王国一起号称合众将军，控制了凉州地区，被官方定义为叛军。

公孙瓒，在对抗乌桓的过程中起家，当时统率万余步兵、骑兵屯驻右北平。

孙坚，原本是皇甫嵩的部将，在讨伐黄巾时有功，后来被任命为长沙太守，在平定区星反叛时获得军权。

乱世之中，不断兴起的叛乱给了这些军阀积累实力的机会，而汉廷宦官和外戚日益升级的倾轧则点燃了军阀割据的导火索。

知识充电

东汉末十三州　　州是汉朝监察区名。东汉时期，全国划分为十三州：幽州、冀州、并州、兖州、司州（司隶校尉部）、豫州、徐州、荆州、青州、扬州、凉州（先设雍州，后改凉州）、益州、交州。东汉末年，各州或置牧，或置刺史，州牧或者刺史拥有统兵权力。

地图专题 · 黄巾起义

本　　质：动摇了东汉统治根基的农民大起义。

作战双方：太平道首领张角所率黄巾军及其他起义军；东汉官军及地方的豪强地主武装。

背　　景：汉末宦官专政、横征暴敛，加上地方豪强大肆兼并土地，致使大量百姓破产，沦为流民。

透过地图说历史：

"苍天已死，黄天当立，岁在甲子，天下大吉。"

自黄巾起义的口号就能看出，这是一次有浓厚宗教背景的起义行为。黄巾军所信仰的教即太平道，"太平"意为"极大公平"，反映了底层流民朴素的愿望。这一教派为张角所创，到黄巾起义所谓的甲子年（184），张角与弟弟张宝、张梁在河北一带已然传教布置十余年了。

在东汉末年，宦官当政，君主不理朝事，百姓的生活极为困苦，加上自然灾害和瘟疫盛行，使得黄河流域大量农民流离失所。张角三兄弟就假托道教的思想，持九节杖画符念咒，为这些百姓治病，成了流民绝望中的精神寄托，发展到信徒几十万人。

黄巾起义不仅是张角等人的个人行为，也和当政的宦官大有瓜葛，所以事发之时各地起义如风起云涌齐聚首都洛阳。洛阳位于天下中心，在这种情况下便利的地理位置反而让洛阳瞬间成了众矢之的，政府最初的镇压也屡屡受挫。

不过黄巾起义本身也不完全顺利：一则起义之时，计划已经被内奸泄

密，致使起义准备尚不充分；二则东汉政府饮鸩止渴，允许地方豪强组织人马抵抗。这些原因加在一起，导致黄巾军最终被镇压了，但汉朝却多了大量拥兵的豪强，汉朝中央集权的统治基础已经被动摇了。

除以上知识外，读者还可以从这些角度更深刻地理解黄巾起义。

（一）黄巾起义可以说是中国农民战争史上首次利用宗教的思想酝酿组织的大起义。比起陈胜、吴广利用"鱼腹丹书"的迷信行为，太平道提供了更系统的宗教思想。受到这种模式影响，后世经常出现假托宗教的农民斗争，比如太平天国运动。

（二）残余的势力极多、影响很久。比如董卓迁都时攻击他的白波军，比如曹操以黄巾降军组建的青州兵，甚至在袁、曹对抗期间，汝南黄巾仍然是一股势力。

（三）黄巾军不是单纯依靠劫掠地主的流军，后期的黄巾军已经开始建立根据地，实现粮食自给。

15 引狼入室，董卓进京

> 董卓初以虓虎阚为情，因遭崩剥之势，故得蹈藉彝伦，毁裂畿服。……然犹折意缙绅，迟疑陵夺，尚有盗窃之道焉。
>
> ——《后汉书·董卓列传》

【人物】何进、蹇硕、袁绍、汉献帝刘协、少帝刘辩、董卓

【事件】十常侍之乱、董卓进京、董卓立献帝

外戚何进本打算借助外兵逼迫太后铲除宦官，不承想引发十常侍之乱，自己反而死于宦官之手。董卓趁机劫持了皇帝和公卿百官，正式掀开军阀混战的序幕。

十常侍之乱

东汉的心腹大患从来不在外忧而在内患，当时，汉灵帝对宦官的宠信已达到匪夷所思的地步。

平定黄巾之后，豫州刺史王允曾缴获中常侍张让勾结黄巾的证据，但张让一叩头哀求，汉灵帝就不了了之了，反而听信张让的诬告，将王允下狱。

有宦官主张修建宫殿、铸造铜人，汉灵帝就不顾国家危难强行向天下百姓增收每亩十钱的田税钱，并给各郡长官下达筹钱任务。更离谱的是，中平五年（188）为了镇压各地叛乱，汉灵帝设置了西园八校尉，以蹇硕为上军校尉，曹操、袁绍等豪杰都归他统领，就连大将军何进也要受他领属。那蹇硕是何等英雄呢？不过是一个健壮而又懂些军事的小宦官罢了。

此举彻底引发何进和宦官的矛盾，何进当即和尹勋、袁绍等人合谋诛杀蹇硕；而蹇硕也与其他宦官一起劝说皇帝，打算以镇压韩遂为由将何进支走。何进听了，也不拒绝，推说需要等袁绍镇压徐州、兖州的黄巾军返回后出兵，以此拖延时间。

两方相持不下，一直拖到中平六年（189）汉灵帝病死。灵帝死前，何进多次建议立何皇后的儿子刘辩为太子，但灵帝觉得刘辩行为轻佻，有意立寄养在董太后处的儿子刘协为帝，临终前将刘协托付给蹇硕。蹇硕明白，荣华富贵就在此刻了，于是打算请何进入宫将其杀掉。不承想消息走漏，何进于是称病辞绝。

两方博弈之下，还是大将军何进权柄更重，于是刘辩被立为帝，即汉少帝。而宦官蹇硕虽然落败，但仍然掌握皇宫禁军，他明白，何进掌权自己绝无善果，于是给中常侍赵忠等人写信，建议强行斩杀何进。宦官并非铁板一块，比起冒险作乱，赵忠等人觉得自己和何家无冤无仇，归附即可，不必冒险作乱，就拒绝蹇硕的提议，将信件给何进看。于是蹇硕反被何进诛杀。汉朝遂由太皇太后董氏和皇太后何氏共同执政。

一个皇太后，一个太皇太后，两人同时听政，结果矛盾重重。仗着儿子是天子，何太后屡屡否决太皇太后的政见，气得董氏大骂："你不就是凭着你哥哥何进吗？骠骑将军董重砍他的头易如反掌！"何进听了大怒，当即以藩镇诸侯不得留京师为借口将董重逼死了，董太后没了依靠，也忧惧而死。

志得意满的何进于是起了铲除宦官、大权独揽的心思，恰好这时太傅袁隗的侄子袁绍也劝他尽快除掉宦官。何进大喜，因为袁氏累世宠贵，连续四代人出任三公，门生故吏遍天下，有袁家支持，大事便可成了。可他的妹妹何太后不赞同，因为宦官掌权确实便利，而且自古如此。何太后的母亲与何进的弟弟何苗也因为受过宦官的好处而极力劝阻，还怀疑何进是想擅权。由于何太后以及一些何家人的不信任，何进诛杀宦官的计划迟迟不能推行。

时间 188—189

袁绍闻讯又生一计，建议何进密令四方猛将及大批豪杰率兵到洛阳，何太后看到兵马自然害怕，这事也就成了，何进觉得不错，立即着手准备。

当时典军校尉曹操也在京师，听后哈哈大笑，说："宦官的存在从古至今都是有利的，只不过君主不该给他们如此大的权柄罢了。就算要治罪，也不过派个官差抓捕首恶即可，哪用得到召集各方人马？如果非要将宦官除尽，那消息就必然走漏，这事一定会失败。"

曹操的分析完全正确，而何进在征召外兵时又偏偏选了最危险的董卓。在此之前，董卓拥兵自重，已经连续两次拒绝中央的调令了。这一次，董卓闻到了腥味，立即率兵急速赶来。

董卓即将进兵洛阳城西的平乐观的消息传来，何太后真的害怕了，将周围的宦官悉数罢免，只留下一些何进的亲信守在宫中。一时间，宦官惶惶不可终日。虽然不久后何太后准许常侍们回到宫中，但常侍们的心还没放下就窃听到了何进要杀光诸常侍的计划。

东汉　人俑

生死关头，张让打算铤而走险，带领常侍段珪、毕岚等几十个宦官，拿着兵器悄悄地从侧门进宫，埋伏起来，等何进从何太后那里出来后，一个宦官急忙赶来，对何进说何太后有事让他再回去一趟。何进不知是计，一回身就被埋伏的宦官们捉住杀死。等到何进的部下反应过来，接过的已经是一颗冰冷的人头了。

虽然宦官们对外宣布何进谋反，但何进的兵权还是被其亲信把持，这决定了宦官们成不了太大气候。何进的亲信想带兵入宫，却因宫门紧闭进不去，于是虎贲中郎将袁术纵火烧南宫的青琐门，袁绍等人则很快带兵攻进内宫，下令诛杀所有宦官，两千多人因此毙命。张让等人无计可施，只好挟持天子、陈留王刘协外逃，逃到黄河渡口小平津时被尚书卢植等人拦住。见走投无路，张让等宦官被迫自杀谢罪。

作乱的宦官们死绝了，宫中燃起的火光却引来了更凶恶的董卓，他率军急进，在洛阳城北赶上了即将回宫的天子。

5 入京的豺狼董卓

前文说过，董卓发迹于西方，所以他的军队形成以凉州人为主体、兼杂胡人和汉人的建制特色，被称为凉州兵，由于常年在边境打仗，所以凉州兵战斗力强，残暴野蛮。

眼见这些骄兵悍将逼近，才十四岁的皇帝刘辩吓得痛哭流涕，公卿大臣们也赶紧威胁董卓，说皇帝下诏要他退兵，董卓哪里会理？当即挟持天子和公卿回到洛阳城中，以武力把控了局面。

董卓刚进京时，由于行程仓促，所带的凉州兵不过三千左右，之所以能控制政局，一是董卓挟持了天子公卿，二是何进忽然被杀，京城军队未被有效控制。除董卓以外，控制禁军的执金吾丁原、何进的兄弟部属，以及在平定宫乱中表现出色的袁绍都有一些人马。

此时正好西园八校尉之一的鲍信从泰山募兵回来，手握生力军的他劝谏袁绍说："董卓带强兵而来，肯定别有野心，如果现在不想办法除掉他，今后必将受他所制。如今，董卓手下大军刚到，正是疲惫之时，只要发兵突袭就可以除掉他。"可

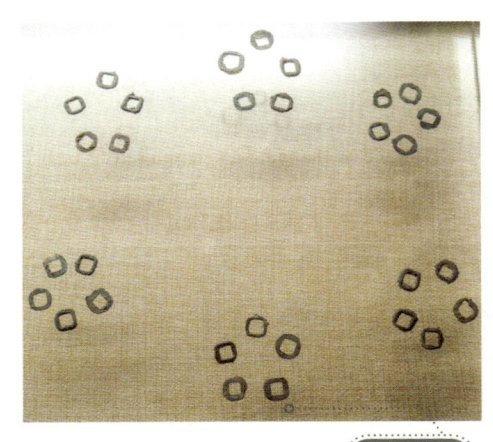

董卓小钱

> **中外对比**
>
> 189 年，董卓率兵进入洛阳，天下大乱，群雄并起。
>
> 192 年，罗马安东尼王朝灭亡，罗马进入最混乱的时期，此后数年，"三世纪危机"爆发于罗马。

袁绍惧怕董卓，不敢发兵，鲍信孤掌难鸣，只得带兵退回泰山。

事实印证了鲍信的推断，董卓刚到洛阳时外表强势，其实兵员根本不足以控制京城，所以他一到夜里就把几千人马悄悄调出城去，第二天又大张旗鼓地从城门开进来，造成不断有凉州援兵赶来的假象。演了四五天后，何进兄弟的部属推算董卓人马已经接近两万，吓得赶紧率军归附。董卓因此兵力暴增。有了底气后，董卓又拉拢丁原的手下吕布造反，杀死丁原，接管了他的军队。从此，洛阳再没有能威胁董卓的势力了。

于是，胆大包天的董卓明目张胆地调换公卿，迫使朝廷免除司空刘弘的职务，自己当司空。同时暗中培养爪牙，广为收罗亲信，用拉拢、诱惑、排挤等手段打击、陷害于己不利的势力和集团。不仅如此，董卓还利用手中特权，将因党锢之祸流亡十二年的当朝大文学家蔡邕征来做官，蔡邕并不愿意，但董卓以灭族为威胁，他也就只好答应了。这不是说董卓多爱名士，他只是想借厚待蔡邕迷惑天下士人的心。除在朝廷各部安排亲信势力外，董卓还通过任命太守、刺史等手段将爪牙安置到地方去。通过层层安置耳目，董卓基本控制了朝廷和地方主要政治力量。

我董卓的刀不够利吗？

为进一步独揽朝政，董卓起了将皇帝刘辩废掉、改立陈留王刘协为帝的想法。这样做好处很多：一来陈留王的年纪更小，且亲族都被何进清洗过,非常便于控制;二来如今的皇帝对他只有痛恨,可重新拥立的陈留王却会多少感念他的拥立之恩。

为确保成功,董卓谨慎地叫来袁绍,试图争取袁氏的支持。袁绍当即反对,冷冷地说:"汉家已经传国四百多年了,统治深入人心,如今陛下年龄尚幼,又没有什么过错,您废除嫡子改立庶子,恐怕不得人心吧!"

董卓一听,大怒,手握宝剑,骂道:"你这臭小子怎么敢这样和我说话?天下大事我说了算,我想做的事谁敢不服?你是觉得我董卓的刀不够利吗?"

"天下的强者难道只有董公你吗?"袁绍也勃然大怒,手握佩刀,愤然而去。

不欢而散以后,袁绍和董卓都明白彼此再无合作的可能,碍于袁氏威望太高,董卓又急于废帝,于是没有节外生枝。袁绍也很识趣,很快就将司隶校尉的符节悬挂在上东门,火速逃到冀州去了。

没有袁氏阻挠,董卓更加明目张胆,当年九月,他就召集文武百官,在朝堂上嚣张地问:"现在的皇帝又昏庸又弱小,不堪重任啊,我想学学伊尹、霍光,改立陈留王为帝,如何啊?"

风云人物

大儒卢植

卢植是东汉涿郡涿县人(今河北涿州)。他少年时师从大儒马融,颇有名声。朝廷屡次征他为官,卢植却多次婉拒,最后才出仕做了博士。步入仕途的卢植政绩斐然,先是平定九江少数民族叛乱有功,后来又投身黄巾平叛,和张角直接作战。卢植的学术水平也很高,被称为"海内之望",汉末军阀公孙瓒、刘备都出自他的门下,范阳卢氏也因为他的缘故成为后世显赫的门第。

时间 188—189

掐丝镶嵌金天禄

天禄是一种有吉祥寓意的古代神兽，它形似狮子而有双翅，是汉宫常见的题材。当年汉灵帝整修玉堂殿，就以铜铸造了天禄。

满朝文武鸦雀无声，董卓非常得意，又威胁道："当年霍光废立天子，田延年手握宝剑在侧，今天也得这样，谁敢干扰国家大事就军法处置！"

说到这儿，尚书卢植听不下去了，挺身而出，驳斥道："当年伊尹废太甲是因为太甲昏庸，霍光废昌邑王是因为昌邑王做了上千件错事，当今皇帝尚且年幼，并无过错，你凭什么拿今天的事和前朝类比？"董卓大怒，若非蔡邕求情、议郎彭伯劝阻就要杀了卢植，最后因卢植名声在外才将他罢官了事。

卢植是平定黄巾的大功臣，也是名满天下的大儒，还是刘备的老师。这位忠直的臣子被罢黜以后，再无人敢质疑废立之事。

于是汉少帝刘辩被废，何太后被赐毒而死，陈留王刘协于中平六年（189）即位，也即汉献帝。董卓则顺利成为三公之上的相国，上朝时完全不拘礼节，可以昂首阔步，穿鞋带剑，跋扈到了极点。国库里的金珠宝贝都成了他的私藏，洛阳的豪门大户大多被他纵兵抢劫，金银财宝充公，妇女美人被军人霸占。

董卓虽然残暴，但还是试图拉拢一些盟友，因此虚情假意地矫正桓灵时代的弊政,为党人恢复名誉、爵位,征召名士入朝为官,并将袁绍免罪,给袁绍、袁术、曹操各自加封官职。

他的拉拢注定要落空,因为党人本身就是最坚定的爱国者,而曹操、袁绍等豪杰此时早已起了争霸天下的心思。

奇珍异宝

玉衣

这件银缕玉衣,属于第二代费亭侯、曾经位列三公的曹嵩,也就是曹操的生父。玉衣又称玉匣,是古代君王和贵族死后所着的丧服,分为金缕玉衣、银缕玉衣和铜缕玉衣三种,它既承载了古人渴望尸骨不朽的妄念,又是一种身份和地位的象征。从东周时的"缀玉面幕""缀玉衣服"到三国时曹丕下令禁止使用,玉衣大约流行了四百年。

东汉太尉、费亭侯曹嵩银缕玉衣

引狼入室,董卓进京

时间 190—195

16 董卓灭亡，天子蒙难

> 汉末大乱，雄杰并起。若董卓、吕布、二袁、韩、马、张、杨、刘表之徒，兼州董郡，众动万计，叱咤之间，皆自谓汉祖可踵，桓、文易迈。
>
> ——《华阳国志》

【人物】董卓、孙坚、袁绍、王允、吕布、李傕、郭汜

【事件】诸侯反董、火烧洛阳、迁都长安、吕布除董

> 董卓无疑是令人憎恨的，但更可惜的是除掉董卓后，王允错误地将董卓旧部逼反，致使东汉朝廷被血洗，公卿大臣乃至天子的体面，全都在流亡中成了笑话，彻底失去了重掌乾坤的可能。

各怀鬼胎的反董联盟

董卓的政策不得人心，因此袁术和曹操都逃奔出京，各自到地方招兵买马，准备讨伐董卓。袁绍也以渤海郡为根据地，招兵买马准备起事。这些人控制的地盘大抵在东面，所以又称关东州郡。关东州郡想要攻打京师所在的司隶就必须先过冀州。而冀州牧韩馥是董卓所立，他布下很多兵马死死守住冀州，派兵监视袁绍，使之无法发兵。

此时，东郡太守桥瑁想出一条妙计，他假借京师三公的名义向各个州郡下发文书，说天子、公卿都被董卓逼迫，无以自救，渴望各地豪杰发起

义兵拯救国难。韩馥看了文书，犹豫一番后决定起兵反董，但他不愿担太大风险，于是给袁绍写信，建议袁绍做这个出头鸟。

于是初平元年（190）正月，关东州郡纷纷推举袁绍为盟主，相继起兵讨伐董卓。参与的势力有十几股，大体都是州郡的长官，每股势力都有几万人马。

董卓大怒，打算大肆征兵和关东的诸侯大战一场，但洛阳面积有限，虽然险要但在地理条件上不利于大股军队驻屯。董卓便想把都城迁到离自己根据地凉州更近的长安。于是他召集公卿，以所谓的《石包谶》为噱头，说汉高祖刘邦在长安建都传了十一代，光武帝在洛阳建都如今也传了十一代，说明天子又该迁都长安了。

大臣们听了默然不语，但心中都非常不愿意，因为西京长安已经荒废几百年了，远远不如经营多代的洛阳。但反对迁都的三公被免职，劝谏的大臣因惹怒董卓被杀，所以再没人敢坚持抗议。

当年春天，在董卓的逼迫下，东汉的天子、妃嫔、文武百官就都驾车西迁了，剩下的百姓，家财丰厚的被董卓以种种罪名诛杀，财产充公，贫穷的则像牲畜一般被驱赶，饿死、病死的随处可见。为防止官员和百姓逃回故都洛阳，董卓将洛阳城及附近两百里内的宫殿、宗庙、府库等大批建筑物全部纵火烧毁，派吕布率军洗劫皇家陵墓和公卿以下坟冢，尽收珍宝。昔日兴盛繁华的洛阳城，瞬息之间变成一片废墟，凄凉惨景令人顿首痛惜。

由于要处理战事，董卓本人仍然留在

东吴　青瓷鹰尊

洛阳。

这是一个难得的机会,当时负责主管长安一带的长官盖勋听到消息后立即联络驻守长安周边的左将军皇甫嵩,讨伐董卓。按盖勋的谋划,董卓已经对他二人下了征召令,此去定然凶多吉少,而皇甫嵩手上有三万人马,不如将天子接到手中,然后和关东州郡夹击董卓,这样董卓必然束手就擒。可惜皇甫嵩没有听从,反而接受董卓的征召,错失大好时机不说,还差点儿死在董卓手上。

由于无人阻拦,在董卓的威逼之下,皇室车驾在当年三月就完成迁移,住进了长安的废墟。

而声势浩大的关东诸侯除了让袁绍、河内太守王匡驻屯河内,让冀州牧韩馥留守邺城为这两人供给军粮,让豫州刺史孔伷屯驻颍川,让袁术任后将军驻屯鲁阳以外,剩下的都集结在酸枣,迟迟未有动静。

风云人物

倒霉才子蔡邕

蔡邕是汉末惊才绝艳的文学家、书法家、画家,精通经史、音律、天文,文章言辞超逸绝伦。其书法"骨气洞达,爽爽有神",在当时家喻户晓,以致后世得到汉末碑刻,往往附会为蔡邕亲笔。蔡邕一生运气很差,在灵帝时因为直言议论朝政疏漏被诬陷流放,虽然赶上赦免,但依旧亡命江湖十余年。董卓专政后,为了提升自己的名声,强迫很多名士为官,蔡邕首当其冲。后来董卓败亡,蔡邕因为感念董卓的知遇之恩,被王允逮捕,死于监狱。

5 各打各的关东诸侯

关东州郡的诸侯在做什么？原来，他们畏惧董卓的凉州兵马强大，谁也不肯率先攻击董卓，反倒是自己人之间摩擦不断，有心者借此大举扩充实力。

当时，荆州刺史王睿和武陵太守曹寅关系很差，因此起兵后王睿便扬言要先杀死曹寅，消息传开，曹寅非常恐惧，决定伪造写有王睿罪行的公文，向勇武善战、同样和王睿关系不好的长沙太守孙坚告状，要求拘捕王睿。孙坚正好想扩充实力，得到这份公文后借机攻灭了王睿，把人马扩充到几万人，这才掉头北上，讨伐董卓。可走到南阳时，南阳太守张咨不肯供应军粮，孙坚于是一不做二不休，把张咨也杀了，进一步壮大了实力。得了好处后，孙坚把南阳让给袁绍的兄弟袁术，于是对他这番内斗的行为也就没人敢说不是了。

王睿被杀，引发一串蝴蝶效应，荆州成了烫嘴的山芋：江南的盗贼借荆州无主大为肆虐，袁术得到南阳后也对富饶的荆州起了贪心，就连董卓把控的伪政权也借机任命北军中候刘表为荆州刺史。出人意料的是，在盗

东汉　四骑吏持棨戟画拓片

时间 190—195

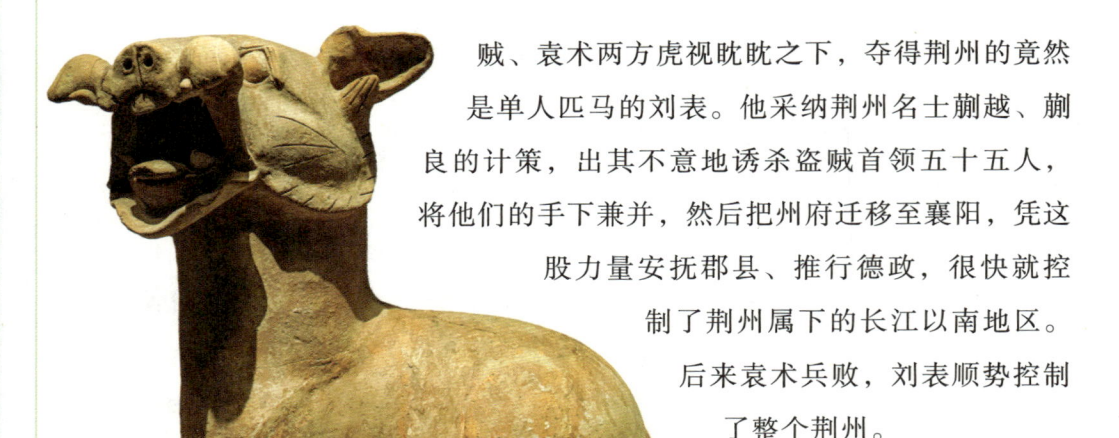

卧姿红陶狗

贼、袁术两方虎视眈眈之下，夺得荆州的竟然是单人匹马的刘表。他采纳荆州名士蒯越、蒯良的计策，出其不意地诱杀盗贼首领五十五人，将他们的手下兼并，然后把州府迁移至襄阳，凭这股力量安抚郡县、推行德政，很快就控制了荆州属下的长江以南地区。后来袁术兵败，刘表顺势控制了整个荆州。

关东诸侯中真正求战的只有曹操，他率领军队向西进发，济北国相鲍信率军和张邈的部将卫兹带一部兵马协助他，结果在荥阳汴水遭遇董卓部将徐荣的大军，曹操力战整日，最终因寡不敌众落败。这股小部队的勇猛震慑到了徐荣，他误以为屯驻酸枣的联军都这般骁勇，竟然放弃酸枣退兵了。而曹操狼狈回营，看见酸枣十几万整天喝酒聚会不务正业的大军，气不打一处来，屡次建议出兵无效后索性和夏侯惇一起回扬州募兵单干了。

曹操走后，酸枣联军的军粮也不多了，于是先后解散，开始各自为战。有的回领地发展经济，有的急着镇压黄巾余孽，有的干脆互相攻杀、公报私仇。人心一散，原本主攻的河内太守王匡就遭殃了，他在河阳津被董卓绕道偷袭，几乎全军覆没。

战事拖到初平二年（191），袁绍和韩馥认为夺回天子无望，于是起了立汉朝宗室、幽州牧刘虞为新君的心思，但无论是刘虞还是袁术，都坚决反对。此事最终不了了之，可关东诸侯的矛盾却越来越多了。

在各自为战的将领中，孙坚是最有战功的。

他在鲁阳之战胜利后进军梁县以东，虽一度被董卓部将徐荣击败，但越挫越勇，很快就收拢流散的部属进驻梁县之西的阳人，准备再度讨伐董卓。董卓闻讯，派东郡太守胡轸和吕布率军迎战，这两人素有矛盾，因此在作战中配合不力，破绽屡出，结果白送了孙坚一场大胜，董卓军中的都尉华雄也被斩杀，这段故事就是温酒斩华雄的历史原典，只不过主角不是关羽，威震乾坤第一功的获得者其实是江东孙坚。

吕布一败，孙坚的人马离洛阳就只有百十里，简直是朝发夕至。眼看大功告成，袁术却受人挑拨，认为董卓如狼，孙坚似虎，一旦让孙坚得到洛阳后果不堪设想，就对孙坚起了疑心，竟自作主张断了孙坚军队的供粮。

孙坚到底是个有些英雄气的人，他耐住性子，连夜赶往鲁阳去见袁术，说："董卓和我孙坚并无仇怨，我之所以奋战至今不过是上为国家除贼，下为将军报仇。可将军却听信小人拨弄之言怀疑我，这是为什么？"袁术对孙坚顿时恭敬起来，感觉很不自在，当即恢复供粮。

董卓害怕孙坚勇猛强壮，只得派将军李傕去向孙坚求和，甚至连和亲

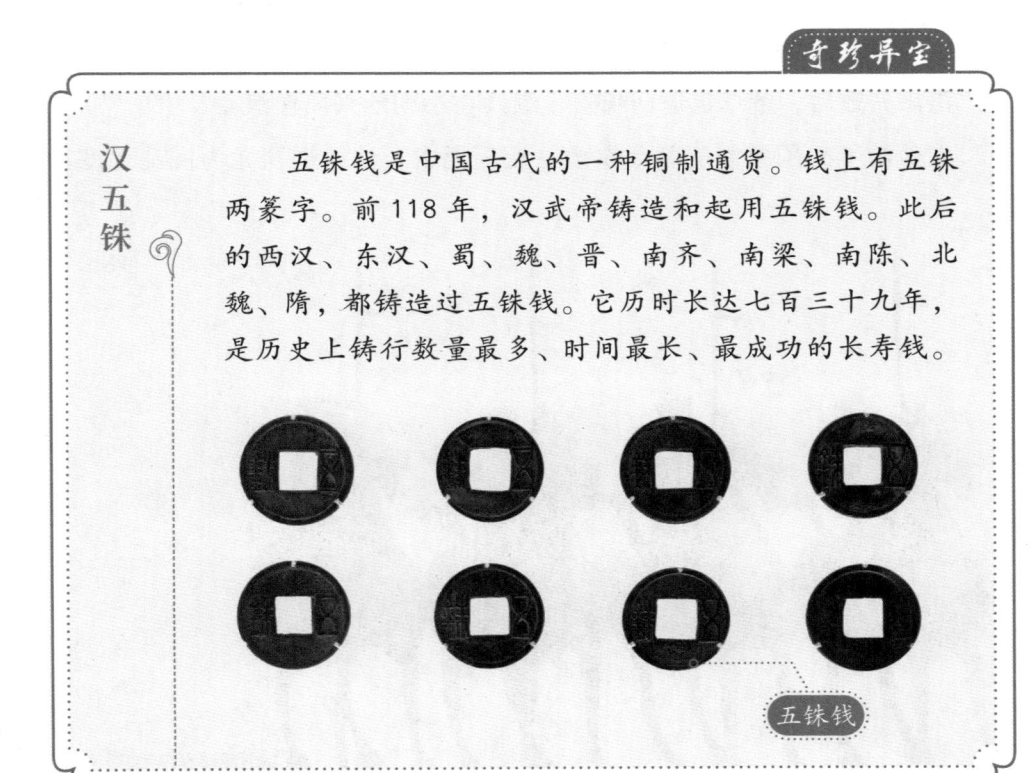

奇珍异宝

汉五铢

五铢钱是中国古代的一种铜制通货。钱上有五铢两篆字。前118年，汉武帝铸造和起用五铢钱。此后的西汉、东汉、蜀、魏、晋、南齐、南梁、南陈、北魏、隋，都铸造过五铢钱。它历时长达七百三十九年，是历史上铸行数量最多、时间最长、最成功的长寿钱。

五铢钱

封爵的条件都提了出来。但对董卓派来的使者，孙坚大义凛然，骂道："董卓大逆不道，不把你三族灭尽，以示四海，我死不瞑目，谁要跟你和亲！"说罢，孙坚再次进兵大谷关，直逼洛阳。

董卓也恼火了，亲自和孙坚在汉朝皇家陵园之间大战，但仍然无法抵挡，只好退居渑池，在陕县集结兵力。孙坚于是乘胜进军洛阳，将留守的吕布也击败了。打败吕布后，孙坚攻占洛阳，休整军队后分兵两路进攻新安和渑池。至此，被摧残两年以后，洛阳终于摆脱了凉州兵的魔掌。孙坚到达时，洛阳已是一片废墟，孙坚能做的也只是洒扫汉朝皇帝的庙宇，修填被盗掘的陵墓，然后退回鲁阳而已。也许是好人好报，进入洛阳后，孙坚意外在一口井中捞到了十常侍之乱中遗失的汉朝传国玉玺。

5 靠不住的干儿子

洛阳一败后，董卓也退回长安，继续在小朝廷兴风作浪。

在他治下，国家制度朝令夕改，反复无常，法律刑罚尤为混乱无度：

东汉　执戟铜骑士俑

对普通老百姓实施严刑酷法，对其亲信则违法不究，有罪无罪都取决于董卓的意思。

为了聚敛巨额财富，董卓还大量毁坏通行的五铢钱，下令将长安和洛阳的所有铜人、铜钟和铜马打破，重新铸成小钱。粗制滥造的小钱没能解决财政危机，反而导致严重的通货膨胀，一石米竟然贵达数万钱。

老百姓苦不堪言，生活陷于极度痛苦之中。董卓却利用搜刮来的钱财，整日歌舞升平、寻欢作乐，生活荒淫无度。他在长安城外不远处修建了城墙高厚皆七丈的坞堡，在里面存放搜刮来的财物和可以吃三十年的粮食，得意地说："事成，雄据天下；不成，守此足以毕老。"

然而董卓没有想到，不仅关东诸侯反他，他身边的人，也有冒死反他的，比如初平二年（191），他招降的汉将朱俊就和关东诸侯联合，起兵造反了。更让他始料未及的是初平三年（192），被他收为义子的吕布也反了。

吕布骁勇善战，深受董卓恩宠，自打背叛丁原以后，董卓把他从一个司马提拔到中郎将的要职，还给他封侯晋爵，连保护自己安全的重任都交给了他。受此大恩，吕布本来不该有谋反的心思，但董卓有个毛病，就是薄情易怒。

有一次，吕布不小心得罪董卓。董卓大怒，竟随手抽出手戟向吕布丢去。吕布眼疾手快，闪身躲过，但董卓愤怒的样子让他后怕，两人间的信

知识充电

功用繁多的戟

戟是矛与戈的组装，具有刺、啄、勾、推等多种功能，马战、步战与车战都适用。因其形似"卜"字，故又称卜字戟，是汉军突击匈奴军队的主要利器。戟也可以用作仪仗，如有缯衣或油漆的木戟——棨戟。

任也就有了裂痕。后来，吕布又因为好色犯下了和董卓婢女私通的事情，心中有鬼的他就更不敢信任董卓了。

正好此时被董卓折磨已久的朝臣们也起了反心，主事的司徒王允便借机善待吕布，一来二去，吕布就把一肚子苦水都告知了王允。王允明白机会来了，立即把诛杀董卓的计划告诉吕布，要求他充当内应。

吕布听后，有些犹疑，说："我和他可是有父子之情的啊。"

王允见吕布没有生气，知道事情成了，便开导吕布说："你姓吕，他姓董，本来就不是亲生骨肉关系。现在你的小命都随时会被他拿走，还谈什么父子？他向你掷刀戟时，把你当儿子看了吗？"吕布听后觉得罪恶感大减，最终答应配合行动。

作为贴身侍卫，吕布杀董卓太容易了。初平三年（192），他安排十多名亲兵换上卫士装束，隐蔽在宫殿路旁，等到董卓的车驾一来就提枪刺杀。董卓猝不及防，被一枪捅下马车，但他身穿坚甲，只是受了轻伤，危难之时他赶忙大呼吕布在哪儿。可吕布冷笑一声，几下就刺死了他。

董卓死后，吕布从容掏出诏书，高声喝道："皇上有令，诛杀董卓，其余人等，一概不问罪！"

消息传开，满朝文武和士兵都高呼万岁。长安老百姓高兴得在大街小巷载歌载舞，共同庆祝，长安城的权力于是落到吕布和王允手中。

史海辨真

方天画戟

方天画戟是一种古代兵器，因其戟杆上加彩绘装饰，又称画杆方天戟，是顶端作井字形的长戟。《三国演义》里吕布手持方天画戟，骑着赤兔马，成为东汉末年令人瞩目的武将，但实际上方天画戟更多的是为塑造人物做的艺术加工，现实中主要用作仪仗。

长安大乱，天子蒙难

王允对汉室非常忠诚，诛杀董卓后他本该开拓一个扶危济困的复兴之局，但因为他的优柔寡断，结果再度酿成一场灾难。

此时的王允极难用一个词语概括，说他残忍，他又驳回了吕布将董卓亲兵全部屠杀的建议。说他仁慈，他又以为董卓叹息为由逼死了名高天下的蔡邕。说他贪婪，可他喝止了吕布瓜分董卓财宝的建议。说他清高，他又因董卓之死骄傲自大，看不起满朝公卿。

王允的连番作为让残忍好利的吕布大失所望，二人开始离心离德，长安城里于是再度暗流汹涌。由于迟迟定不下对董卓旧部的处理意见，长安城里谣言四起，百姓都说王允要杀尽凉州之人。

当时，董卓的旧部群龙无首，很多都已逃散，比较有实力的是在外作战的将领李傕、郭汜等人，他们没什么见识，被王允拒绝赦免后更加害怕，商量之下觉得应该让军队解散，逃回乡里，各谋生路。但他们军中的讨虏校尉贾诩是个极有谋略的人，制止道："你们如果离开军队单独逃命，恐怕连一个小小的亭长都能决定你们的生死，还不如收拢兵马西攻长安，事成了就奉迎天子建功立业，就算不行再跑不迟。"

李傕、郭汜等人已被逼上绝路，对贾诩的建议深以为然，于是彼此结盟率领数千人马一路向西，等来到长安时，竟然收拢了十万之众，将长安城团团围住。吕布虽然和王允已经二心，但眼下只得同舟共济。凭借坚固的长安城，他们抵抗了足足八天。只可惜王允此前对董卓旧部的处置不得人心，以致

绿釉陶水榭

吕布军中出了叛徒,他们把大门打开,任由十万凉州兵长驱直入。

吕布率军迎战但无险可守,只得带领几百骑兵落荒而逃,临行之际他试图拉上王允,但王允拒绝了。王允虽然不明智,但确实很忠诚,不忍抛下幼弱的天子。最终忠臣王允落得一家殉难的下场。

和有心吞并天下的董卓不同,李傕、郭汜等人完全是草莽人物,胸无大志,做事也就全无顾忌。占领长安以后,他们纵兵大掠,几度想对皇帝下毒手,即便董卓在世也不过如此了。当时一些爱国的郡守、国相以徐州刺史陶谦为首,打算推举车骑将军朱俊为太师再次号召联军征李傕、郭汜等人,将天子迎回洛阳。但这支叛军的谋士贾诩很厉害,一纸诏书就把朱俊征召走了。其他各路诸侯忙于发展,根本不理天子。

于是李傕、郭汜等人控制长安,荼毒天子,作恶竟然几近四年。其间,只有马腾、韩遂曾因个人恩怨前来攻打,但在贾诩的计策之下两人攻之不下,只能罢军撤退。

随着掌权日久,李傕、郭汜等人之间矛盾日深,互相猜忌。后来,李傕、郭汜这两个虎狼之徒的争斗竟然发展到率军火并,在长安城中大战的局面。为了宣示正统,李傕乘机挟持皇帝,郭汜则挟持公卿大臣,两人由城内打到城外,汉献帝和满朝公卿及谋士贾诩多次劝两人罢斗,全都收效甚微。

两人忙于争斗,也就全顾不上天子和百姓了。乱军之中,汉献帝堂堂天子和侍奉左右的朝臣被饿得头昏眼花,只好哀求李傕赐下五斗白米、五具牛骨解饿。但李傕冷嘲热讽,说:"早晚两次送饭,还用吃米吗?"只丢了一堆发臭的牛骨头给他们啃。天子尚且如此,何况百姓呢。董卓刚死时,三辅地区的百姓还有几十万户,可由于李傕、郭汜等人肆虐纵兵抢掠,加上饥荒,两年以后百姓就饿得人吃人,户口几乎消耗殆尽,两三年后关中几乎没了人烟。

两人内斗最终郭汜占了上风,而汉献帝借此机会带着一些亲卫和朝臣趁乱逃出了长安城。李傕、郭汜意识到大事不妙,于是表面和解,追赶御驾,打算将天子截回,御驾于是走走停停。幸好一路有杨奉、董承等臣子拼死抵抗，又有零星的地方兵马支援。

汉献帝最终来到陕县，在此渡过黄河以后马上就能到洛阳了。由于河水汹涌，渡船不足，汉献帝只能丢下宫女、吏民，只带了几十人渡过黄河，剩下的百姓、官员、宫女都被李傕的追兵劫掠，下场凄惨无比。

此时才有零星的诸侯前来提供一些粮食衣物，比如河内太守张杨、河东太守王邑，但他们各怀鬼胎，多半是为了讨封，或别有目的。他们部下的将领竞相向汉献帝讨要官职，因为任命官员太多，连封赏的印章都来不及刻，已经穷困至极的汉献帝，只能拿铁锥划印充数。诸侯们见天子无用，虽然做不出李傕、郭汜的举动，但也全无尊重了，就放任天子在用荆棘围成的篱笆房里朝见百官，其手下士兵更是趴在篱笆上指指点点，把天子上朝当猴戏看。

直到建安元年（196），曹操将天子迎到许都，汉献帝这个傀儡天子才有了几分体面。

风云人物

神医华佗

华佗（约145—208），名旉，字元化，东汉末年沛国谯人，著名医学家，与董奉、张仲景并称为"建安三神医"。他医术全面，尤其擅长外科，精于手术，并精通内、妇、儿、针灸各科。曾发明"麻沸散"用于外科手术麻醉。晚年因遭曹操怀疑，下狱被拷问致死。据说华佗曾将毕生的医学理论在狱中写入《青囊书》，但此书无人敢为他留存于世。

华佗画像

地图专题 诸侯讨董

本　　质：关东诸郡长官联合驱逐试图篡夺朝政的西部军阀董卓。

作战双方：董卓；袁术、孔伷、王匡、袁绍、鲍信、张邈、曹操等。

背　　景：汉末宦官专政，大将军何进考虑失当，引进军阀来清缴宦官，致使董卓军轻易控制了朝廷。董卓为人残暴，大肆打压异己，引起关东豪强和世家的不满。

透过地图说历史：

《三国演义》中，十八路诸侯打董卓是精彩万分的一仗，各路大军齐聚虎牢关下，刘、关、张三英战吕布。但事实上，刘备当时投靠于公孙瓒帐下，而公孙瓒正在争夺地盘，刘备自然也是缺席了的，曹操虽然在列，但那时他还不太有分量。

虎牢关是确有此地的，并且是当时洛阳防守的重中之重。从地图可以看出，洛阳以北是黄河天险，以南有高大的山脉、湍急的河流阻隔，西面则是董卓的根据地，所以位于洛阳东面、紧靠黄河边的虎牢关显然就是关东长官们进攻董卓最重要的路径。

再看各路诸侯的驻地，包括曹操在内的一群人驻扎在酸枣，袁绍和王匡驻扎在怀县，都和虎牢关很近，很方便地就能叩关挑战，而孔伷驻扎在阳翟，袁术远在鲁阳，似乎进攻董卓的意愿就不那么强烈。

事实上，眼见汉室危在旦夕，各路诸侯也都各怀心思，真正肯出力报国的人非常少，所以十八路诸侯虽然将洛阳包围，但根本就没有发起全面

的攻势，等到粮草消耗得差不多了也就基本退去了，反而是最晚来的孙坚真的和董卓打了几仗。

比起乏善可陈的对峙历程，董卓执意迁都的原因是更值得探讨的。虎牢关前的这场对峙，其实是关西的并州、凉州军阀和关东州牧势力及黄巾残余的一场对峙。

对峙之前，残暴的董卓虽然控制了朝廷，可关东的州牧却不认这个朝廷。这些州牧的辖区是重要的钱粮基地，他们不合作等于断了董卓的财赋来源，一定程度上迫使了董卓军进行劫掠。与此同时，黄巾残余势力的威胁，也使得虎牢关前的双方时时担心后院起火，不愿在此爆发大战。比如洛阳以西的十万白波军，就是逼迫董卓迁都的当头利刃，如果他们南下，董卓将和关西根据地彻底失联。

时间 191—198

17 群雄逐鹿

> 东汉之微，豪杰并起而争天下，人各操其所争之资。盖二袁以势，吕布以勇，而曹公以智，刘备、孙权各挟乎智勇之微而不全者也。
>
> ——《何博士备论·魏论上》

【人物】袁绍、袁术、孙坚、孙策、刘备、曹操

【事件】二袁争霸主、孙氏得江东、刘备大颠沛

讨董闹剧向天下声明，汉家心已散，群雄逐鹿时。在这军阀吞并的数年间，各路诸侯以袁绍、袁术兄弟最强，以孙坚一门最勇，以刘备为最重要的伏笔，而真正把握住历史走向的则是曹操。

袁氏兄弟争霸战

袁绍和袁术都是汉末最大门阀袁氏的后代。袁绍年长但是母亲地位很低，年幼的袁术却是袁家嫡出，所以两人关系一直不太融洽。

董卓进京以后，为拉拢袁氏，封袁术为后将军。袁术自然不敢赴任，于是逃向南阳。他的运气很好，到南阳不久，孙坚就以南阳太守不供粮为由擅自杀掉南阳太守。孙坚威望不够不敢强占南阳，于是就找到袁术，把富庶的南阳让给了他，借袁术的盛名平息此事。凭着有百万人口的南阳，袁术迅速发展壮大，有了取汉代之的野心。不承想哥哥袁绍却主张立刘虞为帝，两兄弟因此关系恶化。袁术也就无心抗董，而是集中力量在淮南一

带兼并土地。

袁绍的起点比袁术高一些，他从洛阳逃出后就控制了渤海郡，又当上了各路诸侯的盟主，这时的袁绍只是聚集了不少游兵，并没有根据地，粮食全靠韩馥供给。但凭借盟主身份和家族名气，很多有才的谋士愿意为他出谋划策。

初平二年（191），门客逢纪向袁绍献计，建议他离间控制幽州的公孙瓒和控制冀州的韩馥，等两虎相争时再设法谋取冀州。逢纪的预测很准，当公孙瓒带着辽东的人马攻来时，韩馥果然惊慌失措。趁此机会，袁绍也回军向东直奔冀州而来，并派出能言善辩的郭图等谋士前往游说韩馥。韩馥听后，觉得自己本来就是袁家的故吏，才能又不如袁绍，顽抗多半没有好处，就把人口百万、存粮十年的冀州白白让出了。事后，袁绍兑现承诺，把韩馥封为奋威将军，却没有给他留下一点儿人马，无权无势的韩馥不久

奇珍异宝

广陵王玺

东汉广陵王玺，是罕见的汉代诸侯王玺，为明帝于东汉永平元年（58）颁给其同母弟广陵王刘荆的金印。印章起源于商代，早期多为铜印，玉印出现于战国时期。印章最初只是个人的记号，并无严格的等级限制，但自秦代开始，天子以玉为印，并称之为玺。汉代沿袭秦制，仍以玉为玺，规定皇帝、皇后及诸侯王的用印，统称玺，而官吏及平民所用私印，只可称印，故汉代不仅有印玺之称，又有"章""印信"等别称。

广陵王玺

就被逼得自杀了。

得了冀州之后，袁绍有意染指豫州，于是借豫州刺史孙坚作战在外的机会，又把周昂任命为豫州刺史，让他出兵攻夺孙坚的阳城。孙坚大怒，回军就向周昂打去。袁术也非常生气，因为孙坚的豫州刺史是他扶植的，所以也派兵帮助孙坚，并且，还别有用心地选了公孙越当这支援军的将领。

公孙越只是一个普通将领，但他哥哥却是辽东的大势力公孙瓒，结果这一战公孙越战死，公孙瓒就和袁绍成了死敌。

袁绍一下被三家围攻，感觉难以支持，就和袁术南面的荆州刘表合谋，袁术无奈只好又派孙坚对付刘表。

于是袁绍和袁术的个人恩怨演变为一场诸侯的大乱战，孙坚、刘表、刘备、曹操都被卷入其中。

5 艰难创业的孙坚父子

孙坚、孙策父子所在的家族起于微末，全凭战功和谋略一步步发展壮大，最后成为三国鼎立中的一方势力。

孙氏的发迹从孙坚开始，孙坚出生在吴郡富春（今浙江省杭州市富阳区），虽然容貌不凡、才华出众，但在和平年代也只做到县丞而已。后来黄巾作乱，孙坚便借机招募了千余人马，开始戎马生涯。自此一发不可收：攻宛城、平长沙、破董卓，短短六七年间就威震天下，打下了豫州为根据地。可以说他是汉末大乱中最可称道的英雄人物，可惜上错了战车。由于卷入二袁争霸，孙坚和地广兵多的刘表、黄祖作战。虽然连连得胜，但因为深入险地不幸被黄祖的部下暗箭射杀，时年不过三十七岁。

孙坚死后，他的根据地豫州被袁术分给孙坚的侄子孙贲，他的人马被袁术接管，家里就只留下孤儿寡母了。他的长子孙策当时只有十七岁，却继承了孙坚的韬略和气概，年纪轻轻就结识了周瑜等英雄人物，很有少年英雄的气魄。为了继承父亲的遗志，孙策曲意逢迎侵吞了父亲兵马的袁术，多次恳求。袁术碍于面子，还了孙策一千多人马，向朝廷上表将孙策封为怀义校尉。但他的人马不是白给的，一有恶战他就派孙策为他冲锋陷阵。每次战前，袁术都哄小孩似的许下让孙策做九江太守、庐江太守之类的好处，可事后这些官职全都被他找借口封给了自家亲信。

眼看袁术的基业被自己扩展得越来越大，孙策意识到在袁术麾下不会有出头之日了。于是他向袁术申请，愿意只带手下人马渡江为袁术扫平江东。袁术明白这是孙策想要单干了，但江东已有扬州刺史刘繇、会稽太守王朗占据，哪有那么容易扫平，于是就任由孙策带着手下的千余人渡江而去了。

这一下真是鱼入大海，虎入山林，兴平二年（195），孙策一路招兵买马，走到历阳就有了五六千人追随，还得到好友周瑜的兵马粮草资助，一路所向披靡。渡江以后，他约束手下，对百姓秋毫无犯，而他本人又器宇不凡，善于用人又虚心纳谏，所以士兵百姓都乐于归附。令袁术头疼的刘繇很快就落败了，武器军备尽数落入孙策手中，凭借这些军备物资，第二年孙策就生擒了王朗，正式成了江东的一方势力。

见孙策羽翼丰满，袁术又使出对付孙坚的手段，修书给孙策，表达了自己称王称霸的宏愿，邀请孙策一同建功，谁知孙策不仅拒绝提议，更耻于和他为伍，正式跟他断绝了关系。两人此后摩擦不断，但整体的趋势是做皇帝梦的袁术四面楚歌，而孙策却稳步发展逐渐统一了江东地区。

清　金古良　无双谱·江东孙郎

5 颠沛流离的皇叔

在群雄逐鹿的大背景下，刘备也登上了历史舞台。他家是西汉中山靖王之后，到刘备这一代，已没了封爵，干的不过是编织贩卖草席、草鞋的营生。但刘备胸怀大志，少年时又曾师从大儒卢植，因此谋略见识都很不凡。

刘备这人生得很有特色，两手下垂时过膝，耳朵大得自己能扭头看见。他不太喜欢读书，最爱的是狗、马、音乐、华丽的衣服等，但很会虚心待人，喜怒不形于色，最喜欢的就是结交英雄豪杰。刘备发迹也是借了黄巾起义的大势，凭着大商人张世平、苏双的资助，招兵买马也有了自己的人手。

刘备起家时人马不多，但队伍中英豪辈出，解县人关羽、涿郡人张飞都在其中。这两人生得雄壮威猛，都很重义气，有万夫不当之勇。刘备和他们关系莫逆，食则同桌，寝则同床。

三兄弟携手在黄巾大乱中立下功劳，刘备也就摆脱平民身份，得了安喜尉这个小官。刘备仕途并不顺利，好容易做到县令，属县还被乱兵攻破了，只好去投奔老同学公孙瓒。公孙瓒上书朝廷封刘备为别部司马，派他随青州刺史田楷抵御袁绍。因为屡建战功，朝廷调他代理平原县令，后兼任平原相。

刘备官职不高，但处事仁义，百姓都愿意追随他，诸侯也觉得他可信。徐州牧陶谦被曹操攻打困守郯县时曾向田楷求救，刘备于是跟随田楷前去救援。当时刘备手下不过兵马千余、饥民数千，到徐州后陶谦又给刘备增兵四千，刘备于是投靠陶谦。这支奇兵致使曹操吞并徐州的计划落空，所以陶谦非常感激，临死前竟然把徐州托付给刘备，让刘备也成为一方诸侯。

和讲求实效的枭雄曹操相反，刘备赖以成事的原则是仁义，为了博得大义的名声，他的决策就难免迂腐而束手束脚，结果屡战屡败，先后两次败给吕布，被打得妻离子散，徐州也丢了。

走投无路的刘备只好奔往许都，投奔汉朝天子，其实就是投到了曹操麾下。

曹操是个了不起的战略家，眼光精准独到，世人觉得刘备屡战屡败，明明是织席贩履之徒却偏要冒充皇亲国戚，曹操却觉得刘备不凡，对他既器重又忌惮。

两人间微妙的友谊很快被一纸诏书打断，诏书是汉献帝所写，因为怕曹操发现，就让人把它缝在一条腰带里，让国舅董承亲自送交。刘备接到诏书后非常震惊，因为诏书字字由鲜血写就，内容是诛杀国贼曹操。

犹疑不决之际，曹操又邀他一同就餐，席间，两人正推杯换盏，曹操突然一顿，没来由地看着刘备，说了句："今天下英雄，唯使君与操耳！"若在平时，刘备也只当是恭维，此刻他却心中一震，吓得筷子都掉了。幸好此时一个惊雷炸响，替他解了尴尬。这就是青梅煮酒论英雄的原型。

被这么一惊，刘备再也不敢待在曹操身边，建安四年（199），借着对付袁术的机会，刘备匆匆杀死徐州刺史，逃回了老根据地小沛，由于名声在外，曹操治下有数万人跟他一起背叛。

这段跌宕起伏的经历，也只是刘备颠沛流离的开始罢了，在赤壁之战以前，刘备都不是历史的主角，但他是当之无愧的那个时代最大的伏笔。

知识充电

二重君主观念

由于东汉末年州郡权力加大，可以自行选拔官员，于是这些被选拔的人视地方太守为主君，名分和道义上都和君臣类似，形成了二重的君主观念。这些士人心中道义至上，往往只有地方而无中央，即便被中央征召，一旦听闻主君身死，也多有辞官为主君奔丧的。

地图专题 群雄割据

本　　质：以州郡为根据地的地方州牧势力以及黄巾余党。

割据各方：黑山军、白波军、阴平道、马腾、韩遂、董卓、刘焉、袁术、刘表、曹操、袁绍、公孙瓒、公孙度等。

背　　景：汉末皇帝短寿，宦官外戚专政，官僚士大夫集团趁机崛起。在宦官和外戚同归于尽后，以地方州郡为根据地的官僚士大夫的内部矛盾成了天下的主要矛盾，割据混战遂不可避免。

透过地图说历史：

191年，是汉献帝初平二年，也是诸侯讨董结束的一年。讽刺的是，年号叫初平，可天下根本是群雄割据，民不聊生。各方势力中有多方前文已经描述，本专题主要介绍前文未详细叙述的势力。

黑山军：汉末冀州的黄巾起义军，由多部组成，每部多者两三万，少者六七千，黑山军是他们的联军，人数多达百万，以张燕为首领。

白波军：黄巾起义失败后，余部郭泰在西河白波谷起兵所建，实际上占据了河东地区。白波军没有统一领导，内部有多位统帅。汉献帝逃出关中就是利用了白波军的力量。失去汉献帝后，白波军很快衰落。

韩遂、马腾：韩遂和马腾都是名门之后，韩遂在乱世中被凉州的羌人起义军劫去做官，后来鸠占鹊巢夺取了军权。马腾本是凉州司马，起兵对抗朝廷后和韩遂化敌为友。这股势力最初和董卓是盟友，董卓败亡后他们趁机占据关中地区。

群雄割据(191年)

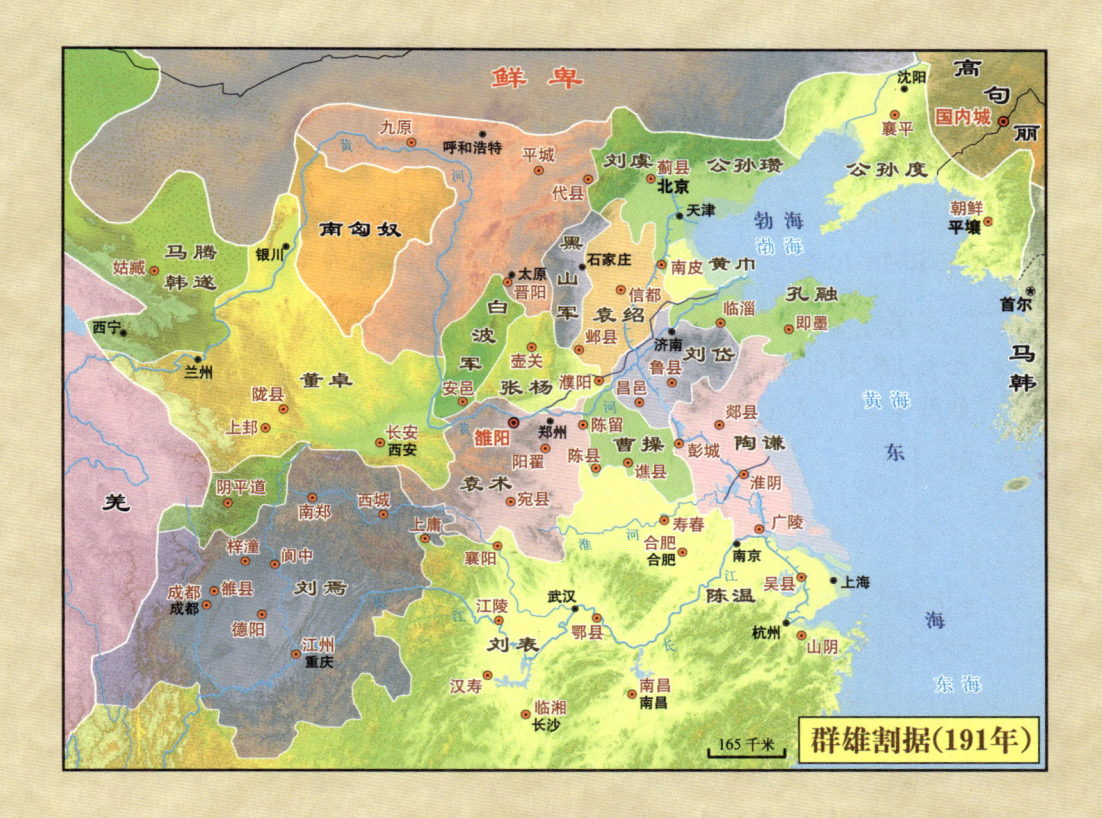

  刘焉：汉朝宗室，见汉末动乱主动申请为益州牧，势力长期和中原隔绝，传到其子刘璋时被刘备侵占。

  张鲁：汉末天师道首领，其势力即地图"阴平道"所在的区域。张鲁原为益州牧刘焉的司马，趁乱攻下汉中自立，张鲁利用宗教管理地方，最终被曹操收服。

  陈温：汉末扬州刺史，后被袁术所杀。

  陶谦：汉末徐州刺史，晚年因曹操父亲遇害一事被曹操攻打，忧劳而死。陶谦生前没有让徐州给刘备，但其手下的糜竺确实曾奉陶谦遗命派人邀请过刘备出任徐州牧。

  刘岱：汉末兖州刺史，与黄巾作战时战败被杀。

  孔融：汉末名士，孔子二十世孙。黄巾起义时赴任北海国相，于乱局中集结百姓，推行教育，成为一方势力，最终被袁绍之子袁谭攻灭。

  张杨：汉末行军司马，逢何进之命回并州募兵平叛，从而割据河内，最终被曹操所灭。

  公孙度：汉末辽东太守，东伐高句丽，西击乌桓，割据一方，最终被曹魏吞并。

时间 191—198

18 治世能臣，乱世枭雄

> 天子假太祖节钺，录尚书事。洛阳残破，董昭等劝太祖都许。九月，车驾出轘辕而东，以太祖为大将军，封武平侯。自天子西迁，朝廷日乱，至是宗庙社稷制度始立。
> ——《三国志·魏书·武帝纪》

【人物】曹操、陶谦、袁术、吕布、张绣、刘协、刘备

【事件】打黄巾夺兖州、攻陶谦报父仇、挟天子以令诸侯、攻打张绣、消灭吕布

追击董卓失败后，曹操放下了一战平乱的心思，开始招兵买马，步步为营。凭着手中几千残兵败将，他取兖州、攻徐州、降黄巾、迎天子，兵行险路，以弱胜强，在一次次精彩的博弈中成长为左右天下的大诸侯。

枭雄曹操的第一次创业

曹操的家族是偏向宦官一脉的，他的父亲曹嵩认侍奉四代君王的大宦官曹腾为义父，自此仕途通达，一路升到了太尉。凭着祖父的影响力，曹操少年就做了郎官，当年权压大将军何进的西园八校尉，曹操就是其一。

和全凭祖荫上位的纨绔子弟不同，曹操才干出众，生逢乱世，一心想做一番大事业。然而无论是黄巾之乱还是讨伐董卓，真正唱主角的都是那些割据一方兵强马壮的军阀，手中不过几千新兵的曹操，根本不足以左右大局。所以讨伐董卓之战，他的谋略虽可圈可点，战绩则败多胜少。

离开酸枣后，曹操摸透了诸侯们的心思，不再把理想寄托于游说诸侯，而是开始独自争天下。当时各路军阀大多是地方长官，兵强马壮，从他们手中争地盘名不正、言不顺、力不足，所以曹操将目标放在了被视为叛军的起义军身上，收编残兵败将，充实自己的军队。

初平二年（191），于毒、白绕、眭固等黑山起义军十多万人在东郡为乱，时任东郡长官的王肱无力镇压，曹操于是抓住机会，进军东郡，击败了其中的白绕起义军。凭着这份功劳，他被封为东郡太守。这个太守来得轻易，坐稳却极难。初平三年（192），曹操驻军东郡西边境的顿丘，他的郡治所东武阳被于毒等起义军攻打。两地相隔较远，曹操于是率军向西攻打于毒等人的营寨。部下将领们纷纷请求回援，曹操却摇摇头，说："让贼寇（于毒等起义军）听说我们要向西进攻而回师救援，东武阳自然就解围了；如果他们不返回，咱们的大军定能击败他们的大本营，贼寇一定不能攻下东武阳。"于是大军向西进发。果不其然，消息一出，于毒吓得立即撤退，被曹操的围魏救赵计谋打得落花流水。

坐稳东郡之后，青州黄巾军又给了曹操进一步壮大的机会。青州在兖州的东方，所以青州起义军壮大后，兖州也被波及，多个郡县被攻破，兖州刺史刘岱也战死了。曹操派出部将陈宫游说兖州主要官员，让他们同意由自己主持州中事务。当时兖州州中无主，官民大为惶恐，都渴望雄才善战的人出任州牧，恢复太平。而东郡隶属兖州，所以让曹操当兖州牧的呼声很高。曹操于是顺理成章地接过州牧印绶，攻杀黄巾军，

东汉　蟠螭环

然后击退朝廷委任的兖州刺史金尚，这才有了第一块安身之地。

临危受命以后，曹操立即率精兵和济北相鲍信夹攻黄巾军。此时黄巾军虽战斗力不如官军，但数量令人绝望，有百万之称。鲍信率军奋力作战，最终不幸战死。而曹操深知双方短长，并没有一味死战，他稳定军心，鼓舞士气，赏罚严明，充分利用才智，或者奇袭，或者伏击，或者直接派精锐进攻，战术变幻莫测，日夜连战，结果边打边收编，队伍越来越大。

当年十二月，曹操不仅将黄巾军逼出兖州境地，还出境穷追，一直追到济北国境内。连遭挫败之下，三十万流民组成的黄巾军向曹操投诚，其家眷男女有百万之多。曹操既往不咎，妥善处置了他们，强壮的仍让其参军入伍，其他降兵则分给土地，让他们做回农民。

见有地可种，北方一些流民和破产农民，也纷纷投靠曹操。

这股被收编的势力就是日后名震天下的青州兵，在曹操的领导下，他们南征北战，成了三国争霸中举足轻重的力量。

就这样，曹操拥有了一州之地、数万精兵和大量从事农耕和桑蚕业的百姓。拥有强大势力后，曹操开始中原逐鹿。兖州是四战之地、五州交界，西方是残破不堪的司隶（洛阳所在），北方是袁绍雄踞的冀州，南方是袁术的势力，东北方是黄巾军作乱的青州，只有东南方有个徐州相对易取。

徐州刺史陶谦才干不算顶尖，但名声正派，是少数主张讨伐西凉军迎回天子的忠臣，所以有很多流民归附徐州，曹操有心攻打却师出无名。

奇珍异宝

曹操书法

曹操精兵法，善诗歌，其诗抒发自己的政治抱负，并反映汉末人民的苦难生活，气魄雄伟，慷慨悲凉；散文亦清峻整洁，开启并繁荣了建安文学，给后人留下了宝贵的精神财富。同时曹操也擅长书法，尤工章草，唐朝张怀瓘在《书断》中评其为妙品。

5 生死徐州

升任徐州牧的陶谦小心谨慎，却万没想到还是给了曹操讨伐的机会，而且是以最名正言顺的杀父之仇为借口。曹操的父亲曹嵩早已致仕，原本在徐州琅邪避难，曹操崛起后觉得父亲在自己的地界更好，于是派人将父亲接来。曹父是三公出身，这次又被儿子盛情迎接，所以搬家排场极大，单单行李就装了百余辆大车。

初平四年（193），这支浩浩荡荡的队伍招摇过市，引起各方诸侯、起义军、豪强关注。大部分人畏于曹操威名，放他们路过，但也有不顾道义和后果的人。而这群人，偏偏是陶谦安排的阴平（在今枣庄市西南，汉代另有阴平道，在今甘肃文县西北）守军，他们贪恋财物，把曹嵩一行全杀了。

曹操得知消息，悲痛不已。他打着为父报仇的旗号，当年秋天就率军进攻徐州，发誓要消灭陶谦。陶谦打不过曹操，接连丢了十几座城池，最后在彭城大败，只得退守治所郯县。郯县城池坚固，曹操又军粮有限，所以攻之不下。为了泄愤，撤军前他攻屠周边城镇，将所见的徐州男女老少几十万人坑杀在泗水，大河为之断流，鸡犬为之绝迹，曾一度繁荣的避难所徐州，变成一片无人的废墟。

陶谦无奈只得四下求援，真正来帮助他的只有在公孙瓒旗下的田楷和刘备。刘备带着自己的几千人来，陶谦见他势单力孤，就又调拨给他四千人马，刘备也就辞别脱离田楷，正式跟从陶谦了。这支人马成了压垮曹操的最后一根稻草，由于粮食不济，远征两个季度的曹操只得退兵。

曹操并没就此罢休，休整几个月后，再次率军攻打徐州，这一次他精锐尽出，强占了徐州的琅邪郡和东海郡。

出兵徐州是曹操一生少有的意气用事。诚然，若消灭陶谦，他不仅能为死去的亲人报仇，还能兼并徐州，进一步壮大势力，然而违背农时、屠杀百姓却着实毫无必要，此举让士人在大义上对他不抱同情，也让百姓不堪征伐之苦。

于是一场大叛乱产生了。背叛的主事者是陈宫、张邈，陈宫是一手把曹操扶上兖州牧的功臣，张邈是曹操的少年挚友，和曹操有过命的交情，曹操对两人深信不疑，把自己起家的东郡和重要的陈留郡交给他们把守。

然而随着形势变换，陈宫厌恶曹操随意屠杀百姓的恶行，张邈则得罪了袁绍，担心曹操畏惧袁绍而杀他自保。于是两人对内游说对曹操不满之人，对外则选了逃出长安的吕布为新主，里应外合。结果兖州的郡县官员和将领或是知情而反，或是误以为曹操和吕布结盟而开城，一州之中百十个县都叛到吕布麾下，曹操原本拥有的地盘几乎一夜全部丧失。只有荀彧、程昱等几个忠诚睿智的谋士没有叛乱，坚信吕布不过匹夫之勇，唯有曹操才是明主。他们互相砥砺，拼死困守，为曹操留下了三座孤城。

等到曹操从徐州回来，他没有为土地的得失而懊悔，而是第一个拉住立功最大的程昱的手，叹道："没有您，我曹操就无家可归了。"听说吕布攻鄄城不下转而屯兵濮阳后，他冷冷一笑，说："吕布平白得了一州之地，竟然不知道屯兵东平切断亢父、泰山的要道，利用险要的地势拦击我，反而驻兵濮阳，我知道他没什么出息了。"

于是下令进攻濮阳，然而吕布无谋却骁勇非常，曹操数次使出奇谋都被勇猛的吕布击退，曹操一度被吕布军攻到大帐，遭吕布手下生擒，后侥幸逃脱。两军相持百余日，蝗灾暴发，曹、吕双方都面临粮食危机，只好宣布停战。

攻不下兖州，曹操真到了山穷水尽境地，数万人马依附三座孤城，粮食眨眼就将耗尽，只得考虑接受袁绍的建议，准备率军投诚。

此时，又是程昱挺身而出，对着颓败的曹操喝道："有人说主公是遇到事情就吓软了腿，不然的话，怎么做事这么欠考虑？！袁绍志大才疏，您觉得自己能屈居其下吗？您虎威赫赫，难道也要学韩信、彭越落得个鸟尽弓藏吗？兖州虽已残破，可您还有三座城池，数万能战斗的勇士，以您的神武，加上我程昱和荀彧等人辅助，何愁霸王之业不成？"

曹操这才打消投靠的念头，艰苦维持后等来了转机。当年冬季，徐州牧陶谦病死，将一州之地托付给刘备，徐州于是成为各方垂涎的肥肉。而经过一冬休养，兴平二年（195），曹操采纳荀彧的计策，不再贪恋徐州土地，把全力用在光复失地之上。他先是出兵攻打巨野，击溃守军和吕布的援兵，然后乘势分兵攻打陈宫。陈宫用兵谨慎，决定先行退让，等吕布回来再战。但曹操时机把握得极好，此时小麦刚熟，陈宫一退，成片的麦子就都被曹操割走了。

曹操本想控制粮食，以饥饿拖垮吕布军队，所以派出大军割麦，只留不足千人守营。吕布和陈宫无力阻拦割麦，就率领万余人直接攻打曹操大营。可出奇的是，吕布贪功冒进，竟然中了曹操这几百人的埋伏，被杀得大败。

这一败后，吕布既无粮食，士气又受到挫败，于是兖州各县陆续都被收复。吕布也只好就近逃往徐州，投奔刘备去了。

当年十月，曹操就大体恢复了故地，成为兖州牧。

5 挟天子，令诸侯

曹操恢复旧地，根基原本不稳，但当时天下大乱，竟然无人图谋，给了他一年多时间恢复元气。

当初趁着凉州军阀火并，汉献帝出逃，暂居安邑。建安元年（196），河内太守张杨等人迎接天子，打算在洛阳恢复旧都。可当时洛阳已经是废墟一片，汉献帝过的又是食不果腹的日子，哪里有能力在洛阳建都呢？明眼人都看出天子移驾别地已是大势所趋。

可当时各路诸侯中，孙策刚和袁术分家，正在江东开拓势力，刘备和吕布远在徐州，准备一起攻打袁术，自顾不暇，类似的还有远在荆州的刘表、辽东的公孙瓒；真正邻近洛阳的只有袁绍、袁术、曹操几家。袁术想自立为帝，自然不接这烫手天子。袁绍手下虽然不乏沮授这样的明眼人，但他手下人才太多，意见不一，沮授的建议很快就被郭图等人驳斥了，袁绍又没有择善从之的才干，所以也放弃了迎接天子。

只有曹操高瞻远瞩，不顾山东尚未平定，冒险采用荀彧的计策决心迎接天子。当时虽然汉献帝无权，但一应公卿并不配合，曹操费尽周章才把天子安置在自己控制的许县，让他在此建都。许县于是改名许昌。

来到曹操的地盘以后，无兵无权的汉献帝就成了印发诏令的傀儡，而曹操被任命为司空，代理车骑将军，掌管军事和朝政大权。

挟天子以令诸侯的局面形成以后，曹操想讨伐谁时，先让皇帝下一道诏书谴责，然后率军去攻打；想拉拢谁时，就让人出面，让皇帝下一道诏书，给对方一个委任状；甚至还能诏令诸侯互相攻打。各方诸侯虽然都已不把汉献帝视为天子，可名分上还不敢背弃汉臣身份，被曹操烦扰得团团转。而曹操则接纳枣祗的建议，首次以官方名义推行屯田制度。

屯田就是由军队管理百姓耕种，这一制度是有划时代意义的，当时各路诸侯都重视战功，导致农业生产大受摧残，百姓无法安心种地，军队自然余粮不足，强如袁绍，手下的士兵也有以桑葚充饥的窘况。而屯田制推行以后，曹操控制的州郡粮食生产大多恢复，数百万斛的粮食源源不断地供给大军。

有了存粮以后，曹操开始兼并群雄。当时袁绍实力最强，曹操不敢招

奇闻逸事

曹军的地道战

《三国志》记载，198年，曹操被张绣和刘表联军围在安众（现河南省邓州市东北），曹军"乃夜凿险为地道，悉为辎重"。这是曹军将地道用于撤退。219年，关羽将曹仁围在樊城，前来援救曹仁的徐晃，则挖地道穿过关羽的营寨同曹仁取得联系。这是曹军将地道用于通信联络。258年，邓艾在祁峪口挖好地道，等蜀将姜维的部队在这里宿营之后，突然向其发起攻击，结果蜀军大败。这是曹军将地道用在伏击作战。随着地道的广泛运用和发展，反地道战也开始出现。

惹，就让汉献帝封他为大将军，将他暂时稳住。而南方则乱成一团，刘备被袁术攻击、被吕布背叛，失掉了根据地徐州，只好投奔曹操，而袁术、吕布则围绕徐州转灯般厮杀。两人将精力集中在东方，西南方就相对空荡，西凉军残部张济逃出关中后攻打穰城，不料中箭身亡，他的族侄张绣率其残部投靠刘表，屯兵宛城。这支军队并无根基，全靠刘表供粮，是最好的扩张目标。

曹操的判断是正确的，建安二年（197）正月，曹操大军一出，张绣就举众投降。这本是兵不血刃的大胜。可曹操过于自信，竟荒唐地娶了张济的遗孀，张绣愤然反叛，将曹操打了个措手不及。这一仗曹操中箭，曹操长子曹昂、侄子曹安民战死，重重追杀中全靠部将典韦忠心护主，拼着命为曹操争取了逃跑的时间。恶战中，典韦周身受伤几十处，血流如注，连兵器也打脱了手，危急时刻他两手各抢起一人，以人为兵器又接连锤杀数人，直到力尽怒骂而死。曹操退守舞阴，张绣引兵追击，被曹操击败，退回穰城，再次与刘表联合。曹操反省过错，撤兵返回许都。

这时，袁绍给曹操写了一封信，信中措辞十分傲慢，曹操准备讨伐袁绍，但又担忧自己的势力不如袁绍强大，于是向谋士郭嘉、荀彧问策。两

典韦是三国著名的猛将，以膂力过人闻名。当时将帅所用的牙门大旗非常沉重，一般人根本拿不动，但典韦单手就能把握自如。

清 马骀 历代名将画谱·牙门建纛

人一致认为，袁绍虽强但才能不高，此时又在北方攻打公孙瓒，最终必被曹操所灭；当务之急是降服吕布，防止被吕袁两家夹击，并安抚关中最强的马腾、韩遂，不让他们干涉中原局面。曹操从善如流，一一应允。

就在曹操励精图治之时，南方局势也随着一件荒唐事逐渐明朗：袁术率先犯错，在寿春称帝。

此举不得人心，吕布谋士陈珪、陈登父子于是竭力劝阻吕布和袁术联合，最终引爆了吕袁两家大战。建安二年（197），袁术联合韩暹、杨奉发兵七路围攻吕布。韩暹、杨奉本来就是为迎立天子出过力的，对曾经手刃董卓的吕布更有认同感，跟随袁术不过是无奈之举。结果吕布一通书信就诱得两人反水，三人夹攻，将袁术打得大败。

如此良机曹操自然不会错过，当年九月，他也率军东征袁术，袁术刚受重创，根本不敢接战，留下部分军队断后，自己直接逃到了淮河以北。这一仗，袁术留下的军队被尽数击溃，袁术从此一蹶不振。

教训了袁术以后，张绣所据的南阳仍然是曹操的最佳扩张目标，然而张绣虽然平庸，可西凉军的出色谋士贾诩却在他军中，所以曹操久攻不下，适逢吕布又和袁术联合打败刘备，攻破沛城，战败出逃的刘备在逃亡路上和曹操相遇，两人都对吕布恨之入骨，当即决定联合。曹操于是在建安三年（198）秋天再次攻伐吕布。当年吕布背叛刘备，通过不当手段夺取徐州，所以不得人心，因此曹军一出他手下多有背叛。吕布屡战屡败，只好退守城池。

当时曹操远征，粮草供应非常困难，陈宫便建议吕布率骑兵出城，骚扰曹操粮道，而自己守城互为犄角，可吕布优柔寡断，疑心病重，听了妻子的话信不过陈宫，不肯出城。结果全部兵力被曹操挖深沟灌水围困在城内，战不能出，守不能久，只好屈辱投降。

吕布善于带骑兵，曹操俘获他后本有收拢之心，但刘备记恨吕布，在旁劝道："你忘了吕布曾经侍奉的丁原、董卓的下场吗？"曹操疑心大起，即刻决定将吕布处死。

陈宫也在被俘人员之中，曹操气不过他当初背叛，讽刺道："你平生自以为足智多谋，如今怎么样？"陈宫是个义士，至死无悔，冷哼道："是吕布不肯听我计谋，否则，未必如此。"曹操很敬重有气节的人，想起陈宫背叛也不是为私利，不免有些伤感，问道："你死了，你的老母亲和妻儿怎么办？"陈宫面不改色，说："我听说想以孝治天下的人不会残害别人的亲长，有志推行仁政于天下的人不会让别人绝后，所以我母亲、妻儿的死活，不在我陈宫，而在你曹操。"说罢，慨然赴死。曹操想起陈宫在他创业之初的帮扶，泣下沾襟，含泪将陈宫的老母妻儿终生奉养，就连吕布手下投降的部将张辽等人也被重用。

平定吕布以后，曹操终于壮大为能把控天下局势的大诸侯。

风云人物

楷书鼻祖钟繇

曹操接回天子，也接受了很多随同天子的汉朝大臣，钟繇是其中很重要的一位，他为曹魏建国立下赫赫功勋，最终高居三公之位。他在书法方面也颇有造诣，是楷书（小楷）的创始人，后世尊其为"楷书鼻祖"，与大书法家王羲之并称"钟王"。由于成名时代早，钟繇书法对中国书法的影响极深，后世的书法家都对他有很高评价。南朝庾肩吾将钟繇的书法列为"上品之上"，唐张怀瓘在《书断》中则评其书法为"神品"。

钟繇小楷·淳化阁帖宣示表

时间 191—198

19 官渡之战

> 曹操比于袁绍,则名微而众寡。然操遂能克绍,以弱为强者,非惟天时,抑亦人谋也。
>
> ——诸葛亮《隆中对》

【人物】袁绍、曹操、许攸

【事件】官渡对峙、白马之围、火烧乌巢

相比曹操,袁绍崛起轻松得多,实力也强大得多。不过,曹操的斗志和谋略并不输于袁绍,他最终利用人和等有利因素,抓住时机,以少胜多击败袁绍,赢得统一北方最关键的一战。

官渡对峙

吕布败亡以后,天下大势逐渐明朗。

建安四年(199),袁绍和公孙瓒的鏖战终于有了结果。当时,公孙瓒麾下一些将领被袁绍包围,而公孙瓒认为守将被包围不宜积极救援,否则人人都仰仗援兵,就没人肯奋力抵抗了。谁知此举一出,守将们心知求援无望,更加无心死守,纷纷投靠了袁绍。最终公孙瓒困守孤城,自焚而死。

同年,袁术山穷水尽,只得将皇帝名号让给哥哥袁绍以求收留,不承想去路被刘备等人截断,最后愤懑而死。于是天下各州中,曹操占据兖州、徐州及部分豫州,而袁绍占据幽州、冀州、青州、并州,北方群雄几乎都被兼并了,袁绍和曹操的战略冲突也就势所难免。

两相对比之下，袁绍占尽优势，他无后顾之忧，地广人众，尤其统治核心冀州是富裕之地，具备动员十万以上军队长期作战的能力。而曹操统治区是四战之地，除袁绍外，潜在敌人还有观望中的关中诸将，南边不肯归降的张绣、刘表，东南部蠢蠢欲动的孙策，哪怕依附麾下的刘备都并非真心归顺。

天时地利不利曹操，但人和一项，曹操完胜袁绍。虽然袁绍强而曹操弱，但曹操麾下的有识之士荀彧、郭嘉等一致认为袁绍外宽内忌，好谋无决，终将落败。

而袁绍麾下虽然不乏英才，但他们钩心斗角、彼此猜忌，建议五花八门，袁绍莫衷一是，任由麾下吵成一团。

其中谋士沮授、田丰认为刚和公孙瓒大战过，百姓疲惫，存粮不足，不如派兵驻守黎阳，多造船只，整修器械，再分派精良骑兵侵扰曹操的边境地区，长此以往，双方强弱将会更为悬殊，到时可以一战定天下。而谋士审配和郭图等则主张曹操好比越王勾践，正应趁兵力占优势时速战速决。袁绍犹豫再三，还是采纳郭图等人建议，于当年夏天挑选十万精兵、一万匹战马，企图一举击败曹操。

然而他用人多疑，不肯将兵权统一下放，反而让沮授、郭图、淳于琼三个意见不一的人各自承担一部分监军职权。

袁绍举兵南下的消息传到许都，曹操立即调动兵马，派臧霸率精兵进入青州，在东方牵制袁绍；于禁率两千步骑兵守延津，东郡太守刘延率军

鎏金铜龙首柄

守白马,这两处都是古黄河的渡口,目的是阻滞袁军渡河;曹操的主力则放在官渡,官渡是鸿沟的渡口,距离许昌不到一百公里,官渡一过,到许昌一马平川。

这场大战对双方都是决死之战,所以开战前他们都极力寻求盟友。袁绍争取的是荆州刘表和穰城张绣。刘表的领地位于曹操南方,手握十万精兵,无论助袁助曹都足以影响大局,可刘表胸无大志,竟打着坐观成败的主意,两不相帮。

更令袁绍意外的是,张绣不仅没有帮他反而投降了曹操。促成这次投降的是张绣的谋士贾诩,张绣听到这个建议后一度非常惊疑,因为袁绍强、曹操弱,自己之前又和曹操有仇。可贾诩不以为然,说:"正是因为袁绍强,所以我们这点儿兵马必然不被重视,倒不如给曹操雪中送炭。若论恩怨,袁绍连自己的弟弟都不能包容,如何能保证善待我们?反倒是曹操有霸王之志,定然会以德报怨,博取声名。"听过贾诩的分析,张绣再无疑虑,果断投奔了曹操。

对战白马

不过形势也并非全对曹操有利,就在曹袁战火将起的时候,汉献帝写下衣带诏,号召群臣诛杀国贼曹操。虽然事情很快败露,策划此事的董承、王服、种辑等人都被大肆杀戮,可投靠曹操的刘备却借机叛变,拼凑了数万军队,跑回了老根据地徐州,他与袁绍联系,想夹攻曹操。而袁绍则借机令陈琳书讨曹檄文,宣布奉诏伐贼,争得了大义的名分。

此时曹、袁两家的决策再次为胜负埋下伏笔。曹操力排众议,采纳郭嘉意见,认为袁绍性格迟钝多疑,而刘备军心未定,可以急速击破。袁绍果然拖拖沓沓,竟然因为小儿子生病心疼得没心思进军。

没有袁绍的援军,刘备支持不住,很快被曹操击溃,只得带些残兵败将通过青州逃奔袁绍，其老婆孩子和大将关羽都被曹操俘虏。

经此一变，曹、袁双方再度围绕官渡对峙，等到建安五年（200）二月，袁绍终于下定决心，进军黎阳，打算南渡黄河与曹操主力决战。

要攻官渡，必须先过白马，于是袁绍先派大将颜良率军进攻防守白马的东郡太守刘延，以保障主力顺利渡河。谋士沮授听后，连忙劝说："颜良性格急促狭隘，虽然骁勇，但不可以让他独当一面。"但袁绍不听。

四月，曹操亲自率兵北上解白马之围，谋士荀攸趁机献上良策，他认为，袁绍兵多，只有分散其兵力才可能解白马之围，不如先率军到白马东北的延津，伪装要渡河进攻袁绍后方，迫使其分兵，然后再派轻骑兵袭击白马，攻其不备，一举击败颜良。

曹操欣然采纳。可袁绍兵马众多，颜良骁勇异常，若是白马援军不能打出优势，一切仍是无稽之谈。派谁能诛杀颜良呢？曹操本没有把握十足的人选，此时被俘的关羽却入帐请缨。

原来这两个月来为了招降关羽，曹操对他百般恩宠，对刘备的夫人、儿子也是礼敬非常。关羽没有叛心，却是个重义之人，于是想投桃报李，立下大功和曹操两不相欠。

寻闻逸事

有史可查的盗墓案

东汉建安四年（199），官渡之战前夕，袁绍手下的名士、"建安七子"之一的陈琳，为袁绍攻伐曹操作了著名檄文《为袁绍檄豫州》。其中说："特置发丘中郎将、摸金校尉，所过隳突，无骸不露。"即曹操为了弥补军饷的不足，设立发丘中郎将、摸金校尉等军职，专司盗墓取财，贴补军饷。根据陈琳的这篇檄文，曹操盗的应该是位于永城芒砀山的汉梁孝王墓群。

曹操大喜，立即让张辽和关羽率军为先锋，自己和徐晃等人紧随其后，一起攻打颜良所部。交战中，袁军军容盛大，万军环绕中，颜良坐镇麾盖鲜明之处，威风无比。关羽看了，冷哼一声，在张辽掩护下，猛然策马突进，单枪匹马于万军中将颜良刺死，斩下他的头颅而归，所向无不披靡。

袁军大吃一惊，瞬间溃散。曹操趁机把白马城中的百姓军队沿河向西迁移。袁绍得知后大怒，不听谋士沮授的建议，将大军悉数渡河，并立即派人追击曹操。当时曹操这支撤出白马的军队既有百姓，又有物资，所以很快被袁绍的先锋骑兵赶上。追击的将领，是和颜良齐名的大将文丑和刘备。当时，曹操所有骑兵不到六百人，袁绍追击的骑兵有六千人左右，还有大量步兵在后面跟进。

曹操还原蜡像

见追兵赶到，曹操反而命令骑兵解鞍放马，故意将辎重丢弃道旁，然后将军队埋伏在附近。袁军见此，以为曹军已经丢弃辎重而逃，放下警惕，纷纷争抢财物。

这时曹操才突然挥动手中所持令旗，下令埋伏的骑兵列队上马、发起进攻。袁军正忙着抢夺物资，被六百骑兵冲得阵形大乱，组织不起有效的反击。乱军中，袁军主将文丑被杀死。

颜良、文丑都是当时的名将，相继战死令袁军锐气大伤。

5 火烧乌巢

袁绍初战失利，但在兵力、粮草、军货、财力方面仍然占据明显优势。只要及时调整策略，取胜的可能性还是很大的。

当时，在袁绍的重压之下，曹操后方的汝南黄巾刘辟等势力纷纷背叛。刘备也奉令来到曹操后方，响应叛曹势力，就连刘表也蠢蠢欲动，派人暗中拉拢曹操设置的阳安都尉李通。可以说，自许昌以南，百姓都人心惶惶。

幸好李通是一个忠诚的人，他斩杀了袁绍派来的使节，主动向曹操上报。曹操闻讯，一面免除这些南方郡县的部分税赋以安抚民心，一面令李通、曹仁平乱。这些南方郡县担心的只是曹操无暇援救，并非真心造反，所以一见救兵就纷纷倒向了曹操。

刘备再次落败，不免有些心灰意冷，就借口去游说刘表，带自家兵马脱离了袁绍麾下。当时，曹、

明 丁云鹏 关羽像

袁两家再度相持，所以谁都无暇去管这个"小人物"的去留。

相持期间，双方各出手段：

袁绍下令将士们构筑楼橹，堆土成山，形成制高点，用箭俯射曹营。曹军便顶着盾牌活动，制作一种可以抛石的霹雳车，用石头击毁袁军所筑的楼橹。袁军转而以地道进攻，曹军便在营内掘长堑抵抗。双方你来我往，苦斗三个月后，眼见前方兵少粮缺，士卒疲乏，后方也不稳固，曹操不免有些动摇，他写信给荀彧，商议退守许都。但荀彧严词劝阻，坚称情势已然明朗，绝无回旋余地，稍退一步就会满盘皆输，如今还未到绝境，不如再坚持一段时间，寻找出奇制胜的机会。

如何出奇制胜？曹操也没有把握，但军心不可动摇，他只好强装镇定，安抚运粮的军人："十五日内，我必定击败袁绍，你们就不必再劳累了。"

这期间，他还真等来了机会：情报显示，袁绍的数千辆运粮车即将抵达官渡。曹操大喜，立即派徐晃、史涣率军截击，果然大获全胜，烧毁袁军粮车数千辆。

可惜袁绍财大气粗，不到一个月居然又筹来了粮食，这次，运粮车有一万多人马保护。谋士许攸也为袁绍献上良策，建议趁曹操大兵尽出时派人轻装疾行，直接偷袭许昌。袁绍听了，仍执意于先收拾曹操。

许攸见良策不被采用，非常恼怒，又赶上家人犯法被收押，一气之下竟直接投奔了曹操。

听说许攸要来，曹操乐得鞋子都来不及穿，光脚跑到了许攸面前。许攸也不废话，上来就问："袁绍军队很多，你凭什么对抗？还剩多少粮草？"曹操一愣，说："粮草还能支撑一年。""到底多少？"许攸一点儿也不信。"还能支撑半年。"曹操又说。许攸气笑了："你是真的想击败袁绍吗？怎么连实话都不说？"曹操被戳破底细，讪笑道："刚才是开玩笑，其实只够一个月。"许攸摇摇头，懒得再绕弯子，说道："你孤军困守，外无援兵，内无粮草，已经万分危急了。实话说吧，袁绍的辎重都放在故市、乌巢，那里防备松懈，你偷偷派兵去把它们烧了，不出三天，袁绍就会溃败。"

曹操大喜，立即付诸行动。他留下曹洪、荀攸等人率军守营，亲自率五千精锐步骑兵，冒用袁军旗号，人衔枚，马缚口，各带一束柴草，借助暗夜，直奔乌巢而去。一到目的地，就围攻放火。乌巢原本人马不多，可当时为袁绍运粮的淳于琼正好赶到乌巢，手下有兵马万余。曹操一时不能攻下，致使袁绍有了反应时间。袁绍这时却鲁莽起来，不救乌巢，反而听从郭图的计策发兵突袭曹操经营了几个月的坚固大营。

结果淳于琼外无援兵很快落败，袁绍粮草尽失，而进攻曹操大营的张郃、高览也久攻不下。

眼看大势已去，郭图连忙自保，将责任推给攻不下大营的张郃、高览。气得张郃、高览把进攻的器械全烧了，全员投降了曹操。

这件事后，袁军军心动摇，内部分裂，迅速崩溃，此前没听沮授建议留兵河北的弊端也显露无遗：没有策应的袁绍大军只有八百多骑兵有机会和袁绍退回河北，其余人被穷追猛打，前后死了七万多人。

这就是有名的官渡之战。官渡之战奠定了未来几十年历史的走向，自此曹操称雄北方，为统一北方、最终平定天下奠定了雄厚基础。

官渡之战后，建安六年（201），脱离袁绍的刘备被曹操在汝南击败，此时曹操势力范围已经和刘表接壤，再无生存空间的刘备只能投奔刘表麾下。但刘表对他并不重用，只是好吃好喝把他供养起来。

建安七年（202），袁绍病死，由于废嫡立庶，儿子们相互残杀，被曹操用隔岸观火之计逐一消灭。

平定诸袁以后，曹操于建安十二年（207）北伐乌桓，打得三位乌桓单于一人授首，两人臣服朝贺，北方自此宾服。而刘表犹豫不决，否决了刘备趁机偷袭许昌的建议。

至此，战乱的北方基本统一，天下三分之二都落入曹操之手，剩下的只有关中地区的马腾、韩遂等人，以及荆州刘表、东吴孙氏、汉中张鲁、益州刘璋等割据势力。

官渡之战

地图专题：官渡之战

本　　质：汉末群雄割据时，奠定北方统一基础的一战。
作战双方：曹操；袁绍。
背　　景：董卓败亡后，汉献帝被曹操迎获，曹操挟天子以令诸侯，迅速壮大，成为袁绍的心腹大患。

透过地图说历史：

官渡之战，是一次黄河南北之战。袁绍控制了黄河以北的广大区域，他兵多粮足，但刚从和公孙氏的战争中脱身，军队疲惫，其为政放纵豪强，对百姓的剥削很重。

曹操控制了黄河以南的地区，区域不算小，但这些地方饱经战火摧残，人口极少，而且四面受敌。

袁曹之战，有五次改变胜负的转折。

其一，袁绍放弃沮授向天子上表献捷，稳固发展的周全计策，急于建功，站在了天子的对立面，没有给百姓休息时间。

其二，曹操及时抢占河内地区，改善和张绣的关系，以天子封爵及联姻拉拢江东孙氏，并冒险优先消灭刘备势力。而袁绍拒绝了谋士田丰趁曹操攻击刘备时偷袭许昌的建议。

其三，白马战败，袁绍放弃沮授分兵渡河，试攻官渡的策略，全军渡河。既失去了全身而退的可能，实际上大军也难以在官渡全面展开。

其四，官渡相持时期，袁绍放弃许攸分兵偷袭许昌的计谋，坚持官渡鏖战，让战局旷日持久，也直接导致了许攸的叛敌献策。

其五，曹操奇袭乌巢，袁绍否定作战将领张郃"曹营坚固难破，不如回援乌巢"的正确判断，放任曹操击破乌巢，此举导致大军断粮，也导致了张郃的叛变。

20 赤壁之战

时间 208—209

> 瑜部将黄盖曰:"今寇众我寡,难与持久。然观操军船舰首尾相接,可烧而走也。"……顷之,烟炎张天,人马烧溺死者甚众,军遂败退,还保南郡。
> ——《三国志·吴书·周瑜鲁肃吕蒙传》

【人物】曹操、刘备、诸葛亮、刘琮、孙权、鲁肃、周瑜

【事件】隆中对策、长坂阻击、刘孙联盟、火烧赤壁

曹操统一北方后,身为天下腰眼的荆州主动归降了,南北一统似乎就在眼前。谁承想,一个寄人篱下的汉室宗亲,一个继承父兄基业的江东少主,竟携手改变了历史的流向。

卧龙出荆

官渡之战以后,曹操威震北方,刘备只好投到刘表门下避难。刘表为人不错,每日美酒宴会招待刘备,可刘备是个胸怀大志的人,对现状并不满意。一天,刘备离席如厕,看到自己曾因骑马奔波消瘦的大腿长满了肥肉,不由得涕下沾巾,长叹自己髀肉复生,颓唐地离席而去。

这就是成语"髀肉复生"的出处。刘备髀肉复生,心中却并不甘于安逸,仍然想有所作为。可他兵少权轻,只好将重心放在寻觅人才上。

当时襄阳名士司马徽名声在外,看人非常有眼光,他曾对刘备说:"寻

常儒生是不能知晓时务的，识时务者为俊杰。襄阳的俊杰不过诸葛卧龙、凤雏庞统罢了。"建安十二年（207），刘备结识的士人徐庶又向他推荐诸葛卧龙，此人正好是诸葛卧龙的好朋友，刘备就请求他带这位卧龙见自己。徐庶摇摇头："这位诸葛卧龙，只能你屈尊求见，不能勉强带来。"

刘备被激起兴趣，于是耐着性子，隆重地前去诸葛卧龙隐居的草屋求见。一连两次，草屋都无人接客，第三次才打开门户，走出了一位青年儒生。这位儒生，复姓诸葛，名亮，字孔明，这段故事便是著名的三顾茅庐。刘备见了儒生，连忙支开随从，恳切地询问道："如今，汉家江山不保、奸臣窃取社稷，我不自量力，想要弘扬大义于天下，可才智短浅，屡遭失败、狼狈不堪，一直落到如今境地。但我的志向仍在，先生能否指教我该如何是好？"

诸葛亮也为刘备的精诚感动，有意追随，于是详尽地为他策划了争霸天下的战略，即避开曹操、孙氏，谋取荆州，进而西进，夺取刘璋手中的益州，占据天下的西南，以群山为要塞，休养生息，一旦天下有变动，就从益州北上关中，由西南包围

明　戴进　三顾草庐图

中央，最终夺取天下。这便是有名的隆中对策。二十七岁的诸葛亮，身居草屋，却料定了天下几十年的大势。

然而，刘备选的路太难走了，他以大义拉拢民心，也同样因大义束手束脚。建安十三年（208），刘备夺取荆州之事还迟迟没有进度，曹操就已经成功劝服马腾放弃兵权到朝廷任职，将马腾及其家属迁到邺城居住。西北方向的威胁平定后，曹操于七月率军南下荆州。这个节骨眼上，刘表却病死了，留下两个不和的儿子刘琮、刘琦。琮和琦都是美玉，可这两个儿子却金玉其外。他们彼此争斗导致荆州离心，曹操大军一到，主事的刘琮竟然举州投降了。

刘琮突然投降，差点儿坑死刘备。刘备当时正在樊城屯兵备战，丝毫不知刘琮投降的事，等发现时为时已晚，曹操大军已经开到了宛城，刘备只好带了十多万不愿意投降的荆州军民一路向江陵逃去。但这些百姓行李颇多，一天才能行进十余里，刘备以信义著称，又不可能弃置不顾，只能派关羽另率几百艘船从水路行进，约定在江陵会合，结果自己一行人被曹操昼夜奔驰三百多里的骑兵追杀不迭，人马辎重都被曹操缴获，只有刘备和诸葛亮、张飞、赵云等数十人骑马脱逃，他的夫人、儿子全都被围在了当阳长坂。

史海辨真

桃园三结义

《三国演义》中有这样一个故事。当年，刘备、关羽和张飞为共同干一番大事业，意气相投，言行相依，选在一个桃花盛开的季节、一个桃花绚烂的园林，举酒结义，对天盟誓，有苦同受，有难同当，有福同享，不求同年同月同日生，但求同年同月同日死。这个故事广为流传，成为千古结义的精神，然而却并未出现于正史。

危境之中，最显英雄本色。面对五千多精锐追兵，张飞命二十个骑兵在不远处树林里制造尘雾，然后独自一人据守河岸，他目眦欲裂，横矛对追兵大喝："我是燕人张翼德，谁敢上前决一死战！"曹操见不远处树林里有尘雾，怀疑有伏兵，便停止追击。就这样，刘备等人得以顺利逃亡。

刚跑到安全些的地方，刘备却发现赵云不见了，左右之人都觉得他定然投敌向北了，只有刘备怒指左右，说："赵子龙决不会弃我而去。"不知过了多久，北方又冲出一骑，他银盔染血，白马殷红，盔甲不整。刘备还以为他负伤，拉开盔甲一看，却是他失散的儿子刘禅正在赵云怀中酣睡。重军围中，真不知赵云如何纵横驰骋，单骑救主。刘备感动不已，颤巍巍地和几位大将一起渡河，总算和刘琦的兵马会合。

再说曹操，他的军队原本陆军居多，刘琮投降后却白得了一支成熟的水师，于是就对长江以东的孙氏起了心思。他之前下令废黜三公职位，亲自担任丞相一职，此时便以丞相名义给孙权修书一封，极言自己的赫赫武功，信尾，挑衅地写下一句："今治水军八十万众，方与将军会猎于吴。"

此图描绘了猛将张飞率二十余名骑兵据水断桥，吓退曹军的情形。

清　马骀　历代名将画谱·当阳退敌

时间 208—209

孙刘联盟

这场"会猎",江东该如何面对?其实,在曹操进军荆州前,孙权便开始密切关注局势。

孙权是孙坚的二儿子。经过父兄两代开拓,建安五年(200),年仅十九岁的孙权接手的已经是长江以东的一大片基业。曹操用武荆州以前,孙权一直在和刘表争斗,因为他父亲孙坚就死于刘表手下的黄祖之手。孙权和黄祖争斗了很多年,直到建安十三年(208)才成功将其击败。杀死黄祖以后,刘表不久也病死了,孙权便对荆州起了想法,刘琮、刘琦他并不放在眼里,只有刘备让他忌惮,于是,趁刘表发丧,他派鲁肃去打探荆州虚实。

鲁肃刚到南郡,就得知刘琮投降的消息,他非常果断,没有管刘琮、刘琦两个人,一路寻找刘备消息,终于在长坂追上了逃亡的刘备。两人一拍即合,立即达成结交之意,但能否成事,还得看孙权的意思。于是刘备立即派诸葛亮和鲁肃一起面见孙权,共商大计。

在柴桑(今九江),诸葛亮见到孙权。他深知孙权年少气盛,便故意谈及天下形势,说眼下曹操威震四海,英雄亦无用武之地。如果将军您不能抗衡曹操,不如赶紧交出武器,脱下铠甲,快快归降去吧。孙权被激起火气,讽刺道:"要真如此,刘备为何不速去投诚啊!"诸葛亮听了,也不愤怒,慨然说:"田横的故事您听过吧,他不过是齐国的壮士罢了,都知道守节不辱,何况我家主公是汉室宗亲,万人敬仰。就算大事不成也不过天意而已,怎么能屈居曹贼之下?"孙权听到这里,哪里还坐得住,诸葛亮见机赶忙为其分析曹操急于求成士卒疲惫、刚得荆州人心不稳等诸多隐患,孙权听后拍案而起,决定和刘备联盟。

然而,此时刘备满打满算也不过水陆兵马两三万人而已,面对那"八十万大军会猎于吴"的邀请,刘备实在给不了孙权多少底气。而且想做出这番生死决策,年轻的孙权还必须说服他的一众部属。

朝堂上,孙权的部属们都被曹操信中提及的八十万大军吓得魂不附体,

荆州北部

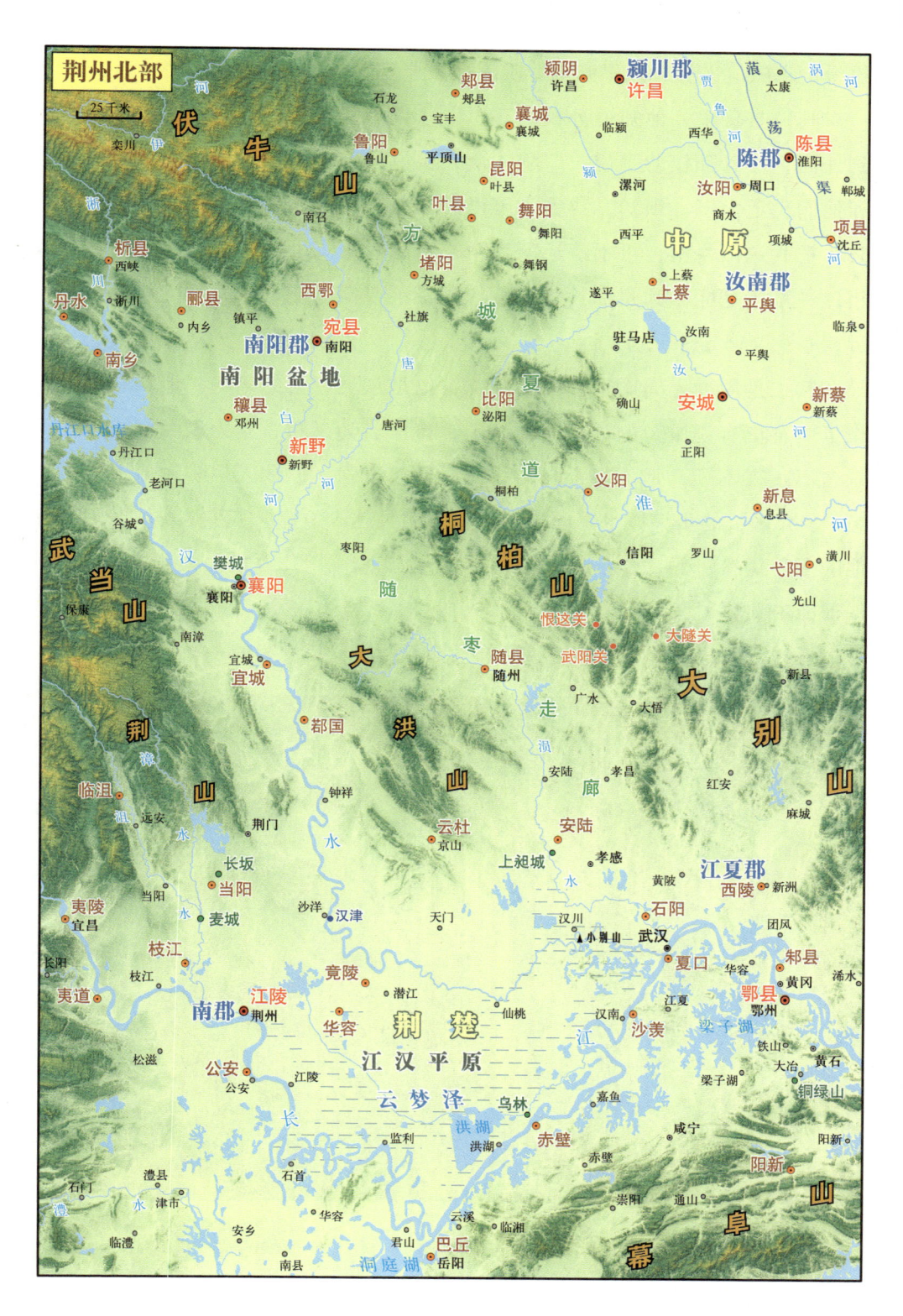

25千米

时间 208—209

纷纷请求顺应大势，及早归附。唯有两人坚定主战。

其一是鲁肃，他知道孙权的心思，一言不发，趁孙权去上厕所，他追到外面，拉着孙权的手说："刚才众人所说的，全是在误导您啊，万不能和他们决定大事。须知，我鲁肃可以投降曹操，可您不行。因为到时曹操必然把我送回乡里，再不济还能当个小官，有牛车坐，有官差跟，辛苦几年，一路还是能做到州郡长官。可您投降了曹操还能去哪儿呢？"孙权一听，心意又坚定了几分。

其二是周瑜，周瑜是孙策的好友，也是东吴有名的儒将。他从军事上作了一番更有说服力的分析。他认为，曹操名为汉相，实为汉贼，进攻江东名不正言不顺，是不得人心的。何况曹操虽强，但敌人也多，他不顾后患，舍弃擅长的步兵凭水军同江湖边长大的吴越人争锋，实在是自取其短，他的士兵猛然南下，水土不服，多半要染上疾疫。用几万精兵，进驻夏口，保证能击败曹军。

孙权一听，这才下定决心，当着争论不休的群臣，唰的一声抽出长刀，

吕蒙、鲁肃、周瑜蜡像

将面前的桌案劈成两半，喝道："我意已决，再有敢提投降曹操的，有如此案！"

当天晚上，周瑜又去见孙权，说别听曹操吹嘘他有八十万水陆军，其实他手下的北方兵不过十五六万而已，刘表的降兵最多不过七八万，还不是真心归顺，我只要手握五万精兵，就足够对付他了。于是，孙权正式任命周瑜、程普为正副统帅，率军三万与刘备合兵迎战；又任命鲁肃为赞军校尉，负责协助周瑜筹划战略。

出征之际，孙权拍着周瑜的脊背，为他打气，说："这场仗你能拿下最好，不行的话就退回我这里，我亲自和那曹孟德决一胜负！"

至此，孙刘联盟正式形成。

火烧赤壁

周瑜的兵马沿江而下，一直开到樊口和刘备会师。刘备身在前线，日夜盼望孙权率军前来，得知周瑜只有三万人马不禁有些失望。但看到周瑜连慰劳都没时间接，严格奉命行进的治军做派，他又有了几分信心。事到如今，他只能相信这个豪言能孤军破曹的儒将，并命关羽、张飞等两千人跟在大军后面，协助作战。

孙刘联军沿长江逆流而上，开到赤壁时与曹军相遇，一场遭遇战即时爆发。当时，曹军中疾疫流行，士卒战力受损，北方士兵又不习水战，结果首次作战失利，全军退回北岸。而周瑜人马不足也不敢追击，于是在南岸摆好阵势，隔江和曹军对峙。

北方将士不习惯坐船，上了船一受颠簸就头晕目眩，曹操于是下令将战船连接起来，再铺上木板，这样一来，人马在船上就如履平地了。

谁知这个解决晕船的办法给了孙刘联军可乘之机。

周瑜的部将黄盖经验老到，一看曹军阵势立即向周瑜献计："敌众我寡，长期相持必然对我们不利。如今曹军战船首尾相接，这样虽然平稳，遇事却不够灵活。我们用火攻，就可以击败他们。"

周瑜深以为然，命人备好战船十艘，装上干芦苇和枯柴，浇上火油，用以引火。船外则裹上帷幕，插上旌旗，伪装得和寻常战船无二，只是船尾预先备好小艇，以便撤退之用。

然而仅凭十艘火船还不足以实现火攻，要想火攻见效，必须有风助火势，还要找个靠近曹操舰群的方法。

风可以等，接近的机会却要主动创造，为博取信任，周瑜故意装作和黄盖产生矛盾，然后令黄盖向曹操致信，表明归降之义。曹操未必真信，但却答应黄盖率少数船只来舰队投降。若在平时，这十艘小船就是羊入虎口，可当时东南风正急，这十艘满帆而行的小船，在离曹军有千余米远处同时点火时，却成了致命的火船。火烈风猛，小船简直像箭一样飞驶而来，曹军战船即时燃起大火。船上人马手忙脚乱，大火越烧越旺，甚至向陆地上的营寨蔓延。一时间，浓烟烈火，遮天蔽日，曹军被烧死和淹死的不计其数。

至于黄盖等人，早就在点火时划小艇撤退，这会儿正和孙刘联军的主力一起，猛追而来。

清 马骀 历代名将画谱·赤壁纵火

曹军无力抵抗，人数优势不仅不能发挥，反而加剧了混乱程度。最后曹操只能率军从华容道步行撤退。当时道路泥泞，难以通行，天又刮起大风。曹操便命令老弱残兵不计代价背草铺路，最终才使骑兵逃脱，那些铺路的弱兵被人马踩踏，死者不计其数。

这一战，曹军匆忙出逃，粮食也成了问题，士兵因为疾疫和饥饿伤亡过半，撤退已成定局。一路逃到南郡，曹操才摆脱死亡威胁，有时间作出少许布置。他令曹仁、徐晃等人率军守江陵，文聘率军守江夏，乐进率军守襄阳，满宠率军守当阳，保证大军有序撤离，自己率军返回北方。

得到少许休整又回到陆地，曹操的北方军逐渐恢复了战力。所以周瑜虽然及时带兵渡江追来，但对战曹仁时已不能顺利如前了。最终吴军稍稍得利，但追赶行动也被曹仁成功拦截了。

得知前线战况，当年十二月，孙权亲自率军进攻合肥。刘备也趁机率军占领荆州南部的武陵、长沙、桂阳、零陵四郡，以此作为自家地盘。

建安十四年（209），孙权进攻合肥的军队久攻不下，又听到曹操援军赶来，决定撤回江东。而周瑜和曹仁打了一年有余，终于艰难取胜，给赤壁之战画上了迟来的句号。此时刘琦已死，孙权就将刘备任命为荆州牧，把南岸的荆州土地分给了刘备，还将妹妹嫁给了他。

至此，曹、刘、孙各自占领荆州的一部分，形成鼎立之势。

中外对比

208年，赤壁之战。四年后，刘备背叛刘璋，开始反客为主夺取益州。

208年，罗马皇帝塞维鲁亲征不列颠。四年后，罗马皇帝卡拉卡拉赋予帝国境内所有自由人公民权。

赤壁之战

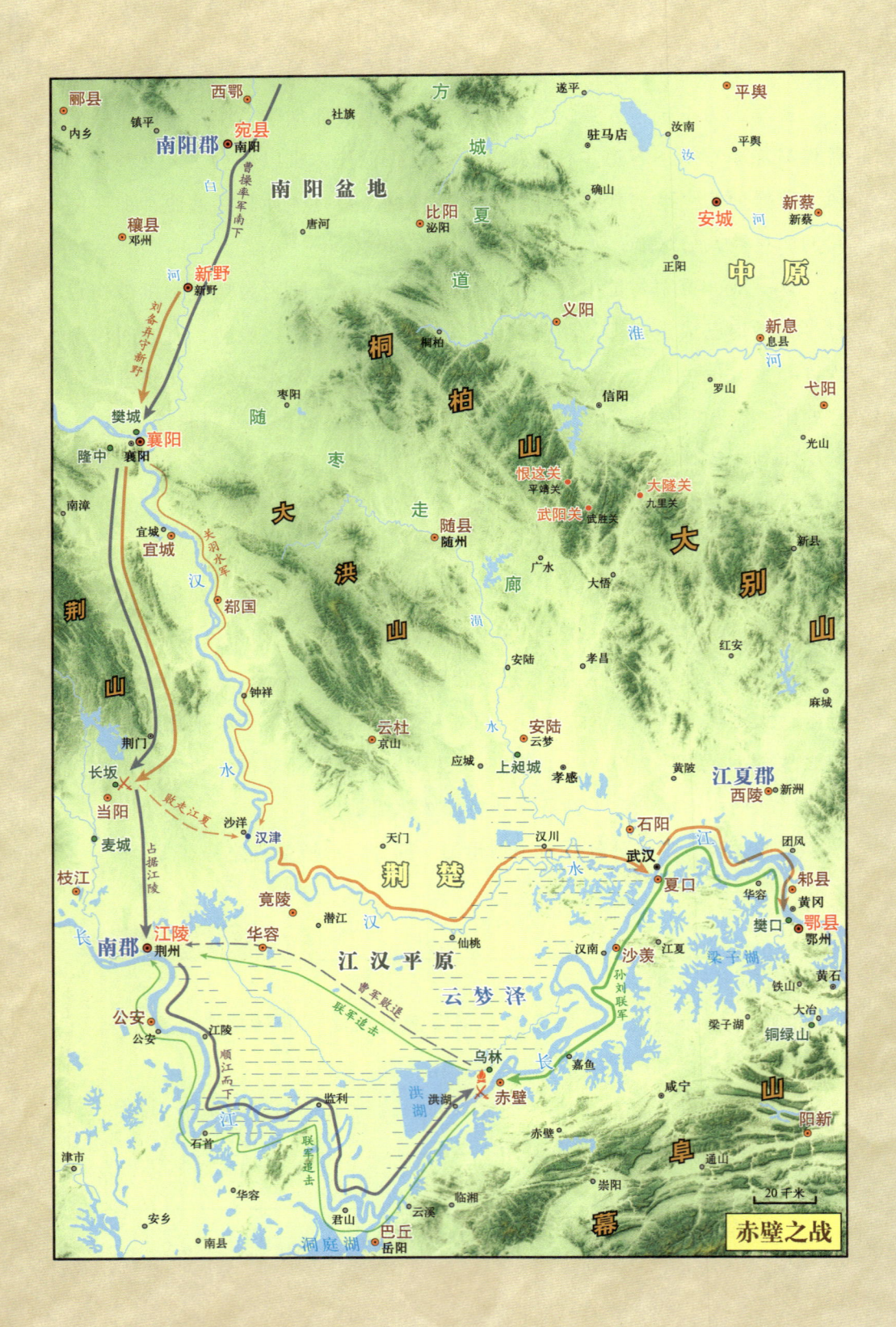

地图专题 赤壁之战

本　　质：汉末三足鼎立局势形成的奠基之战。

作战双方：曹操军及刘琮等人的降兵；刘备、孙权的联军。

背　　景：袁绍败亡之后，曹操扫荡群雄，初步统一北方，开始谋划全国统一。镇守荆州的刘表已死，其子不战而降，隔离南北方势力的便只剩下长江天险。

透过地图说历史：

历史上的赤壁之战绝非只是一场大火，而是打了一年有余。从地图可以看出，中国南北方之间有很多山脉、水流阻隔，北方进攻南方，长江是重中之重。赤壁之战其实就是长江保卫战。当时，孙刘联军兵力远弱于曹操，以弱对强，他们却不守反进。原因是联军处于下游，如果听凭曹军沿江而下，大军很快就会顺水开到孙权的腹地，导致人心动摇，仗也就没有打头了。冒险迎击，是为了将曹操隔绝在东吴境外。

这场阻击的部署很老到：刘备和东吴水军沿江西上，是迎击部队。关羽水军则留守夏口，夏口是周边水系汇入长江的节点，关羽留守此地，可以防止曹操沿其他水路绕开迎击部队进入长江。

因为这种合理布置，初战不利的曹操采取守势，大战才得以在赤壁打响。赤壁所在的长江自西南向东北，配合刮起的东风，正好让大火从东烧向曹操所在的西岸，而不会伤及东面的孙刘联军。

曹操败退后，不得不放弃水路，穿过地图上的虚线区域，也即名为云梦的大片沼泽，捉放曹的故事原型就在这里。他虽然狼狈，但部署并没有乱，仍然控制着长江的上游要地江陵和把控汉水的重镇襄阳。不夺回江陵，孙刘联军要随时面对长江上的威胁。所以赤壁之战在江陵又打了大概一年。直到曹操放弃江陵，孙刘联军才算实现了长江保卫战的胜利。大战使得荆州被一分为三，三足鼎立之势，就是在荆州最初形成的。

地图专题 赤壁余波

本　　质：赤壁战后，曹、刘、孙成为国内三大势力。

重要势力：韩遂、马超、刘璋、张鲁、刘备、孙权、曹操、公孙康、并州匈奴、鲜卑、南匈奴。

背　　景：赤壁之战虽已结束，但这场战争为孙、刘带来的红利还远未被吸纳完全，北方的曹操也开始转变战略，三国均开始抢占中间地带。

透过地图说历史：

赤壁之战结束后，刘备与东吴共同反攻江陵，反攻作战中，刘备以切断曹军粮食来源为由，带兵降服了江南四郡，开始成为一方大势力。此时刘备和孙权一样，短时间还不足以抗衡曹操，最迫切的是稳固和扩张。

而曹操虽然战败，但仍然占据东汉十三州中的八个，只不过因为兵员损失严重及水军覆灭，丧失了长江制江权，短时间无力南下。

在这个背景下，无力消灭对方的三大势力，不约而同地瞄准了未经战火洗礼、长期偏安一隅的中间地带，谁有能力夺得更多中间地带，谁就更有可能实现统一。

曹操制定的战略是三线布局。对西线的关中、汉中乃至巴蜀（东汉称益州，大体是图中刘璋的势力范围）采取武力吞并；对中线的荆州（主体是刘备的势力范围）采取谨慎防守，减轻压力让刘备和孙权在扩张中滋生矛盾；对东线则抢夺东吴淮南的入江口，扼制孙权北上。

刘备制定的战略基本采纳诸葛亮的隆中对策，避开北方的曹操和东方的孙权，重点夺取巴蜀，并破坏孙权、曹操对巴蜀的军事行动。

孙权东面大海，西有刘备，扩张最为受限，只能在南方的交州和西方

赤壁之战后局势（211年）

的益州尝试扩张，在淮南地区和襄阳地区尝试突破。

按照这种战略，东吴最初在周瑜的主导下采取兼并刘备、西取益州的谋划，然而世事无常，周瑜早逝，继任把持政局的鲁肃不仅终止了谋划，还将南郡借给刘备，让刘备基本据有荆州。历史上的刘备借荆州，其实严格说只是借南郡。刘备占据南郡后，明面上支持孙吴攻打益州，可却不出一兵一卒，孙权又不敢通过刘备辖区攻取，此事竟不了了之。

最终，曹操统一关西、占据汉中威逼益州刘璋，刘备趁机入益州援助，鸠占鹊巢占据益州，南郡自然也没有归还。孙权只好南下扩张，占据了山多人少的交州。

这时，北方的鲜卑占据了蒙古草原，逐渐壮大，南匈奴的一部分被曹操征服，安置在如今的山西一带，也就是并州匈奴。益州的南部则分布着大量西南少数民族，时称南蛮，在刘备占据益州以后很久，诸葛亮才发兵平定这里，《三国演义》里著名的七擒孟获就是根据蜀国平定西南的这段历史创作的。

时间 211—219

21 刘备夺蜀

> 十九年夏,雒城破,进围成都数十日,璋出降。蜀中殷盛丰乐,先主置酒大飨士卒,取蜀城中金银分赐将士,还其谷帛。
> ——《三国志·蜀书·先主传》

【人物】刘备、刘璋、法正、张松、曹操

【事件】刘备入蜀、兼并刘璋

刘备一生屡败屡战,赤壁之战后,才勉强站稳脚跟。幸而曹操对益州的军事行动给了他新的机遇,在刘璋的邀请下,刘备率军入蜀,经过数年经营终于取而代之,正式有了鼎足而立的资格。

借口讨伐,进入蜀地

赤壁之战失败,曹操失去了一举统一天下的可能性。一直颠沛流离的刘备却有了立足之地,成为赤壁之战最大的受益者。

当时刘备在荆州虽然只有部分土地,但其声名和身份更被荆州军民认可,所以,荆州人大多投在他的麾下,以致孙权拨给他的土地都有些拥挤了。借此机会,刘备亲自赶到孙权的都城,请求将整个荆州交给他督管。

刘备此行,其实冒了莫大风险,当时孙刘"蜜月期"已过,孙权自然不可能再痛快地将荆州交给卧龙凤雏齐聚的刘备集团。但刘备没想到,他一到江东周瑜就提出软禁刘备,分化关羽、张飞,吞并荆州的计策,幸好孙权没有听从周瑜等人的建议。知道此事后，刘备吓出一身冷汗，再不敢去东吴与虎谋皮了。不久以后，主张囚刘的周瑜去世了，东吴对刘备的态度有了些微转变，鲁肃建议孙权借地给刘备，刘备于是得到完整的南郡。

到建安十六年（211），天下形势再度骤变，曹操恢复元气后不再图谋江东，转而将目标放在了汉中张鲁身上。汉中是关中和蜀地群山之间的一块小盆地，天然和外界隔绝，控制那里的张鲁算起来和黄巾军一样，是靠五斗米道拉拢信徒成为军阀的。孙、曹、刘、袁几家争天下时，张鲁一直想着南下蜀地，强占益州，只不过力量有限，被刘璋挡了很多年。

现在曹操攻张鲁就是要以汉中为跳板，攻下益州，到了益州就可以绕到刘备、孙权的后方，沿长江而下威胁荆州和东吴了。

但打汉中必须过关中，关中经过长安之乱一直是混乱的状态，大小势力很多，以马超（马腾之子）、韩遂最强，他们对曹操只是名义上归附。所以曹操兵力还没到达汉中，就被关中十路军阀十万兵马挡住了。

关中之地顾名思义，就是关隘中的土地。它整体像一个大口袋，在黄河处开了一道口子。从中原赶来，一路都是黄河以南好走，但黄河以南进关中就必须走潼关，所以关中十路诸侯全堵在潼关。

想要在雄关隘口里突破十万兵马，连曹操也没把握，所以他的计划是

东汉　陶船

明攻潼关、暗渡黄河，绕道黄河以北的蒲坂津进入平坦的河西之地。到了那里，关中就是一马平川了。

几万大军如何能瞒天过海呢？曹操想出一个主意，一面和马超等人在潼关一带相持，一面暗中派徐晃、朱灵带四千人偷渡到河西，为大部队过河作掩护。等到徐晃顺利渡河，再把潼关人马撤回，大举渡河。

曹操知道他的兵马动向很快就会被发现，一旦马超大举进兵将徐晃击溃，他的人马再多也过不了黄河。为了避免马超全力进攻徐晃，他摆了一张胡床，坐在上面，和几百勇士留在黄河南岸断后，马超见了，立即将主力用于抓捕曹操。可是由于曹操指挥若定，再加上猛将许褚拼死护卫，以及曹操部下放出牛马引诱，马超居然没能将曹操拿下，反而让曹操大军渡过了黄河，数万曹军绕到了河西之地。

关中诸侯就这样被曹操一举攻破。马超、韩遂等都带着残余势力逃到凉州、并州去了。

在这种情形下，益州别驾张松劝刘璋与刘备结交，并推荐军议校尉法正担任使者。法正见到刘备后，感觉刘备的确有几分英雄气概，比刘璋要强太多，联想到自己在刘璋那里郁郁不得志，顿生仰慕归附之心，于是与张松二人密谋奉迎刘备为益州之主。正在这时，曹操击破马超，直逼汉中，消息传出后，益州牧刘璋可吓坏了。张松趁机劝他，说凭他们

唐　阎立本　历代帝王图卷·蜀主刘备

自己迟早败在曹操手下，只有与他同为汉室宗亲的刘备才能救益州。六神无主的刘璋于是听从张松的建议，派法正去迎接刘备，商讨共同御敌事宜。

法正见到刘备后暗中向他献策，极力推动刘备入川。刘备欣喜不已，但刘璋和他是同族宗亲，又无仇怨，这种乘人之危的事实在不合他讲求大义的伟岸形象。但他也只是犹豫片刻，经过庞统等人一番开导，便觉得虽然对不起刘璋，但为了天下也无可奈何了。

于是，建安十六年（211）秋，趁曹操和马超在关中厮杀，刘备借"讨伐张鲁"名义率军入川，一路上刘璋命令沿途各郡好好招待，大摆宴席，让刘备如同走亲戚般越过重重险隘。不明底细的刘璋哪里知道，刘备心里想的已经是如何取而代之了，只不过碍于明抢对名声损伤太大，一时下不去手罢了。

到了益州以后，刘备享受了近百天的隆重欢迎，更得了二十万斛米、一千匹马、一千辆车、众多缯絮锦帛及近两万益州兵马。得了这些势力，他在益州广施恩典，收拢人心，只是和张鲁发生过几次小小冲突。

兼并刘璋，反客为主

建安十七年（212）十月，曹操部将夏侯渊已再次击溃马超，见腹地平定，曹操便又起了东攻孙权的心思。听闻曹操大军将至，孙权向刘备致信求援，刘备听了，立即给刘璋写信，请求率兵出川，并希望刘璋能为他增兵一万，并提供粮草。

一万人马出川，刘璋觉得太多了，于是只给了刘备四千人马和一半军资。刘璋没有想到，这看似寻常的请求正是刘备之计，刘备救援孙权不假，但谋取益州更真。

刘璋的命令刚一下达，刘备就借故大发脾气，对士兵说："我们为益州征伐强敌，列位军士都疲惫不堪，可刘璋却吝惜赏赐，咱们还怎么为他拼命啊？！"煽动士兵们的情绪后，刘备开始逐步实施政变，带着激愤的军士诛杀刘璋的大将杨怀、高沛，一路向刘璋打去。

听闻刘备造反，益州从事郑度向刘璋献计，建议坚壁清野将沿途居民一律迁徙，将一路的庄稼、粮仓全都烧毁。当时刘备手下不过万余人，又没有粮草，如果被坚壁清野，败亡恐怕只是迟早。刘璋才能不高却有几分仁义，他摇了摇头，说："我们阻挡叛军就是为了安抚百姓，哪能为了躲避敌人而扰动百姓呢？"最终没有答应。

由于战术失当，才能又不及刘备，刘璋节节败退，手下也相继投降，最终被刘备主力围困在雒城。见形势大好，诸葛亮便令关羽守卫荆州，令张飞、赵云率军入蜀，益州其余郡县群龙无首，抵抗无果后逐渐投降归附。

益州易主期间，曹操向西忙于镇压马超引起的叛乱，向东和孙权发生了两次互有得失的战争，所以群雄中谁也没有精力干涉益州之事。

于是，到建安十九年（214），虽然张鲁仍在北方虎视眈眈，雒城本身城池又坚固，但刘备围城一年后仍然将其击破，刘璋只好退守都城成都，其失败已成定局。

西北方逐渐明朗的局势成了击溃刘璋信心的最后一击。

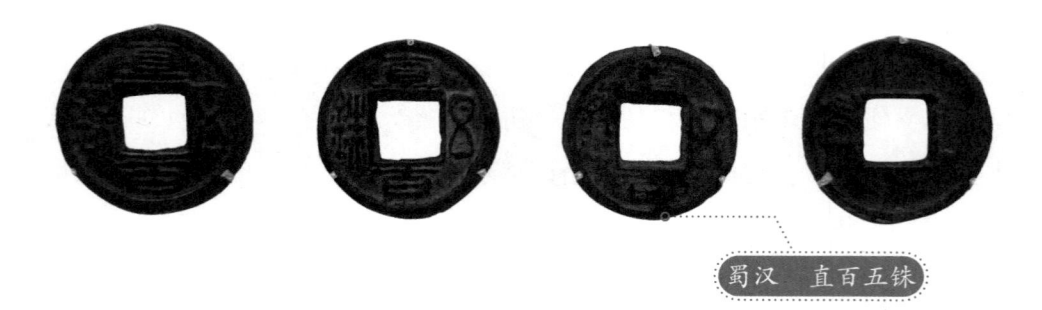

蜀汉　直百五铢

三国时期，蜀汉偏处西南，发展经济受到局限，又连年征战，财政困难，军费紧张，只好采用发行大值虚币的办法来勉强维持。在大臣刘巴的建议下，刘备于汉献帝建安十九年（214）发行"直百钱"。直百钱有面文"直百五铢"和"直百"两种。"直百钱"的发行很快改善了蜀汉政府的财政状况，数月之间，就完成了府库的充实。

建安十八年（213），马超联络羌人、胡人的叛乱被彻底压下。他在冀城的手下趁其出兵时背叛，马超进退失据，留在城内的妻儿都被杀死，只好从关中南下和汉中张鲁结盟。

这次结盟并不融洽，马超心高气傲看不起张鲁的平庸，和张鲁手下的大将杨昂等人也不和睦，所以打算另寻盟友。恰好刘备也派使者前来游说，马超便率部逃离张鲁，投靠了刘备。

有了马超投奔，刘备实力再增，为将损失降到最低，他决定派出说客，游说刘璋投降。当时的成都城池坚固，有精兵三万，存粮可以支撑一年，吏民都愿意死战，但刘璋的信心已经崩溃了，他听了说客的说辞，叹息道："我刘璋父子经营益州二十多年，对百姓少有恩惠，却让他们为我征战三年，葬身草野，我心难安哪！"说罢下令开城投降，成都城哭声一片。

至此，经过三年蚕食，刘备反客为主，兼并了益州之地。拿下成都以后，他履行诺言，将刘璋的财物尽数归还，赐他振威将军印绶，对百姓和刘璋故吏也以安抚为主。

益州于是逐渐安定，成为刘备鼎足三分有其一的坚实基础。

赵云一生曾两救后主刘禅，一次是在当阳长坂，一次是在刘备出兵益州以后。当时孙夫人想要将刘禅带回东吴，幸好被赵云在江上拦住，不然刘禅很可能将作为质子被软禁在东吴。

清 马骀 历代名将画谱·截江救主

22 围绕荆州的恩怨

> 是岁,羽率众攻曹仁于樊。曹公遣于禁助仁。秋,大霖雨,汉水泛溢,禁所督七军皆没。禁降羽,羽又斩将军庞德。梁郏、陆浑群盗或遥受羽印号,为之支党,羽威震华夏。
> ——《三国志·蜀书·关张马黄赵传》

【人物】关羽、吕蒙、陆逊、孙权、于禁、曹仁

【事件】湘水划界、水淹七军、偷袭荆州、败走麦城

> 孙刘联盟虽然互结姻亲,但本质仍然是利益关系。荆州是天下的腰眼,向北可伐曹操,向东可攻孙权,向西则能入巴蜀,一直是引爆三家矛盾的火药桶。

有借无还的荆州

和光武帝得陇望蜀一样,曹操控制关中以后袭取汉中钳制蜀地是必然之举。而对于刘备,由蜀入关,控制汉中、关中正是隆中对策的核心战略,也是刘邦夺取天下的成功先例,所以汉中成为曹操、刘备争夺的焦点。

而偏居江东的孙权,领地被长江天险庇护,也同样被长江限制,想要有所作为关键在于掌控荆州,如能获取荆州,孙权就相当于以长江为护城河和曹操南北对峙。这个目的很难达成:当时曹操虽然在赤壁之战落败,临走却控制了荆州的北出口襄阳,以及连通东吴、两淮和荆州的要地合肥,而荆州七郡中的武陵、长沙、桂阳、零陵则都被关羽掌控。

于是，在益州易主后的五年多时间里，汉中和荆州就是三国角逐的斗争中心，两者虽然远隔千里但其实休戚相关。

建安二十年（215）三月，曹操率先动作，亲自率军进攻张鲁。大军一路西进，反抗的零星势力皆被击破，出兵四个月后，大军已经抵达阳平——汉中的西大门。

而孙权也借机派诸葛亮的哥哥诸葛瑾出使，重提当年刘备落难时孙权出借荆州让他安身之事，委婉地表明，如今您既然已经有了益州立足，是不是该归还荆州了？

刘备正要大展宏图，已经经营三年多的根据地怎么可能归还，但名义上却不好不守信用。于是他敷衍道："我正要夺取凉州，等凉州安定了，一定把荆州尽数归还。"

孙权怎能看不出刘备的敷衍，索性直接向刘备治下的长沙、零陵、桂阳三郡派出自己任命的长官。几个文官怎么可能接管荆州大权，关羽理都不理直接把他们驱逐出境了。这场软冲突也因此迅速升级，孙权大怒，派吕蒙率两万兵马武力接收长沙郡、零陵郡、桂阳郡。

吕蒙亲率大军，又占着大义的名头，所以只是送上几封檄文，长沙、桂阳就转投孙权了，只有零陵太守郝普仍然支持刘备。刘备闻讯，也不甘示弱，急忙亲率五万军队到公安，派关羽率三万人到益阳，准备武力夺回长沙郡和桂阳郡。孙权也不示弱，亲自到陆口坐镇，派鲁肃率一万人防守益阳，与关羽所部对峙。

两军剑拔弩张，但其实都非常克制，不敢轻启战端。最终鲁肃提议和关羽谈判，两军便各将几百兵马驻扎在百步之外，将军们则手持兵刃肃然而谈。

会谈开始，鲁肃立即质问关羽为什么违背承诺。关羽只好辩白："赤壁之战时，我家主公亲自率军作战，与你们共同破敌。难道这些付出都是徒劳而已，连一块土地都不应该得到吗？"

鲁肃摇摇头，说："不是您说的这样，当年我与刘豫州在长坂初见，

"家有盐井之泉，户有橘柚之园"，四川地区富含高盐度的地下水，自先秦以来就有井盐生产的传统。刘备入川后，重启盐铁专卖，盐业收入也是军费的来源之一。

东汉　井盐生产模型

他兵马很少，又被曹军打败，原本不过打算另投他乡而已，哪里想过要击败曹操，夺取荆州？是我家主公念及他无处安身，才不吝惜土地让他度过危难。现在，刘备已经得到益州，不想着把荆州归还，反倒贪得无厌想要兼并两地，如此行事即便匹夫都应不齿，何况一方领袖？！"

关羽虽然忠心于刘备，但生平重义，被说得哑口无言，谈判也尴尬收场。恰好此时听说曹操要兵犯汉中，刘备的益州也将同样面临困境，一番思虑下，刘备不敢再得罪孙权，只好主动请和，和孙权商定以湘水为界，平分荆州：湘水以东的江夏、长沙、桂阳归孙权；湘水以西的南郡、零陵、武陵归刘备。

5 失之汉中，得之合肥

孙刘争夺荆州，最终以刘备退让收场。刘备自然是不甘的，但别无选择，因为汉中的形势已经火烧眉毛了。

建安二十年（215）七月，曹操大军打到阳平，张鲁忧惧非常，一心想要投降，但其弟张卫坚持反抗，率数万人马在险峻的群山间构筑了十里防线。

曹操本来听说阳平城下南北山间有一条很大的口子，难以防守，满以为可以轻易取胜。等实际来攻时才发现山势险峻，攻打起来伤亡很大，一直打到军粮将尽也没有拿下。曹操不免有些沮丧，打算就此撤军。

不想退下的兵马夜间迷路，误打误撞闯到了张卫的别营，这股人马一到，张卫军中都以为遭到奇袭，震惊之下竟然四散奔逃了。曹操抓住机会，趁乱再度组织攻击，张卫便一败涂地了。阳平失守以后，汉中盆地对曹操便一马平川了，张鲁只好撤到巴中，联系当地的少数民族继续抵抗。但他早不是为了东山再起，而是想借机展示价值，以便投降后获得更多优待罢了。所以撤退时，带不走的粮食财物都未损毁，而是封藏原处，留给了曹操。曹操闻弦音而知雅意，派人将张鲁安抚一番，开始谋划下一步对益州的战略。

当时，是战是留，曹操军中意见不一。担任丞相主簿的司马懿认为刘备以不义手段夺取益州，蜀地人心还未依附，而此时刘备又在和孙权争夺荆州，正是大好时机。主簿刘晔也认为刘备和手下的臣子都是人杰，如果不及时出击，等到他们安定蜀地、凭险据守就不是一朝一夕能解决的了。但曹操犹豫不决，认为得陇望蜀太过贪心，迟疑七日后，才猛然醒悟，可蜀地已从听闻汉中被破时的举州震恐中恢复，再难图谋了。

曹操只好派夏侯渊、张郃、徐晃等人驻守汉中，自己则回师了。

战场情形瞬息万变，曹操虽错失威服益州的良机，但他的后续判断是正确的。当年八月，与刘备和解后孙权即刻率军十万，转而围攻重镇合肥，打算打通江东与荆州和北方的通道。

当时合肥守将张辽、乐进、李典只有七千多人马，情况十分危急。幸好合肥被攻曹操在出征前也有预料，预先留了锦囊妙计给合肥守军，内容是：如果孙权来攻，张辽、李典率军出战，乐进防守，护军薛悌不许与孙权交战。

众人看后，惊疑不定，唯有张辽了然，对众人说："主公远征在外，我等若无作为，等到救兵赶来时必然已被孙权攻破。主公的用意是让我们趁对方立足未稳打一场胜仗，挫挫他们的锐气，这样城里的弟兄才有信心守住孤城。"

说罢他连夜招募敢死之士八百人，杀牛设宴犒赏，第二天一早便亲自带这八百勇士直冲敌阵。乱军之中，张辽披甲持戟，杀敌数十，斩将两名，直冲杀到孙权大帐之前，指名道姓要孙权前来应战。孙权大军不明就里，被打得乱了方寸，只好优先保障孙权撤退，等到孙权安全后，才来得及调集人手将张辽等人包围。

张辽见目的达到，这才掉头突围，无奈敌军太多，冲出重围以后，八百人只有几十个还在身边，余下的人被包围其中，都焦急地呼喊："难道将军

清 马骀 历代名将画谱·合肥陷阵

要抛弃我们吗？"

张辽见状二话不说，掉头又杀回重围，再度和大家会合，士兵们见张辽冒死来救，顿时涕泪交加、气势如虹，竟然再度冲破重围而出。这一战八百人从早上打到正午，来去之间所向披靡。孙权的人马士气则大受打击。

此消彼长下，孙权围城十余日都攻打不下，曹操的援军也将赶到，只好决定撤退。不承想撤退路线被张辽瞻望得知，反而在逍遥津遭到一场追杀。逍遥津之战孙权损失惨重，身边的护卫很多都为保护他而战死，他自己也全凭胯下骏马一跃丈余才跳过断桥逃生。

孙权失败以后，群雄斗争的核心又落回汉中，当年十一月，张鲁便举家投降了。没了张鲁相隔，曹操和刘备再度交兵。这一战以曹军将领张郃失败告终，但得胜的张飞也不敢追赶，于是张郃还军汉中，刘备也回身成都，整场荆汉之争暂时告一段落。

此后三年，围绕荆州和汉中，曹、刘、孙三家数度交锋，虽然各有得失，但总体是相持的局面，直到建安二十四年（219）正月的定军山之战。（京剧里很著名的一出《定军山》就以此战为蓝本。）

这一战，和刘备相持一年多的曹操大将夏侯渊贪功冒进，被刘备麾下

成语典故

浑身是胆

汉中之战时，曹操的运粮队经过北山，蜀汉大将黄忠发现了，于是率兵抢夺粮草，过了很久也没有返回。赵云觉得奇怪，便率领数十名骑兵出营查探。不巧正好赶上曹操的兵马大举出动，双方狭路相逢。赵云知道营中空虚，盲目撤退是死路一条，于是反而下令几十名骑兵突击曹军的前阵，数次交锋后才退回营中。他下令营中不关大门，不敲战鼓，连旗帜也一一收起，完全摆出一副空城架势。曹操惊疑不定，竟然没有进攻。刘备知道以后，赞叹道："子龙一身都为胆也！"

大将黄忠借地势自高而下擂鼓突袭击败，夏侯渊应对不及，竟然死于阵中。夏侯渊败亡后，黄忠又趁机攻向十五里之外的夏侯渊大营，大营中的残军因丧失主帅而迅速溃败，全靠张郃临危受命，勉强重整队伍和刘备对峙。

夏侯渊败后，刘备军队借机在汉中站稳脚跟，哪怕曹操于当年三月立即率军支援，也改变不了刘备对汉中的势在必得了。凭借有利地势，刘备令蜀军只守不战，并派黄忠抄略曹操的粮道。汉中之战于是变成一场比拼后勤的消耗战，两军相持到五月，运粮更难的曹操率先屈服，只得将汉中驻军带回长安，将汉中让给了更具地理优势的刘备。

至此，刘备占领汉中全境，并趁机攻下了房陵、上庸、西城等曹操势力薄弱的边郡，势力进一步扩展。当年七月，刘备称汉中王，以期复现刘邦的丰功伟绩。

5 威震华夏

荆州和汉中休戚相关，所以曹操在汉中失利的消息刚一传出，孙权就再度发兵攻打合肥。

曹操不得不将大部分军队调到淮南，以应付东方的危局。但荆州的势力不止孙权一家，此时关羽已经镇守荆州多年了，对曹操手中的襄阳、樊城等重镇，他已虎视多年。看到曹操被孙权牵制，南部防守空虚，他当机立断，命令南郡太守麋芳镇守江陵，命令士仁镇守公安，交接职责后，他亲率主力军北攻襄阳和樊城。

襄阳和樊城隔汉水相对，互成犄角之势，是荆州的北出口，经襄阳北上，就是平坦的南阳盆地，可以直捣曹操腹地，所以这里是曹操抗拒孙刘北上的战备要地。以曹操的谨慎，即便主力和孙权周旋之时，樊城仍有曹仁镇守，襄阳则有吕常镇守，此外他还派徐晃驻守宛城，派于禁、庞德驻军樊城北部，从而策应曹仁，以备不测。

明 商喜 关羽擒将图

此图描绘的是关羽水淹七军、活捉敌将庞德的故事。

这些人多是曹操手下征战几十年的大将，彼此呼应下，襄阳、樊城真好似铜墙铁壁。然而天有不测风云，于禁是北方人，不熟悉南方的气候地理，在扎营时，所率七支军队数万人马都犯了低地设营的大忌。

结果正赶上八月大雨，汉水暴涨，酿成洪灾，平地积水数丈，于禁所率七军营地全部被水淹没，他只好带将士转移到高处避水。仓皇之中，人马尚不能保全，粮食辎重能剩下多少就可想而知了，而且困居高地，这些军队简直成了瓮中之鳖。

而关羽久在荆州熟悉水战，立即派军登上大船，对高地上的于禁人马发起猛攻。于禁跟随曹操三十多年，早看出此时欲退无路，索性率数万人马投降。倒是庞德异常刚烈，率军从早晨一直战到中午，以弓箭顽强阻击。箭尽矢竭后便短兵相接。当时大水仍在无情暴涨，庞德所部几乎无立足之地。将士们或死或降，唯有庞德怒发冲冠，苦战到大水袭来，才登船撤退。但水势太大，小船顷刻被击翻，一片汪洋中庞德沦为俘虏。面对关羽，他怒目而视，宁死不跪，口中怒骂："我宁做国家之鬼，不当贼军之将！"关羽虽爱慕他的气节，但事到如此，也只能将他杀了。

没了于禁七军掩护，临近汉水的樊城便成了孤立无援的泽国，被关羽趁机以战船围困。樊城仅有数千守军，城墙因水淹多处崩塌。曹仁知道困守樊城凶多吉少，但樊城是钳制关羽的重要据点，一旦失守，没有后顾之忧的关羽将长驱直入，后果不堪设想。所以他杀白马和将士盟誓，在孤城死守不出。大水几乎淹没城墙，而曹仁宁死不退。关羽没有时间和曹仁周旋，只能分兵围困，同时包围襄阳，逼降荆州各部。

在他水淹七军的威名之下，曹操任命的荆州刺史胡修、南乡太守傅方纷纷投降，许昌以南多有势力和关羽遥相呼应，关羽之名威震华夏。

曹操深感威胁，准备迁都以避锋芒。但此时丞相军司马司马懿、西曹属蒋济两人献上一条妙计，主张挑拨孙权和刘备之间的关系，以割让长江以南的土地为诱饵，怂恿孙权攻击关羽的后方，以此解除樊城之围。曹操听后，当即放弃迁都，遣使孙权。

其实不消曹操出使，孙权一方已然暗流汹涌。当时，主张抚慰关羽共谋曹操的鲁肃已然去世，取而代之的是将军吕蒙。吕蒙对刘备的态度更有进攻性，早在代鲁肃屯兵陆口时（217），吕蒙就分析形势，献上了分兵向西钳制刘备援军，然后进占襄阳，从而占据长江全线的战略。

于是，威震华夏之后，关羽的背后已是危机重重。

清　马骀　历代名将画谱·水淹七军

5 败走麦城

关羽是一个有远见的将领，所以对孙刘联盟的稳固并不抱很大信心。夺取樊城之余，他同样在严防孙权偷袭。临行前再三嘱咐糜芳、士仁小心镇守江陵、公安，并将大部分军队留在南郡，沿江设防，建起烽火台，每二三十里设一座岗楼。对陆口守将吕蒙，他更是时刻留意，可谓防守严密，无懈可击。

东汉　铜吊灯

但他终究还是小看了吴下阿蒙，这位后起将领几年前还只是个没什么文化的草莽将军，近几年却一心向学，进步神速，所谓"士别三日当刮目相待"说的就是他的故事，此时的吕蒙已经堪称东吴的栋梁之材了。吕蒙深知关羽对他提防备至，于是佯装生病，并分出一支疑兵返回建业作出病重求医的假象。吕蒙演技逼真，连自己人都骗过了。当时一位校尉力劝他出其不意偷袭关羽，吕蒙心中激赏此人见识，表面却是一副病恹恹的样子，坚持说关羽不可图谋。这个有见识的校尉就是日后名震天下的儒将陆逊。正是因为这次提议，吕蒙拜会孙权时极力推荐当时还没什么名声的陆逊接替自己驻守陆口。他让陆逊表面态度谦卑地向关羽示好，暗地里寻找可乘之机进攻。关羽于是被虚假情报麻痹，抽调大量后备兵马以图一举拿下樊城，平定华夏。

一场针对关羽的阴谋悄然展开。关羽攻打樊城之时，曹操的大将徐晃所率的先头部队来到了阳陵陂。当时关羽正屯兵偃城，徐晃兵马本来不足以拿下偃城，但他抓住关羽孤军深入害怕后路被断的心理，佯装截断道路，关羽见了只得忍痛烧毁营地，把一座空城留给徐晃。于是徐晃进驻偃城，和樊城遥相呼应，只是碍于人数尚少，不敢轻举妄动。

时间 208—220

再说孙权，孙、刘两家毕竟是盟友，想对刘备用兵还缺一个借口。恰好关羽新收了于禁几万降兵，粮食供给不济，只能紧急强行从孙权旗下的湘关取米。此事可大可小，一般事后补偿也就够了，但孙权借机发作，一面派吕蒙出兵偷袭，一面给曹操写信谋求讨伐关羽的报酬，并请求千万保密。

然而曹操的报酬可不是好拿的，他表面满口答应，暗中却给徐晃下令，让他用弓箭绑上孙权援军到来的字条，往樊城里射，射箭时故意有几根射得近些，落在关羽军中。如此一来，孙权背叛盟友的事公之于众，樊城守军士气更足，关羽军队却垂头丧气。

虽然知道孙权反水，但关羽已经反应不及了。此时吕蒙已到浔阳，他将精锐士兵藏在商船的货舱，让手下身着白衣摇橹，扮成商人模样，一路日夜兼程，向江陵悄悄靠近。关羽安排的哨兵防不胜防，全部被俘。

新乡市博物馆关羽像

关羽成为商人供奉的财神始于明朝末年关公成"关帝"后。商人做生意、谈买卖，要的就是信和义，而信义是关羽最优秀的品质，这也是商人最为推崇关羽的原因。

这时关羽收编于禁几万兵马的后患也到了。因为人数暴涨后勤供应不足，所以关羽不仅要出下策强求孙权地盘上的粮米，还给担任后勤的士仁和糜芳造成了巨大压力，如此一来士仁和糜芳担心战后被追究责任，也就起了反叛之心。由于镇守南郡要地江陵、公安的糜芳、士仁叛变，吕蒙率兵到达之后，南郡毫无抵抗，开门即降。关羽和远征将士的家属全被东吴抓获。荆州和益州的联系也被彻底切断，关羽瞬间成了孤军在外。

祸不单行，没多久，曹操率主力从洛阳到达摩陂，并先后派十二营兵进入偃城，归徐晃指挥。得到生力军后，徐晃开始攻击关羽营寨，在几次小规模冲突中稍占上风。而关羽又接到后方南郡投降的消息，只好放弃围城，南下救援。

关羽原以为军中士卒见家乡被破、妻儿被抓会同仇敌忾，谁知吕蒙手段极为高明，对投降郡县的财物分文不取，对百姓秋毫无犯，反倒大加赈济，并允许他们给军中亲人报平安。结果这些消息传来，关羽手下都只想回家，毫无斗志了。

关羽明白回援南郡已经只是妄想，便停止南下在麦城驻扎下来，打算死守此地等待刘备救援。但他手下的士兵全都无心打仗，跑的跑、降的降，已经不堪大用了。关羽只好给孙权下假降书，令士兵连夜在城上多多布置幡旗和假人，趁着夜色解散人马，带着几十个忠心的骑兵逃向益州。

可孙权早就料到这点，派人在后路包抄，结果曾经于万军中取上将首级的关云长，势单力孤，竟然被一个籍籍无名的小军官在章乡抓获，落得身首异处的下场。

关羽之死，引得天下震动，孙权集团自周瑜、鲁肃离世后形成了以吕蒙、陆逊为中心的第二代栋梁，而孙权为了自保，也首次向曹操上表称臣，获封骠骑将军、荆州牧。三分天下的局势发生急剧变化。

知识充电

魏武三诏令

关羽死时，曹操已经为政二十多年，他为政的主张和两汉讲究仁孝的儒家思想不同，是一种追求实用的法家思想。这种思想在三条诏令中最为明显，这就是魏武三诏令。诏令中曹操反复强调唯才是举，不论品德，只要有治国用兵之术，哪怕不仁不孝也务必举荐。这一诏令给魏国带来大量人才，但也使得魏国统治者和士族门阀产生矛盾，在一定程度上为魏国权力被司马氏篡夺埋下了伏笔。

地图专题 襄樊之战

本　　质：打破魏、蜀、吴在荆州地区平衡的一战。

作战各方：关羽所率的远征蜀军以及糜芳等率领的防守蜀军；徐晃、于禁所率的回援魏军，曹仁、吕常所率的驻守魏军；陆逊、吕蒙所率的奇袭吴军。

背　　景：刘备夺取西川，击杀曹操大将夏侯渊，而曹操主力南下江淮，襄、樊一带兵力空虚。

透过地图说历史：

襄樊之战，打出了"水淹七军""威震华夏""长驱直入""败走麦城""白衣渡江"五个成语，可见其精彩程度。为什么叫襄樊之战呢，因为这一战的起因是关羽碰了襄阳和樊城这对火药桶。

细心的读者可能已经看出，我们选取的地图中黄绿色的平原南北宽阔，正中部分被雄伟的大巴山、桐柏山、大别山几乎夹断，形状仿佛腰鼓一般。这个腰鼓的腰眼就是襄阳和樊城，它们紧贴汉水，呈掎角之势。这意味着曹操只要守住襄樊，就控制了荆州到中原的咽喉，进可攻、退可守。

襄樊之战爆发前，曹军正在东西两面作战，西面大败，东面在江淮地区被孙权牵制。这对镇守荆州的关羽来说是个大好机会。但关羽没想通透的一点是，襄樊空虚是因为曹操被孙权牵制，孙权牵制曹操，为的是东吴的安全利益，可关羽占据襄樊，蜀汉的领地连成一片，是不利于东吴安全的。

如此一来，孙权为什么还要继续损人不利己地进行牵制呢？更何况，如果东吴反过来联合魏军，截断关羽的去路，那东吴最不济也能统一荆州，

甚至可以进占襄樊，占据几乎整个长江以南，凭长江和曹操对峙。而被迫退回群山环绕的蜀地的蜀国，注定只能是一个偏安政权。孙权有什么理由不背叛呢？

　　背叛关羽的方法，是非常简单的，就是控制长江。而长江在流出蜀地的一段非常狭窄湍急，也就是我们熟悉的长江三峡。只要控制了三峡中最后的西陵峡，任由蜀地千军万马，也都无可奈何了，这就是白衣渡江的全部思路。

　　进有曹操回援的军队，退有东吴的守兵，此时的关羽，唯一的生路就是走上庸方向，沿沮水而上，找一些回益州的法子。可孙权早就在这里做了布置，一代英雄关羽也只能饮恨。

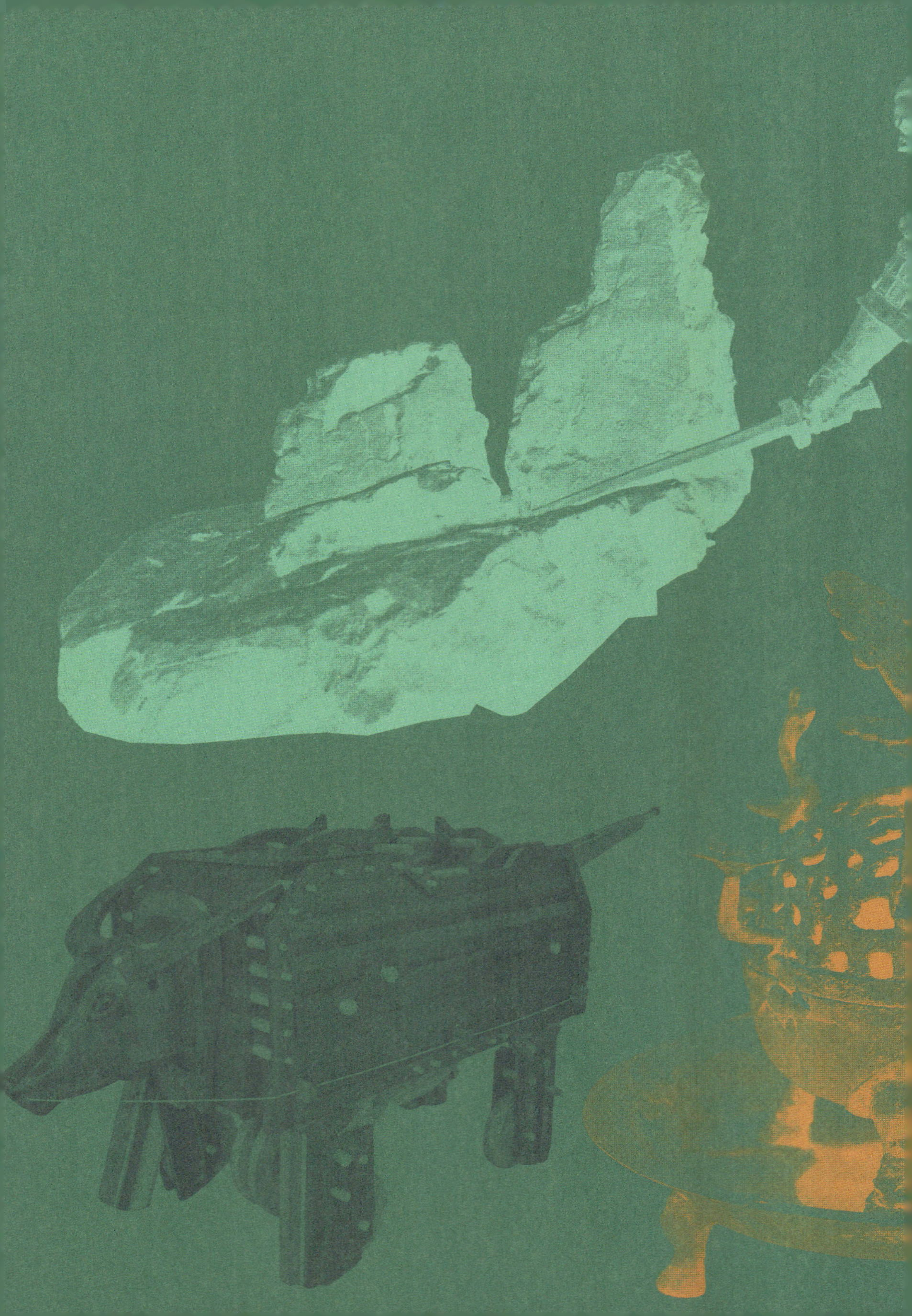

220—226	汉祚终结
221—222	夷陵之战
223—234	三国互伐
229—250	三氏政衰
235—250	司马崛起
251—260	三马食曹
263—280	平蜀灭吴

三国

220—280

　　蜀的地方最小，只有今四川一省，其云南，贵州，全是未开发之地。吴虽自江陵而下，全据长江以南，然其时江南的开化，亦远在北方之后。所以三国以魏为最强，吴、蜀二国，常合力以与之抗。……赤壁之战，是天下三分的关键，其事在西元二〇八年，至二八〇年晋灭吴，天下才见统一……

　　　　　　　　——吕思勉《吕著中国通史》

时间 220—226

23 汉祚终结

> 文帝天资文藻，下笔成章，博闻强识，才艺兼该；若加之旷大之度，励以公平之诚，迈志存道，克广德心，则古之贤主，何远之有哉！
>
> ——《三国志·魏书·文帝纪》

【人物】曹丕、曹植、司马懿、孙权

【事件】世子之争、建魏代汉、攻打孙权

曹操生时，早已位极人臣，但终其一生，并未建魏代汉。在他死后，曹丕袭承职爵，废汉献帝为山阳公，自立为帝，成为那个时代的领先者。曹丕虽然在位时间不长，但对魏国的巩固和壮大，做出了很大贡献。

魏武归天

关羽之死，是历史的转折点，此后短短几年，吕蒙、曹操、刘备等老一辈风云人物相继离世，孙、曹、刘三家争霸的局势也逐渐演变为名副其实的三国之争。

此前，今天耳熟能详的蜀汉、曹魏、孙吴这三个国家其实并未建立，刘、曹、孙三家名义上仍然是汉献帝的臣子，汉朝的国祚也在名义上苟延残喘。但关羽死后，一切都变了。

建安二十四年（219），击败关羽的吕蒙还未及受赏就病发身亡，享年四十二岁。

黄初元年（220）正月，魏王曹操行至洛阳去世。

曹操一死，北方瞬时暗流汹涌。一场继承人之争悄然展开。

曹操一生有二十多个子嗣，其中有才者比例极高。所以自长子曹昂在南征张绣时遇害以后，继承人之争就一直明里暗里地展开。

魏武王常所用格虎大戟石牌

当时最有能力接任曹操地位的儿子有两个，一个是曹丕，另一个是曹植。

曹植就是写就《七步诗》、名震天下的大才子，后世的谢灵运对他评价极高，认为天下才华若只有一石（十斗），则曹子建（曹植）独占八斗。这句评价流传开去，就成了"才高八斗"这个成语。

但曹丕也不差，他和曹植是同母兄弟，六岁学会射箭，八岁学会骑马，十岁开始随父南征北战。他体魄强健、见闻丰富，文学素养同样深厚。

所以哪怕以曹操之英明，也对立谁为继承人犹疑不决，下属也因之形成两个派别。整体上说，因为曹植才华更高，所以曹操最初偏向曹植，朝中的名士也偏向曹植。

可惜，成也才华，败也才华，因为文气过重，曹植沾染了清高自傲等不少名士习气，也就不那么适合搞政治了。天长日久，曹操也看清了儿子们的脾性，又想起袁绍废长立幼的前车之鉴，不由得流了一身冷汗，最终在司马懿等大臣的建议下将曹丕立为继承人，不再改变了。

但曹操没想到的是，自己死在了洛阳，而世子曹丕当时任职在外，一时无法赶回，先迎接曹操灵柩的是他的另一个儿子曹彰。曹彰只是个出色的武将，没有争夺继承权的想法，但他心里更偏向曹植，于是先把曹植请到了父亲灵前。

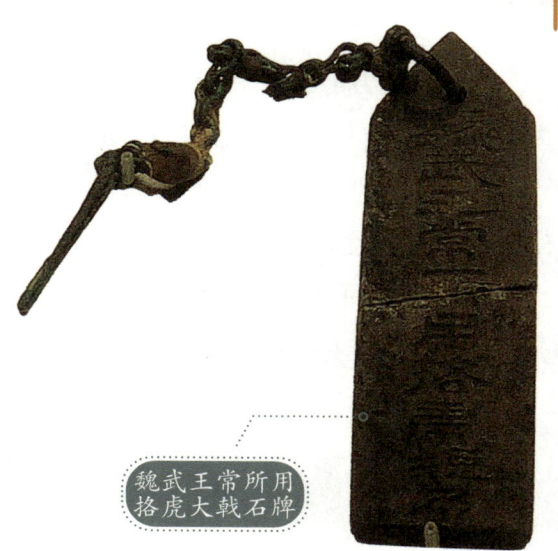

时间 220—226

按照历朝历代的先例,曹植只要在曹操的遗言上做些手脚,再抢先控制都城就有机会登位。可曹植的名士风骨占了上风,他最终将曹丕请回,让王位平平稳稳地传承下去。

曹丕是称职的领袖,唯独心胸不够开阔,他继位以后,曹植一直过着被监视软禁的日子,以至于写下了:"萁在釜下燃,豆在釜中泣。本是同根生,相煎何太急!"

寻用逸事

曹冲称象

曹操最聪明的儿子其实是曹冲,他五六岁时,思维就敏捷如成年人。有一次,孙权送来一头巨象,曹操想知道象的重量,这可难住了一群属下,他们左思右想都想不出称象办法。只有小小的曹冲奶声奶气地说:"把象放到大船上,在船吃水的地方做上记号,再向船上装其他东西,吃水到记号为止。称一下那些东西,就知道象多重了。"曹操听了很高兴,马上照这个办法做。

曹冲称象场景

5 建安风骨

曹操去世以前，汉献帝连续二十五年使用"建安"这一年号，所以"建安"就成了这一时代的代称。建安二十五年中，天下大乱、群雄逐鹿，百姓生活动荡煎熬，但国家不幸诗家幸，这段家国悲歌却开创了文学的新纪元。

建安时代，"三曹""七子"并世而出，为诗歌开创了全新气象，"建安风骨"也成为近两千年来的美学典范。

所谓"三曹"，就是曹操、曹丕、曹植三父子。曹操虽然毕生戎马倥偬，但哪怕在军旅中也手不释卷，对文人、文化有发自内心的怜悯。他为人和其诗作一样，有严苛无情，也有柔情雅致。东汉大乱时，一代大儒蔡邕的女儿蔡文姬被掳到匈奴数十年，就是曹操派人将她赎回的。

曹操的诗从形式上是两汉乐府的旧题，但内容却摆脱了原题的促狭，别有一番开阔意境，其代表作《观沧海》《短歌行》《龟虽寿》都是流传千古的名篇。而《蒿里行》等诗作则堪称诗史，那"白骨露于野，千里无鸡鸣"的笔墨将东汉末年天下大乱的惨状披露无遗。

由于崇高的政治地位，曹操得以网罗天下英才，建安时期闻名于世的文人墨客大多效命于他麾下，并因此获得舒展才华的机会，可以说曹操是建安文学当之无愧的领袖。

曹操之外，曹丕也以文才著称，只不过他的诗多了些公子的富贵气、书生的清雅气，不能再如父亲一般雄浑悲壮了。读着"明月皎皎照我床，星汉西流夜未央"的诗句，很难想象这位严格冷漠的君王也有如此娴雅的精神世界。

曹丕一生存诗四十首，主要写宴饮、情志和征人思妇情怀。其代表作《燕歌行》是中国现存第一首成熟的七言诗。

据说曹丕在身为世子留守邺城时，经常和文人游玩宴会，拼酒作诗，由此形成了著名的邺下文人集团。"三曹"之中，仅以文学成就而言，曹植可谓后来居上。后世钟嵘在《诗品》中评价曹植，认为他对文学的意义就像孔子、周公对礼法的意义一样深远。

为什么后人如此推重曹植？第一是他的诗文采富艳；第二是他对五言诗里程碑式的重大贡献。曹植的五言诗自上秉承《诗经》的庄雅，自中取法楚辞的浪漫，向下则借鉴了乐府诗抒写现实的风格，可以说几乎以一己之力，完成了乐府诗向文人诗的转变。

曹植的诗，以曹丕登位为分水岭，此前朝气蓬勃、乐观浪漫，是高呼"捐躯赴国难，视死忽如归"的少年英雄，此后却在漫长的幽囚中变得沉郁愤懑，如同屈原一样借香草美人自比，成了发出"愿为西南风，长逝入君怀"的孤舟嫠妇。这也是曹植为后世爱怜的第三个原因——其悲剧的命运引发了怀才不遇文人的普遍共情。

所谓"建安七子"，是指建安时期颇有影响力的七位文学家，是曹丕在《典论·论文》里评出的，包括孔融、陈琳、王粲、徐干、阮瑀、应玚、刘桢七人。七人中除了孔融早死，其余都是邺下文人的代表，也是那一时代文学的标杆。

介绍过建安时代的文人，我们再来看建安风骨。其实，可以从"风"和"骨"两种意象来理解这种矛盾的美学。

风，轻灵，悲凉。骨，坚硬，沉重。合起来就是建安时代饱受战火洗礼的文人精神世界。他们既在离乱之苦中感叹人生短暂、命运无常，又怀抱着慷慨的志向，渴望建功立业，张扬自我，所以，他们既柔弱感性，又慷慨激昂。这种矛盾的美学精神，就是建安风骨。

曹魏　白玉杯

这只素朴的白玉酒杯，是诗酒唱和文人交游互动的常见器物。而它的设计造型则差异于中原传统风格，透露着自丝绸之路而来的西域之风，是那个年代丝绸之路进一步拓展的侧面证据。

奇闻逸事

坟前学驴

建安年间，生活悲苦，于是名士们大多追求精神的自由和个性的张扬，他们的交往不仅没有书生的刻板，反而嬉笑怒骂，不拘一格。以建安七子中的王粲为例，他和曹丕关系很好。217年，王粲死去，曹丕亲自赶去哭吊。灵堂，本是严肃场合，可曹丕眼珠一转，想出个歪主意："仲宣（王粲字）生前喜欢驴叫，我们就各学一声驴叫来送走他吧！"吊客们多是名士，听了曹丕之言又想起王粲不羁的样子，于是纷纷流着眼泪学驴叫，此事一时传为佳话。

5 文帝安国

曹丕当上魏王，手掌大权，心情激动，志得意满。为实现天下一统的梦想，他吸取历史教训，迅速集中权力，稳稳控制朝政。

对内，他重新分配权力，任命贾诩为太尉、华歆为相国、王朗为御史大夫、夏侯惇为大将军。对外，他册封投降的郑甘、王照为列侯，又命苏则率军平定武威、酒泉和张掖的叛乱，还命令夏侯尚、徐晃与蜀将孟达里应外合，收复上庸三郡。

在政治上，他冒天下之大不韪于建安二十五年（220）十月，逼迫汉献帝禅让帝位，结束了四百年两汉天下。他改元黄初，改国号为魏，追奉曹操为魏武帝，自己登基称帝，也即魏文帝。即位后，曹丕没有做得那么绝，他将汉献帝奉为山阳公，以河内郡山阳邑一万户作为封邑。

当时汉朝名存实亡多年，朝中百官虽在，但只是挂个虚名而已，他们的实职，是在曹操帐下担任的职位。所以曹丕废帝，百官不过暗地唏嘘一番，朝政并未有多大动乱。就连孙权和刘备也因为关羽之仇没能前来骚扰，借此机会曹丕发挥才干，做出数项影响深远的决策。

首先，他从制度上铲除宦官干政的根源，将在汉末政变中兴风作浪的中常侍和小黄门废除，改设散骑常侍和散骑侍郎，并公开下令，严禁宦官干预朝政和担任朝廷官职。为了这项政策能持续执行下去，他令人把禁止宦官干政的条令镌刻在金属简策上，珍藏在石室之中。

东汉 鎏金动物

其次，确立九品中正的选官制度。所谓九品中正，就是选取德高望重之人担任中正官，专门负责人才的察举，这些中正官员按标准将各个州郡察举的人才分为"上上、上中、上下、中上、中中、中下、下上、下中、下下"九个品阶，中央按照品阶任用人才。这一制度是中国封建社会三大选官制度之一，是对两汉察举制度缺乏标准、有失公平的补救。当然，任何由人进行的评选都难以保证绝对公平，所以九品中正制度又变相地给士族门阀大量为官的机会。由于曹家以宦官势力起家，创业时又采取不拘一格的人才任用原则，所以九品中正制度当时还能缓解曹魏王室和世家门阀的矛盾。

再次，设立中书省，严禁后宫摄政，勒令群臣不得向太后和皇后上奏政事，外戚不得当辅政大臣，并对藩王权力大加限制，一些著名的藩王如陈王曹植都受到严密管控。

为整肃朝纲，曹丕还颁布《日食勿劾太尉诏》，颁发《禁诽谤诏》和《百官不得干预郡县诏》，以改变朝臣利用日食等天象相互诬告或者干预地方政治的不良风气。

在军事成就上，曹丕远不如父亲曹操。但正因为对外扩张的不顺利，曹丕将重点放在国内，整体采取宽仁的政策，继续发展屯田制，实行战略防守，客观上让百姓得到休息，北方也开始重现安定繁荣局面。

在曹丕执政期间，魏国国库充实，版图扩大，国力大增。

连孙权也坦然接受了曹丕大将军加吴王的册封。孙权如此老实，最主要的原因就是他得罪了蜀汉。当年，孙权袭杀关羽，刘备非常愤怒，起兵为关羽报仇，攻打东吴。其间，孙权多次派人写信求和，但刘备根本不答应，反而攻下巫口和秭归。

孙权见与刘备大战不可避免，又担心曹丕会趁机进攻东吴，只得在黄初二年（221）正月，给曹丕上书说他要出兵迎敌。曹丕乐得刘备和孙权大战一场，不仅承诺不会干预，还特意作《报吴王孙权书》，鼓励孙权率军努力杀敌。

当时，刘备率军东下，与孙权交战，在树林里建立连营七百多里。眼见蜀军人多势众，大臣们都担心战后刘备实力坐大，但曹丕非常相信自己的判断，对群臣说："刘备不懂兵法，哪有连营七百里抵抗敌人的！这是用兵忌讳。孙权一把火就能战胜刘备。依我看，孙权打败刘备的上书快到了。"果然，七天后，孙权在夷陵打败刘备，派人送来文书报喜。

夷陵之战结果虽然如曹丕所期待，但是曹丕对孙权却极为不满。因为蜀国威胁解除后，孙权承诺派长子孙登到洛阳当人质的事一拖再拖。魏、吴关系貌合神离，变得微妙起来。

两个月后，孙权起兵进攻魏国。面对孙权的欺骗与背叛，曹丕十分恼怒，下《伐吴诏》，从许昌出发南征，诸军并进。不久，曹真、张郃、曹休等诸路军相继击败孙盛、大破吕范、火烧诸葛瑾，几乎攻下江陵。孙权临江拒守，几条战线或溃或败。

曹丕胜利在望，不料遇到疾疫。孙权又乘机重新遣使纳贡，双方言和。曹丕下令退兵。曹丕退兵后不久，镇西将军曹真率诸将及州郡兵击败叛乱的胡人治元多等，平定河西。这次胜利弥补了曹丕攻伐东吴的遗憾。

时间 221—222

24 夷陵之战

> 二月，先主自秭归率诸将进军，缘山截岭，于夷道猇亭驻营，自佷山通武陵，遣侍中马良安慰五溪蛮夷，咸相率响应。镇北将军黄权督江北诸军，与吴军相拒于夷陵道。
>
> ——《三国志·蜀书·先主传》

【人物】陆逊、孙桓、朱然、潘璋、徐盛、刘备、黄权、张南

【事件】刘备起兵、夷陵对峙、火烧连营

关羽之死，令刘备对孙权恨之入骨，作出一生最不理性的举动，倾举国之力东下伐吴，结果迎来一生最大的惨败。夷陵之战令蜀国元气大伤，彻底失去了夺回荆州的机会，也决定了蜀国在此后几十年间知其不可而为之的悲剧命运。

为弟复仇

关羽之死，刘备如丧至亲；荆州之失，则彻底破坏了诸葛亮的隆中对策。所以，于情于利，孙权的这次背叛对刘备都是一记重创，刘备和孙权也迟早将因之一战。

只是刘备太心急，刚休养一年多，就按捺不住，接连作出两个错误选择。

其一，借汉献帝已死的谣言于曹魏黄初二年（221）称帝，改元章武，国号为汉，也就是后世熟知的蜀汉。刘备本意是求个名正言顺，以天子名

号征讨叛贼，但当时汉献帝仍在，所以北方人并不买账。

其二，大兴兵马，夺回荆州，为关羽报仇。此举更加不合时宜，一来孙权占据有利地形对蜀汉有天然的钳制作用，二来当时曹操刚死，和孙权联手伐魏明显比攻打孙权时机更好。

但刘、关、张兄弟情深，聪慧如诸葛亮、忠勇如赵云均劝阻不得。

似乎上天也在给刘备警告，蜀汉大兵未出，刘备的另一个手足兄弟张飞竟然因为打骂下属，被手下张达、范彊暗杀，两人提着张飞的头颅就投奔了孙权。

可怜关、张两位虎臣，有万夫不当之勇，却全都死于非命。

部将叛逃，刘备兴兵复仇的消息自然不胫而走。孙权得知后非常头疼，赶忙向蜀汉求和。诸葛亮的哥哥诸葛瑾也冒险私下给刘备写了一封信，信中恳切地说："陛下，您是和关羽亲，还是和先帝亲？是荆州大，还是天下大？您该先向谁报仇，该先谋取哪里，不是一目了然吗？"很显然，诸葛瑾在提醒刘备以大局为重，先找曹丕为先帝报仇。

刘备看后，依旧执迷不悟，于当年七月亲率大军对孙权发起大规模进攻。当时，两方边界已西移到巫县附近，三峡成为两方势力之间的主要通道。刘备便派吴班、冯习、张南率三万人为先锋，夺取峡口，攻入荆州。

孙权无奈，只得放弃攻打魏国的心思，向刚继位的曹丕说软话，送还之前俘虏的大将于禁等人，表示要割让土地称臣于魏。此时，孙、刘交兵之事魏国尚不清楚，还以为曹丕英名在外，吓到了孙权。只有侍中刘晔一眼看出孙权是迫不得已，主张曹丕和蜀国合力彻底灭亡吴国，到时候唇亡齿寒，蜀国也气数将尽。

但曹丕却觉得人家前来投降，不管真诚与否，一旦拒绝，以后天下人就不会投降魏国了，还不如偷袭蜀国后方。于是他放松了对孙权的守备，还封其为吴王。

其实曹丕想得太多了，吴国一败天下都要投降魏国，而帮助吴国伐蜀不仅亏本，而且路途遥远，一旦消息走漏，蜀国随时可以退兵防守。

逐两兔者，一兔不得。最终曹丕不仅没有抓住攻吴的机会，而且因为河西地区势力作乱，连伐蜀也没顾上，只好一面平定内乱，一面坐山观虎斗。

刘备进入荆州以后，最便利的攻吴方式就是沿江而下，这样兵员物资都十分便利。但这么做风险也大，因为去时容易，回来就难上加难了。当时治中从事黄权就请求带少数人马为先驱，刘备坐镇后方，以防不测，但刘备报仇心切，反而让黄权镇守，自己率主力沿江而下，在长江南岸的猇亭驻屯。

此时刘备虽报仇心切，但还是尊重军事规律的，猇亭地势高耸险峻，非常适合作为据点。

怎奈东吴的统帅陆逊更胜一筹，只是全线采取守势，并不接战，反而带领吴军一直后撤到夷道、猇亭一线才停下脚步，在那里修筑工事，转入防御。吴国士兵不战而退，都觉得陆逊胆小，每天看着蜀汉日日增多的营帐咬牙切齿，只是碍于军法不敢发作。刘备报仇心切，只看出吴军后退，把险峻的地势拱手让出，却不知这几百里高山峻岭令兵力难以展开，正是陆逊设下的疲劳战术。

相持六个月后，章武二年（222）六月，刘备好像沉不住气了，突然连险要地势也不要了，派几千人马直接在平地扎营，吴国将士都气疯了，纷纷请缨出战。

但陆逊只笑不答，只伸手指了指刘备大营一侧的山谷。众将不解，闹了几天后才有人发现，那山谷中忽然开出八千多全副武装的伏兵。伏兵，是刘备最后的手段了，但在陆逊眼里，这些诡计太过露骨。

5 火烧连营

诡计不成，刘备开始进退两难。他空有优势兵力，但在峡江的地形上根本施展不开，反而被坚守不战的陆逊拖住。长此以往，刘备速战速决的战略意图破产。蜀军将士斗志逐渐涣散松懈，失去心理优势。

当时，正值酷暑时节，江南暑气逼人。蜀军将士不堪炎热折磨。刘备无可奈何，只好下令水军舍舟转移到陆地上，将军营设在深山密林里，依傍溪涧，屯兵休整，准备等到秋后再发动进攻。

可这样一来，在吴境二三百公里的崎岖山道上，蜀军的营寨就更分散了，加之大军远离后方，后勤保障非常困难，给陆逊实施战略反击提供了可乘之机。

果然，听闻蜀军上岸，陆逊大喜过望，他最忌惮的就是蜀军水陆并进，因此立即给孙权写信，认为蜀军黔驴技穷，战略反攻时机已成熟。孙权觉得可行，果断批准。

但反攻之际，吴军将士却都迟疑了，认为陆逊糊涂，不趁着刘备根基未稳之时交战，如今蜀军占据险地已经七八个月，营垒坚固如何打得下来？但军令如山，将士们只能执行，试探性地攻打了蜀军的一座营寨，果然失利，将士们都觉得陆逊纸上谈兵，让他们白白送死。

却不知陆逊已经抓住了蜀军死穴：当时，由于自然环境恶劣，地形狭窄，刘备的大批人马只能沿江排成一字长营，首尾绵延竟有七百多里。炎夏季节，气候闷热，蜀军营寨由木栅筑成，周围又全是树林、茅草，一旦起火，会烧成一片。

而陆逊的计策正是火攻，他命令吴军每人带一束茅草，乘夜突袭蜀军营寨，顺风放火。火起加上敌袭，蜀军冗长的连营登时乱成一团，无法及时形成有效抵抗并控制火势，数万大军很快乱成一团。陆逊却抓住机会指挥各路军马，从多处发起反攻，吴将朱然、韩当率吴军在涿乡（今湖北宜昌西）围攻蜀军，切断蜀军退路。潘璋、诸葛瑾、骆统、周胤也分别率军配合主力在猇亭向蜀军发起攻击，昔日气势汹然的百里连营，此刻溃不成军。

很快，蜀军四十多座营寨被击破，长江两岸的联系被吴军水师斩断，蜀将张南、冯习及前来助战的土著首领沙摩柯阵亡，蜀将杜路、刘宁等则直接投降东吴。

刘备见全线崩溃，只能逃往夷陵西北的马鞍山，命令蜀军环山据险防守。而陆逊则集中兵力，四面围攻，兵败如山倒的蜀军抵抗不住，死者数以万计。刘备只能趁夜带少数人马突围，将车、船和其他军用物资及大量战士尽数抛弃。蜀国将军傅肜为了掩护刘备，所部死伤殆尽。吴军想要逼降傅肜，但傅肜气急怒骂："吴国狗贼，大汉没有投降的将军！"说完就壮烈牺牲了。

因为这些忠臣的保护，刘备总算狼狈逃到白帝城中，居高而望，滚滚长江中蜀军尸体连亘成片，刘备羞愧交加，长叹道："我刘备今天竟然被陆逊折辱，岂非天意！"

刘备在主战场的失败引发了一连串恶果，原本将军黄权率军在江北防御魏军，可刘备败退后，黄权向西的归路就被吴军截断了，他耻于向吴军投降，不得已率众于当年八月投降魏国。同月，马良由南方往西北撤退时被吴将步骘截击，也战死了。

由于白帝城地势险要，吴军没有攻城辎重，一时不敢硬攻，而刘备则抓紧时间收拢散兵，并令蜀军来援，很快白帝城就驻军接近两万。陆逊权衡利弊，下令停止追击，主动撤兵，以防魏国乘机浑水摸鱼、袭击后方。

九月，魏国果然攻东吴，三路大军由洞口、濡须、南郡三路齐出，张辽、曹仁、张郃、徐晃等名将皆在其列，但东吴也不甘示弱，派诸葛瑾等三路人马分头抵抗。

十月，曹丕从许昌亲征。这

东汉　盖鼎

夷陵之战发生时，周瑜已过世十余年，鲁肃过世五年，吕蒙则过世近两年，所以这一战不仅意味着陆逊立下赫赫功名，也意味着陆逊成为东吴新一代的肱股之臣。

清 马驺 历代名将画谱·火焚连寨

一战声势虽大，但人心已然不齐。

先说洞口一路，曹休等将领渴望渡江建功立业，可臧霸等老资格将领却已功成名就，根本不愿渡江玩命了。哪怕江上大风忽起，将东吴数千水军吹到魏军营寨，魏军也只是把这些倒霉蛋生擒了而已，没有全员渡江。乘胜尝试渡江的臧霸队伍则被吴军援军击退。

至于濡须、南郡两路，魏军进攻得倒是非常坚决，但吴军守将朱桓和朱然都很有韬略，尤其是朱然，吕蒙去世前曾亲口将他指定为接班人。这两人率军连番苦战，竟然也挡住了魏军攻势。双方一直打到黄初四年（223）二月，江水开始上涨，本来军事能力就不如曹操的曹丕心生退意，再加上军中发生瘟疫，这场南征于是就此收场。

地图专题：夷陵之战

本　　质：孙刘联盟彻底破裂，蜀汉的国力严重受损。

作战双方：蜀汉军和武陵蛮；陆逊率领的东吴军。

背　　景：蜀汉大将关羽水淹七军，兵锋直逼魏国都城，引得魏国和吴国组成了临时同盟，结果关羽败亡，蜀汉失去了荆州的所有土地，蜀、吴矛盾遂不可调和。

透过地图说历史：

透过地图可以看出，夷陵之战简直像一场在隧道口的大战。

从荆州到巴蜀，长江三峡是唯一能满足大军团行动的要道，若走陆路，则必须跨越雄峻的巫山，行军辎重和粮草运输都是古代无法解决的问题。这段路线两岸连山夹峙，群峰高出江面100米到2000米，三峡一带的江面远不如平原地带的江面开阔，最窄处仅100米。因此，蜀众吴寡的形势下，陆逊逐步后退，将不利大兵团展开的峡谷留给蜀军，令吴军退居开阔地形，形成局部兵力优势。史书里有连营七百里的说法，从地图上看，七百里营地不是主战场猇亭所能容纳的，它实际上是泛指陆逊退让以后蜀军形成的漫长战线。因为地形所限，刘备"虽有锐师百万，启行不过千夫；舳舻千里，

前驱不过百舰"，有限的前驱兵力是蜀国长期无法冲破猇亭的主要原因。

不仅如此，早在战前，蜀国就已有诸多失败隐患。军事指挥上，蜀国欠缺得力的将领指挥夷陵之战：关羽战死，张飞被部下所杀，黄忠去世，马超卧病，魏延则必须担任汉中防务，赵云、诸葛亮则不赞成伐吴。另外，刘备高估了荆州对蜀汉的忠心程度，因为东吴得当的布置，荆州归附势力暂无反叛之心。在战术变化上，很多军事家认为刘备缺乏变通，空有优势兵力却未进行分兵袭扰、破除僵局的尝试。比如毛泽东主席就曾提出"宜出澧水流域，直出湘水以西，因粮于敌，打运动战，使敌分散，应接不暇，可以各个击破"的计策。

时间 223—234

25 北伐魏国

> 亮身率诸军攻祁山，戎陈整齐，赏罚肃而号令明，南安、天水、安定三郡叛魏应亮，关中响震。……谡违亮节度，举动失宜，大为郃所破。亮拔西县千余家，还于汉中，戮谡以谢众。
> ——《三国志·蜀书·诸葛亮传》

【人物】诸葛亮、刘禅、孟获、曹叡、司马懿、杨仪

【事件】七擒孟获、六出祁山、曹丕伐吴、病逝五丈原

蜀国无论是经济实力，还是军事实力，都比魏国差。蜀军虽取得一些胜利，但魏国采取坚壁清野战略，严防不战，利用险峻的地形最终将蜀军的补给拖垮。

托孤西蜀，平定南蛮

自夷陵一败之后，吴、魏两国沿江争雄，蜀汉却成了退缩于群山之内的输家。年逾花甲的刘备受此打击，很快一病不起了，一直驻扎在白帝城内。章武三年（223）春，刘备病笃，意识到大限将至后，他立即召诸葛亮到白帝城，准备托付后事。

刘备深知儿子刘禅才能平庸，断然无法独立支撑蜀汉，于是他动情地跟诸葛亮说："你的才能是曹丕的十倍，必定能安定邦国，成就大事。如果太子可以辅佐，你便帮帮他；如果他没才干，你可以自己掌管蜀汉。"诸葛亮伏在地上，哭着说："我一定竭尽周身力量，尽到忠贞的节气，誓

死辅佐太子!"刘备听了,这才安下心来,给儿子写了一封遗诏,要他把诸葛亮当父亲对待。著名的"勿以恶小而为之,勿以善小而不为"就出自这篇遗诏。写完诏书不久,当年四月,刘备就病逝于白帝城中,随关、张二人而去了。

诸葛亮带着刘备灵柩返回成都,辅佐刘禅继位。刘禅当年只有十七岁,并不知如何治理国家,于是将诸葛亮封为武乡侯领益州牧,政事无分巨细都令诸葛亮全权负责处理。

诸葛亮尽职尽责,为政坦诚无私,做事恰如其分,蜀国很快从战败和国丧中恢复回来。但诸葛亮也有缺点,就是事事亲力亲为,很多人劝他不要劳神于这些琐事,可他就是放心不下。

那时的蜀汉也确实不安定,由不得诸葛亮放权。早在诸葛亮前往白帝城受托之际,就有黄元趁机作乱,此后,又有益州郡世族雍闿杀死太守叛乱。为了取得支持,雍闿将蜀国新任的益州太守张裔绑送东吴,以此受封永昌太守。

有了吴国支持,雍闿举兵号召各方势力一同反叛。受他蛊惑,越巂酋长高定杀死太守龚禄,自封为王,与牂柯太守朱褒一同造反。虽然永昌郡官吏将雍闿拒之门外,但雍闿的影响力实在太强,很快就通过当地豪族孟

白帝城托孤雕塑

获拉拢了蜀国境内的各大少数民族一同作乱。这些作乱的势力地域广大，在他们的干预下，西蜀南部几乎完全失控。

此时，由于刘备新丧，加之夷陵之役损失了大量有生力量，蜀国百姓已经人心惶惶，断然无心参军平叛了。危急时刻，诸葛亮忍辱负重，做了最恰当的决策，他一面闭关坚守，安定民众、蓄积粮食，一面宽宥雍闿的罪过，命李严写信安抚，虽然雍闿坚决拒绝归顺，但还是为蜀国朝廷争取了一年多宝贵的休养时间。

更难得的是，诸葛亮顶住重重压力，派有见识的大臣邓芝和仇国东吴恢复交好，此时吴国已经和魏国结盟，但邓芝晓以利害，点破魏吴两国并非平等关系，长此以往吴国不得不进京称臣或者献上质子。不甘居于人下的孙权深以为然，便和魏国断交了。

诸葛亮的选择让蜀国度过了艰难阶段，休养生息一年多后，建兴三年（225），诸葛亮终于有了足以平定南中（相当于今大渡河以南的四川地区和云南、贵州二省，蜀国最初在此设永昌、益州、越巂、牂牁四郡）叛乱的力量。出征之际，马良的弟弟马谡相送数十里还不肯离去。诸葛亮知道他心中有话，便令他但说无妨。马谡这才开口，说道："南中四郡仗着地势险远，不服管束已经很久了，纵然今天打败，明天也多半再次造反，何况此后您还要北伐魏国，他们如何能安心归顺呢？可若将他们铲除殆尽，又着实太过不仁，所以我建议您以让他们心服为上。"

这番建议令诸葛亮刮目相看，诸葛亮不仅采纳建议，还对马谡青睐有加。这一战，诸葛亮打得非常漂亮，大军分三路推进，分别对付几个叛郡：他亲率西路军，进军越巂郡（治所在今四川西昌），大军连战连胜，雍闿和高定都被斩杀；东路的马忠、中路的李恢也随之得胜。三路大军会师之际，南方的几大叛乱领袖已经基本伏法，只有孟获趁机收编雍闿部众，率军继续反抗。

由于孟获素有威信，当地的少数民族和汉人都很信服他，诸葛亮认为武力威慑已经足够，便打算生擒孟获，折服南中民心。

于是他率军渡过泸水，与孟获军交战，一举将其俘获。但孟获并不服气，认为这一败是他不知虚实轻敌所致。诸葛亮也不反驳，直接带他查看蜀军的虚实布置，然后问道："我的军队如何？"孟获不屑道："如果蜀军仅此而已，我再战必胜。"诸葛亮摇摇头，道："那便再战。"说罢将孟获放走，任他卷土重来。

孟获回去后，连续挑战六次，六次都被诸葛亮擒获。

第七次战败后，诸葛亮仍要放他，孟获却止住了脚步，衷心拜谢道："您真是天威难测，我们南中人再不复反了！"

由于让孟获心服口服，诸葛亮毫无阻碍地抵达了南中少数民族的腹地滇池，彻底平定了南中四郡。他没有留一兵一卒监管这些桀骜不驯的百姓，而是从当地民众中选取德高望重的人委以官职，任由南部处于半自治的状态。孟获及其他土著首领对此感激涕零，自此以后，在诸葛亮有生之年，桀骜的南方郡县没有发起一次叛乱，顺从地为蜀汉贡献金、银、丹、漆、耕牛、战马，成了蜀国坚实的大后方。一部分善战的南中人甚至加入蜀汉行伍，成了令敌人闻之胆寒的无当飞军。

此后几年，经过长期积累，蜀国有了北伐基础。

蜀汉　灰陶摇钱树座

据考证，孟获是彝族人。1996年在四川省凉山彝族自治州西昌市马道镇的一座东汉砖室墓中，出土了一株摇钱树，可称摇钱树中的精品。摇钱树是出现于东汉时期的一种用青铜铸造的器物，基本出土于四川境内。它的形状像一棵树，树枝上挂满了方孔圆钱，其上还有许多神话人物形象，造型十分精美。

5 滚滚长江，天隔吴魏

蜀汉内乱频仍，不得已退居群山环抱的益州，而作为既得利益者的吴、魏由此共据长江天险，彼此引为大敌。自吴、蜀复好以后，魏文帝曹丕策划了两次对东吴的军事行动。然而一道长江分割南北，真好似上天要隔开吴、魏，所以两国的战争动员虽众，但基本无果而终。

黄初五年（224）七月，曹丕东巡到许昌，又起了大兵伐吴的想法，侍中辛毗认为如今天下方定，土地虽广但百姓因战乱所剩无多，应该延续曹操的政策，休养十年然后征用。曹丕有些不悦，问道："按你的意思，是要朕把贼虏留给子孙吗？"辛毗并不畏惧，直言道："当年周文王就是把商纣王留给武王对付，因为他知道顺应时机。"

曹丕驳不过辛毗，但仍然决定于当年八月大兴水军，亲自乘龙舟伐吴。

东吴听到消息，采取徐盛的建议，仅仅一天时间，就令士兵在从石头城到江乘的数百里江岸用木杆和芦苇伪造了大片的"城楼"，同时将东吴水师的舟船陈兵江上，以此威慑曹丕。

曹丕初临长江，望见江水盛大，对岸城阙楼船连亘，心中有了退意，叹道："我大魏虽然有千支铁骑，在这江水上也无处施展，东吴不可图谋啊！"两军对垒之际，暴风忽来，曹丕的龙舟受风浪袭击，几乎沉没，而孙权则根本没有亲身来战，曹丕觉得意兴阑珊，只得下令退军。

黄初六年（225），曹丕再议征吴之事，大臣鲍勋极力反对，直言吴、蜀两国凭借山水之险唇齿相依，难以攻克，而且大兵出动，每天的开销以千金计，足以动摇国家根本。为了加强说服力，他还拿去年曹丕龙舟遇险的事情作为例证。这可是触到了曹丕的逆鳞，大怒之下他将鲍勋贬职，不顾尚书蒋济水道难通的忠告，于当年十月率军来到广陵，再次和东吴隔江对峙。

这一次虽有十万魏军列于江岸，但曹丕再次为自己的固执付出了代价，等他到长江时，天气寒冷，江中已然结冰，战船根本不能驶入，陷入进退两难境地。

僵持之时，吴将高寿又亲率五百名敢死勇士夜袭曹丕营帐，曹丕没有防备，连副车和羽盖都被缴获。他这才想起蒋济的英明，叹道："这是上天要限制南北一统啊！"随即颓然退军。

经此两次折腾，曹丕于黄初七年（226）病逝，时年不过四十岁。

虽然在军事上的建树远不如曹操，三征东吴都无果而终，但曹丕胸怀大志，为政有方，一直将一统江山作为政治理想，并为此做了诸多有效准备，所以客观上仍是位杰出的君主。

美中不足的是他气量太小，常因个人喜好而赏罚不公。功臣之子鲍勋，有直言劝阻之功，可仅仅因为曾依法处置过曹丕的小舅子，曹丕就不顾群臣劝阻，借着依律罚金两斤的小罪，将鲍勋处死。为曹魏立下汗马功劳的曹洪，仅因为以前拒绝过曹丕借钱，几乎被下狱处死……

曹丕死后，谥号魏文帝，太子曹叡继位，也即魏明帝，由陈群、曹真、司马懿几位重臣辅佐少主。

孙权听闻魏国大丧，趁机发兵攻打江夏，却不料魏明帝曹叡聪明洞察，他力驳群臣大举发兵援救的主张，认为吴军擅长水战，敢于登陆攻城完全是打算攻其不备，如今已被太守抵挡，断然不敢久战。因此，他冷静地派侍御史荀禹前去慰问安抚。果然，荀禹沿途只征发了几千地方军马登高举火、虚张声势，孙权就立即退走了，魏国于是在曹叡的统治下安定下来。

鞠躬尽瘁，武侯北伐

吴、魏两国安定下来以后，退居益州的蜀国逐渐恢复元气。建兴五年（227），蜀国丞相诸葛亮率领诸军北上汉中，决意北伐魏国，临行之际，诸葛亮上疏刘禅，也就是著名的《出师表》。

听闻蜀军来犯，曹叡听从群臣意见，采取防御姿态，没有出兵汉中迎

时间 223—234

孙权劈石

敌，而是以逸待劳，派军把守险地，静候蜀军翻越几百里崇山峻岭。但是这个以逸待劳的战术有一个重大纰漏，那就是守边的大将孟达，他本是曹丕的宠将，但曹叡即位后对他恩宠大不如前，加之几位友善的朋友相继身死，孟达于是心生惶恐，起了反心。

孟达和诸葛亮暗通书信，认为他管辖的地方偏远，造反的消息传出后，皇帝至少要一个月才能派军赶来。谁知这个计划被和他有仇的申仪告密，传出得比预想要早，而得知消息的司马懿又果决异常，当即决定急行军拿下孟达。

仅仅八天，司马懿就兵临城下，分兵挡住西蜀东吴的援军，仅仅十六天，司马懿就拿下了新城，斩杀孟达。失去内应之后，诸葛亮只能从常规渠道跨越茫茫山谷，从汉中进军关中。将军魏延献计以五千精兵走险峻的子午谷，直达长安，但诸葛亮认为战略风险过高，打算走路况更好的通道，步步为营拿下陇右。他事先宣扬走斜谷道取郿，派出赵云、邓芝设疑兵，吸引魏军主力，然后亲率大军进攻祁山。诸葛亮军事能力很强，大军出发不久，关中的南安、天水和安定三郡都反魏附蜀，拿下陇右的战略目的已经基本实现，有陇右做跳板，就可以直接威胁关中。

魏国大震，皇帝曹叡不得不亲自到长安坐镇，命令张郃率五万步骑兵反攻。但陇右地区同样山岭险峻，想要清除攻入的蜀军就必须通过山谷间

风云人物

再世鲁班马钧

马钧原本是魏国的博士，但他有口吃的毛病，腹有锦绣却口不善言，因此十分穷困。有一天，马钧突然开窍，决定制作机巧器械来表现才能，这样不必善辩也能施展才能，为此，他改进了当时笨重的织绫机，复原了传说中能始终指向南方的指南车，由此名声大噪。当时京师有一处适合建花园的空地但远离水源，马钧就发明了由低处向高地引水的龙骨水车，几个小孩脚踩水车就能胜任灌溉。马钧的发明很多，但朝廷却没有把他安排在适合发挥其才能的职位，只是让他做了文官。尽管如此，马钧的发明还是对科学发展和技术进步做出了不可磨灭的贡献，他是中国古代科技史上最负盛名的机械发明家之一。

东汉　龙骨水车（模型）

的特定通道番须道，而在这条狭窄山道上的重要据点街亭已经被马谡占领。

马谡因为谈吐不凡一直深受诸葛亮信任，所以这次诸葛亮跳过老将魏延等人直接将前军重任交给了马谡。不承想马谡言过其实，违背了诸葛亮的叮嘱，放弃水源，在险峻的山上扎营。这个低级错误被张郃发现，他立即派兵切断了蜀军取水的通道，马谡兵马断水，被打得大败。街亭一丢，等于进入关中的通路被堵死，诸葛亮手中的陇右也不过是一块飞地，想要在此据守就必须跨越重重山脉从汉中、益州运粮，但这根本就不现实。

诸葛亮万般无奈，只得退出陇右，带走归附的一千余户居民回到汉中，挥泪杀死了关系亲密的马谡，第一次北伐自此落败。但退军之后，诸葛亮奖励功劳，抚恤烈士，将战败的影响控制到了最小。这次北伐诸葛亮还收服了天水参军姜维，这个小伙子后来成了诸葛亮的继承人。

见魏国大量人马被蜀汉北伐牵制，东吴鄱阳太守周鲂趁机诈降，打算诱杀魏国扬州牧曹休。曹休果然上当，被陆逊杀得大败，数万将士被俘杀，数万辆车被缴获，军资损失殆尽，全靠贾逵救援及时才免于全军覆没。

魏军的这次大败对蜀汉是一个机会，诸葛亮力排众议，再度上疏刘禅，再次发起北伐，这篇上疏就是著名的《后出师表》。诸葛亮的时机判断得很准，但有了上次攻打祁山的先例，魏国已经预判了他的战略意图，在蜀军的必经之地陈仓留下了郝昭守备。

当年十二月，蜀军兵出散关，开到陈仓城下，当时诸葛亮拥兵数万，郝昭手下则不过千余人，事发突然，魏国援兵短时间不可能赶到。危局之下，郝昭宁死不降，逼得诸葛亮纵兵强攻。

郝昭很善于守城，诸葛亮派云梯登城，郝昭就用火箭烧毁；诸葛亮用冲车撞击，郝昭就用连着绳子的石磨将其压断。无论是数百尺高的井阑，还是深入城下的地道，都被一一破解，一千多守军竟然和蜀军相持了二十多天。诸葛亮行事果决，见陈仓久久不能拿下，果断退兵而去，虽是撤退，但大军肃然有矩。赶来增援的魏国将军王双轻视蜀军前去追击，结果被诸葛亮一战杀死。第二次北伐，仍以失败告终。

建兴七年（229）春，诸葛亮派陈戒率军北伐，进攻武都郡和阴平郡，雍州刺史郭淮率魏军救援但被诸葛亮击败，于是蜀军成功占领了这两郡。这一战虽然获得胜利，但进军深度远不及前两次，只能说是打通了一段北伐的通道。同年，孙权称帝，改元黄龙，诸葛亮为兴汉大计忍辱接受，并和孙权约定消灭魏国后平分天下。吴、蜀的进犯引起了魏国的报复，建兴八年（230）秋，魏国组织司马懿、张郃、曹真率三路大军进攻汉中，可行军途中竟然遭遇三十多天大雨，道路阻绝，曹叡只得下令班师回朝。

建兴九年（231），诸葛亮再度发兵进攻祁山，为解决几次北伐中遭遇的运粮问题，他制造木牛运输粮草。此时，曹真病重，司马懿都督关中诸将，全权负责阻挡蜀军进攻。诸葛亮和司马懿以祁山为战场，开始斗智斗勇。

司马懿认为当务之急是出兵解祁山之围，因此只派费曜等将军带四千精兵留守祁山西北的上邽，并且，为了避免力量分散，司马懿听从张郃分兵据守要地的建议。但诸葛亮却采取分兵策略，一部分兵马继续在祁山攻打，他自己亲率大军奇袭了上邽，费曜等人兵马不足，抵挡不住，结果当地的小麦都被诸葛亮割走作为军粮。司马懿只好向上邽回援，可遇到诸葛

此图描绘了魏国大将张郃在街亭击败马谡的事迹，图中右上角以悬崖小涧表现了街亭地势险峻水源匮乏的情况，张郃就是切断了水道令马谡依靠地势修建的要塞不攻自破。

清 马骀 历代名将画谱·街亭绝汲

亮后，他又收敛军队，占据险地，拒不接战了，诸葛亮求战不得只能退去。司马懿于是紧跟诸葛亮之后，来到卤城据守。

各位将军纷纷请战，可司马懿全然不理。诸葛亮退，司马懿才出兵紧跟其后，诸葛亮求战，司马懿便坚守不战。魏军将士见了，都说司马懿畏蜀如虎，怕是要被天下笑话了。

其实，司马懿的思路很清晰：背靠关中的魏军在运粮上有绝对优势，拖到诸葛亮粮草不济可得必胜，反倒是两军交锋变数太多，不能发挥魏国的国力优势。

果然，拖到六月，天降大雨，负责蜀军后勤的李平（原名李严）担心粮草不济受到责罚，就派人送信给诸葛亮，称粮草可能不济，要求撤兵。诸葛亮退兵回来，李平又耍了个心眼，惊呼粮草充足，怎么就退兵了呢！不承想诸葛亮将前后文书保管得很好，李平无法狡辩，只得认罪，第四次北伐于是也因粮草问题破产了。其间，魏军曾两次发起进攻，结果都印证了司马懿的判断，一次损失了三千将士，一次折损了大将张郃。

木牛流马，为三国时期蜀汉丞相诸葛亮发明的运输工具，分为木牛与流马。史载建兴九年至十二年（231—234）诸葛亮在北伐时所使用，其载重量为"一岁粮"，大约四百斤以上，每日行程为"特行者数十里，群行三十里"，为蜀汉十万大军运输粮食。不过，真实的样式、样貌现在亦不明，对其亦有不同的解释。

木牛模型

5 汉相陨落，魏延争权

自汉中伐关中，山川险阻，粮食和攻城器械运输困难，对国小民少的蜀汉是沉重的负担，所以以诸葛亮的才智也四伐无果。但"汉贼不两立，王业不偏安"，诸葛亮深知困居西蜀只会让蜀汉现有的精兵强将老去，让蜀汉和曹魏的国力差距日益拉大，所以也只好"知其不可而为之"了。

建兴十二年（234）春，诸葛亮率军出斜谷道，开始第五次北伐。这一次他拥兵十万，并且邀约孙权发兵（东吴自称十万），在合肥、新城一带牵制魏军。这一年四月，魏国爆发大瘟疫，胜利的天平隐隐向蜀汉倾斜。

这一次，诸葛亮占领武功、五丈原，他的对手是屯兵渭河对岸的司马懿。接战前期，诸葛亮的战略意图被魏将郭淮预判，后者提前在北原驻防，击退了蜀国前来争夺的军队。所以诸葛亮无法实现速战速决，只能在渭河边令士兵屯田，以解决粮草不济的掣肘，从而实现长期作战。

这场三国大战中，魏国将重心放在了东方的孙权，因为孙权有长江之利，不存在补给问题，而蜀汉运粮能力有限，无法持久。因此，魏明帝曹叡亲自驾龙舟对战孙权，并为司马懿增兵两万，令他拖住蜀汉即可。

果然，东吴一方的作战决心并不坚决，出兵只是因为蜀汉拖住了部分魏军有利可图，所以曹叡龙舟一到，孙权就意识到兵力上不可力敌，加上魏军此前还焚烧了东吴部分攻城器具，且军中瘟疫盛行，种种因素交加之下，孙权选择退兵，东方的威胁自然解除。当年八月，曹叡还军许昌。

再说西线，东吴退却之时，诸葛亮和司马懿已经相持一百多天了，诸葛亮意图速战速决，多次派人向司马懿下战书，甚至送女人衣服来侮辱他，但司马懿忍辱负重，坚决避战。如此一来，魏军的军心就出了问题，很多士兵怒不可遏。司马懿见了也装作忍无可忍，派出使者向千里之外的曹叡"请战"，又拖了好多天。等书信传到许昌，对此心知肚明的曹叡立即派出使者拿着象征天子权威的节杖将司马懿"训斥"一番。消息传到诸葛亮耳里，他叹息一声，明白这只是司马懿为安抚军心和曹叡唱的双簧，激怒司马懿出战恐怕绝无可能了。

这一百多天里，司马懿也在试探诸葛亮，他对诸葛亮的使者像朋友一样，不提作战的事，反而常聊家常，还问起诸葛亮的睡眠、饮食。

受到优待的使者不知是计，如实告诉司马懿："我们丞相早起晚睡，每天非常忙碌。遇到二十杖以上责罚的事，他都要亲自过问。他常常来不及吃饭，即使他吃饭，每天吃得也不多。"

送走诸葛亮的使者后，司马懿对身边的人说："诸葛孔明五十多岁了，吃得少，每天那么多烦琐事，还能活多久呢？"

果然，没多久，诸葛亮就因长期操劳，身体每况愈下，在五丈原病倒了。这一次，诸葛亮也知道自己命不久矣了。趁着神志清醒，他对刘禅派来的使者说："我知道你的意图，你所要问的事，蒋琬最适合。"

使者带着歉意点了点头，说："我确实是来问您百年后谁可以担负重任的。丞相，请问蒋琬后，谁可承担重任呢？"

诸葛亮想了想，回答说："费祎可以继任。"

使者记在心里，

清 马骀 历代名将画谱·祁山伐魏

又问费祎之后，但这次诸葛亮没有回答。

这年八月，蜀汉丞相诸葛亮在五丈原病逝。杨仪等人遵照诸葛亮遗嘱，秘不发丧，缓缓退军。有人将消息传给司马懿，司马懿急忙率军追赶。幸好姜维建议军队立即调转旗帜，敲起战鼓，作出攻击姿态，司马懿惊疑不定，再度收敛人马退去。百姓知道后都说："死诸葛走生仲达（司马懿字仲达）。"司马懿也不以为忤，笑道，我能料定诸葛亮生时的举措，却无法料定他的死亡。他反复查看诸葛亮留下的营垒痕迹，不由得感叹，真是天下奇才！

蜀军撤退时，内部充满矛盾。勇猛的大将魏延一向与诸葛亮计策不合，由此也深深厌恶被诸葛亮重用的杨仪。诸葛亮死后，留下遗命安排魏延率军殿后。但魏延并不愿放弃北伐，更不肯给杨仪殿后。杨仪知道魏延的想法后，就按照诸葛亮的交代，决定不顾魏延，直接退回汉中。

然而，杨仪的布置没能瞒过魏延，魏延得知后大怒，趁杨仪还未撤退，率自己的部队先行南归，上表声称杨仪造反，并且烧毁了通行的栈道。杨仪只好艰难地在魏延之后撤退，也上表声称魏延造反。两军先后行至南谷口时，魏延占据谷口和杨仪交战，对峙时，蜀国士兵都认为魏延理亏，不愿追随，魏延因此落败，最终被斩首。

损失了两位核心人物，蜀军终于退回益州，为诸葛亮发丧。入葬时，执掌蜀国十余年的诸葛亮家无余财，子弟的生活都靠自家的田地供给，践行了"鞠躬尽瘁，死而后已"的诺言。

诸葛亮一生为政严明，执法无情，但他大公无私，人们虽被处罚也无怨愤。之前被他处置的李平，听说诸葛亮死后，竟然忧郁成疾以致病死，因为他知道，只有公正的诸葛亮在世，他才有将功赎罪的机会。

诸葛亮死后，蒋琬、费祎相继主持蜀国政务，在此期间姜维逐渐得到重用，最终成为诸葛亮的继承者。

地图专题：秦岭古道

含　　义：中国古代跨越秦岭，连通关中和汉中盆地的要道。
通 道 名：子午道、傥骆道、褒斜道、陈仓道。

透过地图说历史：

中国的疆域形如雄鸡，大体在雄鸡的翅膀处，自北而南分布着三个群山间的盆地——关中盆地、汉中盆地、四川盆地。其中，关中位置最好，最接近中原，面积也够大，所以经常成为封建王朝的起家地。四川也够大，但位置较差，进出都要跨过重重山脉，因此只利于建立一个割据的小国，不容易夺取天下。

但是从四川盆地夺取天下也不是没有办法，就是先北上，进入小盆地汉中，再从这里夺取关中。当年秦国就是把三个盆地连在一起，奠定了中国历史上第一次大一统。

从地图就足以看出，从汉中盆地进入关中，必须翻越宽达百公里的秦岭，古代军队想完成这项任务就必须走利于通行的山道。因此，秦岭之间天然形成的几条通路就在历史上有了重要地位，也就是地图中画在秦岭上的四条虚线。

四条古道中傥骆道最为曲折险峻，一般就是民间行走，难以进行军事利用。

陈仓道最长，最为偏远迂回，但山势平缓，相对好走，韩信的暗度陈

仓就是走的这里。

褒斜道基本沿着褒水和斜水的流向，这印证了一个求生常识，即在山中迷路时沿着流水就能走出困境。诸葛亮去世的五丈原，就在褒斜道口不远。

子午道长而险，秦汉时期才被开通利用，优点是离长安近。出了子午谷，快马可以当天抵达长安城下，所以在王莽时代它被修整作为官道。但因为关系重大，经常被重点防守，所以选它做行军路线的风险最高。

在古代，不论从哪一条通道行军都意味着巨大的运粮压力，也时刻有被堵截的风险。

为了将风险降低，古代采取很多方式保障孔道行军安全。事前会派军官观察形势，于孔道口判断通行条件，如果孔道地形复杂，则一般要聘请当地人为向导。行军途中，一般要派小股部队先行通路，包括肃清小股敌军和探查、修整道路。如果是大军通行孔道，在上述保障之外，还要另派先头部队守卫要害之处，设立岗哨后才让大军通行。

地图专题 "六"次北伐

本　　质：蜀汉为统一天下做出的最后博弈。

作战双方：蜀汉军、东吴军（主要是在东方牵制）；魏军。

背　　景：夷陵之战后，蜀汉彻底放弃了荆州，忍辱负重修好东吴，吴、蜀再次联手从东西两个方向夹攻魏国。

透过地图说历史：

诸葛亮六次北伐，鞠躬尽瘁，死于五丈原。这段情节是《三国演义》中诸葛亮的最高光，然而从地图来看，这却是一场"知其不可而为之"的博弈。诸葛亮主政时，魏、蜀、吴三国的人口以蜀汉最少，兵民比以蜀汉最高。而蜀汉所在的四川盆地又四面环山，是天生的保护伞也是天然的牢狱，困守巴蜀，等待蜀汉的多半是没有光明的未来。

四川盆地向北穿过雄伟的山脉，有一块小小的山间平地，名为汉中（即本图最下方所示）。以汉中为跳板，穿过雄伟的秦岭就可以进入汉王朝的起家地关中，若能将汉中、巴蜀、关中联为一体，蜀汉便有可能效仿刘邦，争霸天下。因此诸葛亮一生都在设法靠军事才能为蜀汉博取机会。如此漫长的征途，粮草运输始终是大问题，因此终究未能如愿。

诸葛亮北伐六次，其中第四次是汉中防御战，真正的北伐只有五次。分别是：

（1）228年，出祁山，因马谡失街亭败归。
（2）228年冬，出散关，围陈仓，不克而退。

（3）229年，攻下武都、阴平，到建威而返。
（4）231年春，出祁山，杀张郃，败司马懿，粮尽而返。
（5）234年，出斜谷，病死五丈原。

诸葛亮北伐时，最具争议的决策就是舍弃了魏延的子午谷奇谋。从子午谷奇袭长安真的可行吗？

想理性地判断这个问题，需要一点儿背景知识。魏延提议从子午谷发兵，前提是曹魏派了懦弱的夏侯楙防守长安，魏延认定他会弃城逃跑。显然子午谷奇谋中，魏延能拿下长安的依仗，有很大一部分是对夏侯楙性格和能力的了解。但是，兵行险道是很难携带攻城器械的，甚至可能携带不了很多粮食，一旦攻不下城又断了粮，不仅奇袭军危矣，而且会损害大军士气。此外，子午道的通行条件也是存疑的，曹真攻蜀就走过子午道，当时赶上下雨，通道队一个月才修通一半的路，魏延判断的十日穿过子午谷，可能也是有些失当的。

时间 229—250

26 后继无人的三国雄主

> 黄龙元年春……南郊即皇帝位,是日大赦,改年。追尊父破虏将军坚为武烈皇帝,母吴氏为武烈皇后,兄讨逆将军策为长沙桓王。吴王太子登为皇太子。
> ——《三国志·吴书·吴主传》

【人物】孙权、吕蒙、公孙渊、卫温、诸葛直、孙和、孙霸

【事件】蜀汉易相、错封公孙氏、探索台湾岛、二宫之争、曹叡劳民

诸葛亮之死,似乎意味着三国英雄时代的结束,老一辈风云人物或者相继退场,或者暮年昏庸,曹、刘、孙三家的政治普遍出现了衰颓势头。

人才凋零的蜀汉

"素丝无常,唯所染之"这句话极适合刘禅,他虽然没有超卓的才干,但懂得把政事委托给臣子,就像新丝一样,是黑还是白全在染色。所以,诸葛亮为政十余年间,刘禅始终没有惹出大乱。但随着诸葛亮病逝,蜀汉继任的主政者能力逐代下滑,刘禅的平庸就被放大了,蜀汉的局面也越来越危险。

刘禅在诸葛亮生前对他言听计从,死后也是如此,他严格按照诸葛亮的遗嘱,让蒋琬、费祎相继主政。蒋琬是个精明强干之人,诸葛亮死后,他从尚书令飞速升职,很快位居百官之首,朝廷里不服他的人很多。但蒋

琬很快表现出主心骨的气度，处变不惊，临危不乱，把政务处理得很有条理。蒋琬还有一个很大的优点是他看人非常客观，东曹掾杨戏不爱说话，连蒋琬和他开玩笑都不肯回应。别人认为杨戏傲慢，蒋琬却看出他的正直。督农杨敏曾经暗地说蒋琬坏话，蒋琬听了反而认为他说的是实情。

然而，这些说到底只是小才小德，论起治国安邦的韬略，蒋琬并不如诸葛亮，内政也只是维持而已。为政六年以后，魏明帝曹叡已经去世，继位的是八岁的曹芳。蒋琬这才趁机提出自己的对外方略，和诸葛亮由汉中夺关中以屯田保证补给的思路不同，蒋琬的策略以水路为基础，下令多造船只，打算从汉水、沔水出兵攻打魏国的上庸等地。蜀国群臣看了，都觉得这样风险很大，顺流而下进攻容易，可一旦不能取胜，回程便千难万阻。于是蒋琬又提了一条新的策略，就是任命姜维为凉州刺史，利用他在羌人、胡人之中的影响力争取这些少数民族的力量，控制河右地区，而他可以在涪地策应。

这条政策还没得到检验，蒋琬就于延熙九年（246）病死了。继任他的是诸葛亮指定的费祎。费祎同样是一位干吏，他志虑忠纯，在诸葛亮帐下时就经常调和杨仪和魏延的矛盾，诸葛亮死后逐渐升为大将军职位。延熙七年（244），魏国大将军曹爽为了增加声望，亲自率十万大军从骆口进入汉中攻伐蜀国。此时汉中守兵不过三万，虽然守将王平布下不少疑兵虚张声势，但也只能拖延时间，形势其实已岌岌可危了。受命营救的正是费祎，出发之际前线传来的战报接连不断，而他气定

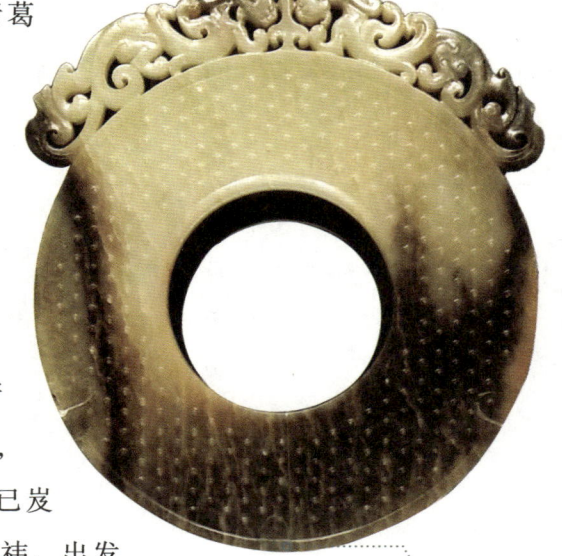

东汉　青玉双螭谷纹璧

神闲，在整点行装的兵卒中安然和光禄大夫来敏下棋，直到准备停当才毅然出发。

费祎的镇定是有底气的。曹爽急功近利，导致了严重的后勤问题，为了及时运输军资，曹魏的牛马累死于道路，百姓因无法交差而哭号不止，整个国家已经是外强中干了。费祎到后立刻在三岭设下防线截断曹爽后路，曹爽大惊失色，付出惨重伤亡才得以突围，关中的民力因此大受损耗。

费祎为政也非常有效率，当时国家多事，需要处理的文书很多，费祎只要一瞥就能理解文书要旨，并且过目不忘，处理朝政之余还能和宾客宴会嬉戏。

然而，费祎能力虽强，在治国远虑上却远不及诸葛亮。诸葛亮在世时对大赦十分谨慎，认为治理国家靠的是法度严明的大德，而不是赦免这种小恩惠，所以屡次用兵而百姓不怨。费祎违背这个原则，虽然屡次恩赦，蜀国的法度却反而松弛了。

在处理人事上费祎又逊色于蒋琬，他虽然对人仁爱，但看人不准，加上他长期在外处理要务，蜀汉统治集团内部逐渐有了矛盾。精明强干的将军姜维，数次提议采取激进的对魏战略，但费祎认为此举不妥，一直加以钳制，从来不给姜维过万的兵马。宦官黄皓，狡猾聪明，极其擅长奉承刘

奇闻逸事

刘禅落玉带

四川省成都市龙泉驿区有一个洛带古镇，镇中燃灯寺的外面有一口古井。传说刘禅来到这个小镇时，想要洗手，看到了这口井，于是他解开玉带，谁知不慎将玉带掉入井中，他忙命人打捞，刹那间天色大变，狂风骤雨袭来。他急忙召人占卜，风水师说此地为风水宝地，不能继续打捞玉带，刘禅的玉带便留在了这口井中。

禅，费祎早期将内政委托给诸葛亮看重的董允，黄皓的权力还算有人压制，可董允去世后，费祎越级提拔他认为贤能的陈祗接替董允，结果黄皓、陈祗狼狈为奸，逐渐把朝政搅得乌烟瘴气。

延熙十六年（253），费祎和诸将一起欢宴，席间，又是因为不设防备，结果被魏国投降过来的奸细郭循趁机一剑将他刺死。

费祎死后，蜀汉人才更加凋零，在外的军事大权逐渐被姜维获取，他自信自己才能韬略过人，又在羌人、胡人之中有威望，认为凭这些足以让羌胡归附蜀汉，从而控制陇西，但以蜀汉的国势而言，姜维的策略过于冒险。

姜维虽然自傲激进，但本质还是个忠臣良将，若能主政还是可以维持蜀汉的。可他长期在外，对内朝其实已经失控，刘禅因此被宦党奸臣包围，开始耽于游玩享乐，再没有能臣良将来扶持了。

5 末年失德的孙权

孙权早年是一位英明的领袖，魏、蜀、吴三国主公中，孙权最为年轻，曹操和刘备去世后他仍然主事很多年，可惜这位江东少主自从黄龙元年（229）称帝以后，沉迷于往日破曹操、斩关羽、败刘备的丰功伟绩，残忍、固执的个性被逐渐放大。他做出了不少错误决定，让东吴错失了争霸的机会。

孙权在位时，最大的失误有两点，一是对外错误地处理了和辽东的关系，并且远洋征伐损耗国力，一是对内信任奸臣且没有正确处理继承人的争端。

辽东，位于魏国东北方，原是东汉的辽东郡，大体是今天的辽宁、吉林的东南部，疆域几乎延伸到朝鲜半岛。由于地处偏僻，辽东在东汉大乱后就一直由辽东太守公孙氏控制，到了曹魏时期，辽东名义上臣服曹魏，但仍然有很高的自主权。虽然到辽东的陆路被曹魏隔断，但孙权却可以

时间 229—250

东汉 环首铁刀

东汉时使用百炼钢和局部淬火的技术，使兵器更加强韧锋利。三国时期，士兵几乎人手一把环首刀。环首刀成了衡量军力的重要指标。

从台湾地区一些出土的文物推测，当时的卫温不仅将大陆先进的耕种、炼铁、陶冶等技术带到台湾并广为传播，还在当地进行了短暂的统治。比如在台湾十三行文化遗址就发现了炼铁炉遗址，足以说明，卫温将大陆的炼铁技术也带到了台湾，并在当地推广。此外，台北出土的三国古砖表明，当时卫温等人很可能已经在台湾筑垒屯兵统治。因为据相关史料记载，当时的东吴政权，每征服一地，都会"治城郭，置楼台"，用以表明对这块地方的主权。

凭海路和辽东交流。尤其是公孙渊废叔继位之后和曹魏关系交恶，畏惧攻打的他就开始与孙权频繁来往。233年，公孙渊派人向吴国称臣，想以吴国为外应，从魏国那里独立出来。

公孙渊称臣让孙权很受用，他不仅准备册封公孙渊为燕王，以彰显自己高于曹魏的大帝身份，还于当年三月派出三位使臣一万人马，带着金银珠宝和皇帝赐给诸侯的九锡礼器，浩浩荡荡地乘舰队到辽东册封。东吴重臣顾雍、张昭等都觉得公孙渊是迫于魏国压力才来称臣，并不可信，孙权气得当朝摁住宝刀，强行通过了决议。公孙渊没想到孙权如此看重自己，但他觉得吴国太远，若辽东有事根本来不及支援，又垂涎吴国送来的珍宝，便索性杀了吴国使者，收编了一万多人马，将三个使臣首级献给魏国来表明忠诚。

孙权得知消息，气得大骂："老夫年已六十，什么阴谋诡计都见了，竟然被公孙渊这小耗子欺辱，为报此仇，颠沛流离，在所不惜！"

然而海路险远，进军辽东周期漫长，即便侥幸平安到达，公孙渊只要上马弃城奔走，东吴也是无计可施的，经过列位重臣死谏，孙权也只能吃下这个暗亏。

孙权晚年赔了夫人又折兵的事不止在东北，在东南也是如此，只不过东吴海外扩张的这次失利，在中国历史上却是有巨大历史贡献的。黄龙二年（230），孙权见对曹魏多次战争无果，打算转换思路，派卫温、诸葛直率领一万精兵，乘坐船队去寻找夷洲和亶洲，打算收服那里的原住民作为吴国百姓。

夷洲和亶洲是中国古代传说中的岛屿，和内陆隔着茫茫大海，甚至一度被认为是仙人所居，但实际上夷洲就是今天的台湾岛，而亶洲更远，极有可能是日本列岛。在这次航海中，吴军顺利到达夷洲，由于海路遥远，他们没敢前往亶洲。这支人马在台湾岛染上疾病，一万多人死了十之八九，最终只带了数千夷洲人返还。孙权实际上是白白折损了八九千精兵，但也正是这次远航，第一次将台湾划入了中国的版图，其历史意义是重大的。

242年，孙权又派聂友和陆凯率船队航行。这一次，他们到达珠崖、儋耳（今海南岛）。

不仅如此，孙权还进一步巩固对交州的统治，积极派人与中南半岛上的扶南（今柬埔寨）、林邑（今越南南方）诸国建立友好关系，还派交州刺史出使南洋诸国，与印度建立外交关系。

吴国与台湾和南洋列国的联系，传播了吴国的影响力，奠定了中华民族在台湾的版图，也促进了航海技术的蓬勃发展。

东吴的惨烈宫斗

孙权称帝后，吴国势力获得发展，而蜀、魏两国的明主、能臣则逐渐凋零，在政治上东吴是得天独厚的。但此时他年岁已高，判断力下降，猜疑、固执的个性被放大，断送了这一机会。景初二年（238），孙权开始宠信奸臣吕壹，任命他为中书郎，专门负责处理东吴各个官府和州郡的文书。

中书郎位低权重，吕壹借着职务之便，经常利用这些文书诋毁大臣、诬陷无辜，孙权对他非常信任，并且不无借吕壹打压重臣权力的想法，所以只要吕壹诉病，就连一郡太守、吴国丞相都要受到处罚责问，连太子孙登、重臣陆逊都无法劝阻。朝中大臣都害怕受到诬陷，因此对吕壹非常畏惧。

小人当政使得东吴的政治大不如以往清明，埋下了很多祸患。但吕壹毕竟资历浅、本事低，得罪的又都是东吴元老，所以很快就玩火自焚。一次他诬陷东吴左将军朱据，终于引起孙权怀疑，一举铲除了这个祸害。但没多久，东吴又陷入后宫斗争中。

赤乌四年（241）五月，孙权的长子孙登死了，太子之位空缺。孙权诸子中年龄最大的是天资聪慧且非常受喜爱的孙和。此时，皇后之位也处于空缺。孙和的母亲王夫人因此和前皇后的女儿全公主、朱公主关系恶劣。

在这种背景下，赤乌五年（242）正月，孙和被册立为太子，此时孙权本该致力于树立太子威望，可他却于同年八月册封四子孙霸为鲁王，将两人一般宠爱，生活上同住一宫，享受的礼制上也没有区分品级，后来才又在群臣劝说下命二人分宫居住，僚属也加以区别。这给东吴埋下了党争的祸根。虽然后来在太常顾谭、太子太傅吾粲等人的劝说下，孙权要求鲁王搬出皇宫居住，但鲁王早已有了争夺帝位的心思，并且认为自己地位下降是太子导致的。他搬出皇宫后就开始培植党羽，共同诋毁太子及其支持者，想除掉太子，取而代之。

而后宫之中，全公主、朱公主为了阻挠王夫人当皇后手段尽出，她们多次诋毁太子，派人监视太子孙和及王夫人的一举一动，终于找到把柄挑拨了太子、王夫人和孙权的关系，王夫人因此郁郁而终，两党的仇恨更深了。由于孙权年岁已高，朝廷内外官员都开始为将来打算，争相派子弟侍奉孙和或孙霸，其中不乏诸葛瑾等东吴的肱股重臣，朝廷因之内斗不断。

在这场争斗中，东吴元老陆逊公正持中，最初并没有刻意交好孙和或孙霸，但随着党争加剧，陆逊意识到东吴内部的严重分裂，于是接受太子的请求，上表劝说孙权。不想孙权对此非常忌讳，竟然不顾陆逊的功业对他严厉责问，陆逊信而见疑，加之年岁已高，竟然愤怒交加而死。类似陆逊的能臣良将死于党争的，就可想而知了。

由于内政的分裂和对外扩张的损耗，东吴在内政优势的前提下对魏的几次军事行动都并不坚决。公孙渊被魏国攻打时，孙权想的是派轻兵坐山观虎斗。曹魏幼主曹芳继位时孙权犹疑不决，否定了零陵太守殷札出重兵攻打的建议，采取少兵多路齐进的方式，结果不能速战速决，等到司马懿率大军来救时只好全面撤退。此后一直到孙权去世，东吴对魏的军事行动也大多以示威自保为主，再无进取之志了。

几年后，孙权更加老迈，不得不思考身后之事。对于争斗激烈的两党，

奇珍异宝

青瓷堆塑人物楼阙魂瓶

该瓶通高41.8厘米，口径22.8厘米，底径14.2厘米，青瓷质，肩部以上堆塑各种人物、飞鸟、楼阙、亭台，错落有致，姿态万千；腹部贴有简单的模印装饰。上繁下简的独特造型，体现了细节与整体的完美结合，是六朝青瓷艺术中极具特色的精品。魂瓶是一种流行于三国两晋时期，专为陪葬烧制的明器。形制来源于汉代的五联罐，装饰内容十分丰富，成型工艺极为复杂。集多种题材于一体的装饰风格显示了鲜明的时代特征，与当时人们祈求灵魂升天的观念关系密切。

青瓷堆塑人物楼阙魂瓶

孙权采取了一并打压的政策，幽囚废黜太子孙和，杀死鲁王孙霸，大肆清除两位皇子党羽，于赤乌十三年（250）将时年七岁的幼子孙亮立为太子。

完成这番布置后，生命的最后一年，他将废太子孙和封王，似乎有所悔意，但来不及布置后续就于赤乌十四年（252）四月病逝，谥号为"大皇帝"。他死前委托诸葛恪（诸葛瑾之子，诸葛亮的侄子）、孙弘等人处理后事，但诸葛恪和孙弘不和，结果孙权死后又发生一场政斗，以诸葛恪胜出告终。最终孙亮被立为皇帝，由于皇帝年幼，诸葛恪将东吴有实权的各路诸侯王纷纷迁离军事要地，勉强维持了局面。

但魏国不会再给东吴机会了，他们抓住时机，策划了一场三道袭吴的战争，吴国损失惨重。

英年早逝的曹叡

吴、蜀之外，魏国的统治者也出现了问题。曹丕死后，继位的曹叡总体来说是一位果决明断的君主，在位期间在大政、军事上都表现了准确的判断力和果决的执行力。

他在位期间，诸葛亮五次北伐，孙权也配合蜀汉展开了多次袭扰，境内则有鲜卑部落叛乱，东北是公孙渊背约造反，可谓战祸频仍。但曹叡知人善任，重用司马懿、张郃、曹真等大将，一一抵御住了这些动乱。最终鲜卑退却，辽东被恢复为曹魏管辖的四郡，东吴不能越长江一步，诸葛亮的北伐也并无大的进展，以至于东吴陆逊认为他比曹操还要难缠。

对内政方面，曹叡采取宽容的政策，却重视法理，设置了律博士，精简了自汉代以来不断烦冗的数万条判例，减少死刑条款，减轻了一些可能屈打成招的审讯方式，为百姓做了不少好事。很多大臣经常直言进谏，曹叡虽未必采纳，但也不因此记恨。

但是曹叡也有缺点，一个是喜欢大兴土木，兴徭役；另一个是好女色，大设后宫。

曹叡觉得国家开辟之际,正应该修建大量宫室为子孙留下基业,反而是后世才应与民休息,所以常常征发数万民工连年劳作,约定的服役期也时常不能兑现。为此,很多重臣屡次进谏,但都收效甚微,只有说到痛处时,曹叡才会稍稍收敛,有些大臣建议即便修建宫殿,也应该少征民工、延长工期,让百姓轮流服役,但曹叡不肯采取。

东汉 越窑褐釉羊形器

兴建宫室还算有用之举,可以产生一些切实作用,但曹叡的另一些举动就匪夷所思了。他一度下令将长安汉武帝修建的巨型铜人、高可入云的承露台等大型器物不远千里运送到魏国都城,这在交通落后的古代简直是场灾难。巨型的铜塑运到半途就因运输艰难而遭弃置,高耸的承露台断在半路,响声几十里都清晰可闻。好容易有一些运到魏都,曹叡还不满意,命令大收黄铜,在宫前铸造高可几丈的神鸟、神兽。讽刺的是,他并不迷信,根本不指望像汉武帝那样借这些作为祥瑞或者采取露水延年益寿,完全是在挥霍国家财产。

曹叡的后宫也非常惊人,达到数千人之多,宫中女官的俸禄仿照朝臣,有臣子甚至认为供养她们的花费占了国家财政的一半。可曹叡非常固执,一生只略微裁撤过少量不受宠的宫人。庞大的后宫消耗了魏国不少财力,也可能损害了曹叡的身体,景初三年(239)正月,他年仅三十岁就去世了,儿子曹芳才不过八岁。

临终之际,曹叡只好将国政委托给宗室曹爽和年纪大、威望高的司马懿。这直接导致了司马氏最终取代曹氏。

诚然,这和曹爽的能力匮乏不无关系,但若曹叡能保养好身体给幼子成长的机会,或者爱惜民力,增强百姓对曹氏的支持,也许司马代曹就不会轻易发生。

时间 235—250

27 隐忍而起的司马家族

> 及明帝将终，栋梁是属，受遗二主，佐命三朝，既承忍死之托，曾无殉生之报。天子在外，内起甲兵，陵土未干，遽相诛戮，贞臣之体，宁若此乎！
>
> ——《晋书·宣帝纪》

【人物】司马懿、曹丕、曹叡、曹芳、曹真、曹爽、郭太后

【事件】屡出奇谋、智擒孟达、高平陵之变

司马懿是魏国重臣，接连辅佐四代魏主。在魏国对外战争中，司马懿屡建功勋，成为魏国支柱。他低调隐忍，出手狠厉，一举铲除了傲气的贵公子曹爽，清除了曹魏宗室势力，至此司马氏全面控制魏国。

国之重臣司马懿

司马懿出身于显赫的河内司马氏，他的父亲、祖父、曾祖父都是州郡一级的大员，司马懿年轻时正逢汉末天下大乱，虽有才华但以风痹为借口拒绝过曹操的征辟。曹操不信任司马懿的借口，派人猛然用刀假装刺他，但司马懿一动不动。

后来曹操做丞相时，再次以收监威逼，司马懿这才入朝为官，自此屡立大功。关羽威震华夏时，正是他提出建设性意见拒绝迁都，联合东吴，导致关羽兵败身死。

曹操死时，朝野危惧，司马懿负责管理丧葬诸事，内外肃然。

曹丕兴兵伐吴时，司马懿留镇许昌，后勤补给工作做得非常出色。

曹丕去世时，司马懿是辅政大臣之一，在孙权围困江夏的危局中，是他击退孙权，挫败诸葛瑾，斩杀东吴将军张霸。

孟达投降蜀国时，司马懿千里奇袭，断绝吴蜀救兵，二十四天内斩杀孟达。此后诸葛亮多次北伐都被他阻挠，未取得关键进展。

诸葛亮死后，魏国外部威胁解除，东吴方向的干扰也有所减弱，魏国于是将目标放在了辽东公孙渊身上，执行讨伐任务的还是司马懿。

景初二年（238）正月，司马懿领兵四万，远征四千里，直奔公孙渊腹地。四万人虽不算多，但考虑到行军里程，已经是消耗巨大的军事行动了。临行之际，司马懿断定，公孙渊弃城逃跑是上策，在辽东据守是中策，如果在襄平硬抗则是下策，但公孙渊多半会这样做，所以可以手到擒来。

辽东方面，公孙渊果然选择下策，并且厚颜再次向孙权求救。孙权不肯真心救他，但这次孙权比较理智，决定口头答应，并派少量人马到公孙渊的要地驻扎观望，如果公孙渊赢了可以白收一个人情，输了，东吴军队就趁火打劫，顺便报仇。

等到司马懿赶到，公孙渊已经在辽隧布下数万兵马，并且修筑了长达二十里的防御工事，打算耗尽司马懿军队的补给。不承想司马懿老谋深算，一面留下兵马多布旗帜，作出要从工事南面进军的架势，一面暗中派主力直接从北面攻打公孙渊的老巢襄平。公孙渊的工事没起到半点儿作用，仓促回防的军队又被司马懿打得大败，奠定了失败的基调。但此时正是七月，天降暴雨，平地水深数尺，运船可以直接开到城下，可司马懿却坚决反对移动营寨避水。

公孙渊的士兵仗着水势大，纷纷懈怠起来，当着司马懿的面出来砍柴放牧，魏军将领气得都要去劫了这些散兵，但司马懿一概不许。原来他是担心公孙渊借大水逃跑，所以示敌以弱，故意装出进攻受挫、无能为力的状态。

然而，大雨一停，司马懿立即把城池围住，堆土成山以攀上城墙，挖掘地道以潜入城内，射出的箭矢飞石如雨一般，公孙渊的军队哪想到魏军如此勇猛，被打得节节败退。最终，公孙渊被司马懿杀死，辽东四郡全成了魏国的版图。司马懿的威望更上一层。

等到司马懿回师，魏明帝曹叡已经病危了。他吊着一口气不死，等到司马懿回来，让儿子曹芳搂着司马懿的脖子完成了托孤。接受曹叡委托的还有曹爽，曹爽是曹操的养孙，是个贵公子，也代表了曹氏宗族的势力。

刚接受托孤时，曹爽因为年轻、能力一般，所以事事请司马懿决策，对司马懿如父亲一般，但局面基本稳定后他开始提拔邓飏、何晏、李胜、丁谧等党羽，并请求皇帝升司马懿为太傅，让尚书奏事先通过自己，以便专权。大权在握后，他就很少再征求司马懿的意见了，而是大肆封赏曹氏子弟。对此，司马懿只是隐忍。

此时，曹爽还不敢废黜司马懿，因为司马懿威望太高，而且眼下战事频繁，还需要司马懿稳定局面，这个决定最终为他的败亡埋下伏笔。

正始二年（241）四月，孙权派全琮率军数万进攻淮南，诸葛恪率军进攻六安，朱然率军进攻樊城，诸葛瑾率军进攻柤中。魏国面临新危机。

五月，全琮率军入侵芍陂，朱然、孙伦率军围攻樊城，诸葛瑾、步骘率军侵掠柤中。魏国朝臣惊慌，而司马懿抓住机会亲自率军增援，大军赶到樊城不久就成功击退

清　郎世宁　司马懿脸谱

了朱然。吴军虽然多路并进，但得知朱然所率吴军失败，不得不都撤走。

由于关键时刻总能起到关键作用，司马懿的声望进一步提升，成为魏国依靠的支柱。

但他本人却更加谦恭，常告诫子弟们不能骄傲，为人处事要低调。

5 诛灭曹爽夺大权

比起老成持重的司马懿，曹爽颇为急躁，沉浸于扩张权力、提高声望，做了很多轻率决定。

正始五年（244），他急于立威名，不听司马懿劝阻，力主率军伐蜀，结果被费祎阻截，有了前文所述的惨败，不仅损耗了关中财力，还大大折损了自己的声望。

立威不成，曹爽不仅不收敛，反而加紧了争夺权力的步伐，他一面将自家兄弟委以要职，一面继续"发扬"自己的短处，胡乱指点作战行动。这些举措对内招致正直臣子的反感，对外导致作战的失利，让曹爽的威望继续下降。

正始八年（247），曹爽听信何晏、邓飏、丁谧的建议，下令把郭太后迁到永宁宫。一时间，曹爽和党羽专擅朝政，掌管禁兵，多树亲党，屡次任性修改制度。

面对这种局面，司马懿伪装生病，不问政事。没了司马懿制衡，曹爽更加放肆，吃穿用度都几乎为帝王规格，各种珍奇宝物都被他带回家中，连曹叡宫中的才人他也敢拉来为其跳舞奏乐。他们兄弟几个经常一同出游打猎，丝毫不知留一人镇守都城。

曹爽虽然跋扈，但还没有对司马懿完全放心，所以派心腹李胜借拜望试探司马懿。司马懿假装病重，让侍婢扶起自己，衣服递到手上都拿不住，喝粥时也不能端碗，只能用嘴，喝得粥流出来满胸脯都是。李胜和他谈话，司马懿上气不接下气，回话倒还得体，可却一连把李胜赴任的州名说错了三次。李胜于是放下心来，认为司马懿虽然竭力表现出体面，但已经跟尸体一样只剩下一口残气，形神分离，不值得忧虑。曹爽等人信以为真，放松了对司马懿的防备，给了司马懿和他的儿子司马师、司马昭发动政变的机会。

嘉平元年（249）正月，皇帝曹芳离开洛阳去祭扫父亲曹叡的高平陵，曹爽兄弟一起随行，城中无人后备，调动军队的符节也全都留在洛阳。司马懿见状，立即上奏被曹爽得罪的郭太后，请求废黜曹爽兄弟。当时，司马师为中护军，率兵驻扎在司马门，控制着京都。

取得郭太后的命令后，司马懿封闭洛阳城门，控制储备兵器的武库，武装后屯兵洛水浮桥，下令司徒高柔带着符节接管曹爽统领的军营；命令太仆王观接管曹羲统领的军营。于是洛阳完全被司马懿控制，曹爽身边的筹码只剩下天子曹芳。司马懿不敢轻举妄动，亲自率太尉蒋济等勒兵出迎天子，并派人上奏章陈述曹爽等人的罪行。

曹爽扣住奏章，把曹芳留在伊水之南，砍伐树木建成鹿角防御，征发

《正始石经》拓片

汉末兵乱，立于魏都洛阳南郊太学讲堂西侧的《熹平石经》被毁。正始二年（241），更造石经，因有此称。因碑文每字皆用古文、小篆和汉隶三种字体写刻，故名《三体石经》，又称《三字石经》。石经刻有《尚书》《春秋》和部分《左传》，是继东汉《熹平石经》后刻制的第二部石经。《三体石经》在中国书法史和汉字的演进发展史上具有非常重要的意义。

数千屯兵自守，司马懿一时奈何不得。此时城中的司农桓范感念曹爽的恩遇，偷取了大司农的印章逃出城去，建议曹爽挟持皇帝到许昌去，发文书征调天下兵马勤王。桓范的建议是极睿智的，许昌的武备足以自保，加上大司农印章调配粮食也不是问题。但曹爽优柔寡断，不从其计，觉得风险太高，还不如投降享受富贵。司马懿听说后大喜过望，满口答应只会免除曹爽的官职。

司马懿倒是没有违背诺言，但想杀无权无势的曹爽太容易了。他派许多人马在曹爽府宅四角修高楼，派人在楼上密切监视着，曹爽只要在院里活动，楼上的人就大喊前大将军曹爽如何如何，曹爽的心态很快就崩溃了。不久，司马懿又随便找到一个借口，以谋反的罪名，将曹爽及其党羽何晏、丁谧、邓飏、毕轨、李胜、桓范等尽数杀死，并灭三族。至此，魏国朝廷大权终归司马氏。而这场因祭祀高平陵引发的政变，就是高平陵事变。

同年二月，曹芳任命司马懿为丞相，司马懿固辞不受。十二月，诏命加司马懿九锡之礼，朝会不拜，司马懿又固辞。他已经不需要这些虚无的东西了。

成语典故

傅粉何郎

在政治上，何晏是跟从曹爽的一个失败者，但从名节上来说，他的影响极大。何晏是魏国著名的玄学家，是当时首批正式主张庄老思想的人，对后来的竹林七贤影响很深。此人还是一个出名的美男子，尤其以皮肤洁白著称，连魏明帝都怀疑过他是否在脸上搽粉，于是特意在大热天请何晏来赏赐他热汤面吃。不一会儿，何晏大汗淋漓，只好用自己穿的衣服擦汗。可他擦完汗后，脸色显得更白了。此事流传开来，于是"傅粉何郎"成了形容美男子的固定典故。

28 三马食槽，梦境成真

> 正元元年春正月，天子与中书令李丰、后父光禄大夫张缉、黄门监苏铄、永宁署令乐敦、冗从仆射刘宝贤等谋以太常夏侯玄代帝辅政。帝密知之，使舍人王羡以车迎丰。丰见迫，随羡而至，帝数之。丰知祸及，因肆恶言。帝怒，遣勇士以刀镮筑杀之。逮捕玄、缉等，皆夷三族。
>
> ——《晋书·景帝纪》

【人物】司马师、诸葛恪、曹芳、曹髦、司马昭、曹奂

【事件】抗击诸葛恪、废黜曹芳、亲征寿春、废黜曹髦

据《晋书》记载，魏武帝曹操做过一个梦：三匹马在一个槽中进食，令他十分厌恶，因为"槽""曹"同音，而梦中的马，他认为正是司马氏。这个梦真伪难考，却印证了历史。曹叡死后，司马懿、司马师、司马昭三父子相继掌权，最终果然废黜皇帝，逐步窃取了魏国的大权。

赢了战争，输了性命

嘉平三年到嘉平五年（251—253），是三国历史风云巨变的三年，魏、蜀、吴三国的掌舵者都发生了更替。

嘉平三年（251）八月，司马懿去世，其长子司马师出任抚军大将军，执掌魏国军政大权。同年，东吴皇帝孙权病重，将军政大权委托于诸葛瑾之子诸葛恪，次年孙权去世，孙亮即位，诸葛恪为托孤大臣。嘉平五年

（253），执掌蜀国大权的费祎被刺杀，姜维主导蜀汉军事。

三国新任的掌舵人中，姜维精干激进，有意北伐中原但才力不及；诸葛恪为政从军都是能手，但严厉苛刻，不得官吏之心；司马师则精明宽容，表现出主君风范。三国的重心便在他们的引领下向魏国偏移。

嘉平四年（252），司马师升任大将军，执掌魏国大权。这一年正赶上吴国大丧，幼子继国，辅政大臣诸葛恪又和另一位托孤大臣孙弘自相残杀。司马师抓住机会，认为应当对东吴采取行动。恰好当年十月，诸葛恪恢复了孙权时代废弃的东兴堤，在此设立城池两座，各留下千余守军，是一个很好的攻打目标。

于是，当年十一月，司马师发兵三路攻吴，其中征南大将军王昶攻南郡，镇南将军毌丘俭攻打武昌，征东将军胡遵、镇东将军诸葛诞（诸葛亮族弟）攻打东兴。东兴一路有军队七万，是此战的主战场。这一路魏兵在水上修建浮桥、登上大堤，分兵同时攻打两座城池，但两城地势高峻，堤上能容纳的军队也有限，一时攻打不下。相持之际，诸葛恪派四万军队前来救援。作战期间，领导吴军先头军队的冠军将军丁奉很有战略眼光地脱离大部队急行军，抢先占据了东兴堤附近便于魏军作战的地域，给吴军打下了登陆点，随后他带领的三千人马一起冲上，将魏军的前军营地攻破。此时东吴的其他军队也相继赶到，魏军想战却无有利地形，想退又限于浮桥狭窄，人马践踏死伤数万，随军带来的车辆、牛马、骡驴以及堆积如山的辎重都被诸葛恪缴获。

嘉平五年（253），胡人作乱，司马师听取雍州刺史陈泰的建议，命令并州与雍州一起讨伐胡人，不承想并州的胡人很多，这次讨伐路途遥远，胡人们不愿意参战，于是这条命令不仅没能征到军马，反而逼反了新兴、雁门两郡的胡人。

从这两件事看，司马师继位之初对外战争并不顺利，其军事才干也未必比得上诸葛恪和姜维。但司马师性格好，两次大败他都严词拒绝处置战败的将军，把责任都拉到自己身上，于是魏军虽败，但将士无怨。

反倒是得胜的诸葛恪有了轻敌之心，他不顾东吴众臣劝阻，大军还师不过一个月，就于嘉平五年三月兴兵二十万攻打魏国淮南。大军一路剥夺人口，于五月包围新城，打算围城打援。与此同时，蜀国姜维刚得军权，也率军数万北伐，包围了狄道，魏国腹背受敌。

危急情况下，司马师听取虞松的建议，打算战略放弃新城，守军能拖则拖，不能拖也不营救，让诸葛恪求战不得。而关中大军却背道而驰，不救东方而集中对付姜维。姜维人马虽多，才干也不差，但此次北伐并无多少准备，见敌军来援加上自身粮草不济，也就撤退了。

而东方战场上，被战略放弃的新城却在牙门将军张特的指挥下上演了防守奇迹，三千人顶住了吴国二十万军队三个月有余，逼得诸葛恪堆起土山强行攻城。城破之际，张特又以象征身份的大印为信物，传信诈降，说按魏国军法，守城百日被破，将帅无罪，请求宽限一日，作为报答他会劝服城中不肯投降的士兵。诸葛恪信以为真，等到约定之日，却发现张特连夜拆除民房，把被攻破的城墙堵上了。吴军一时打不下来。

此时天气暑热，吴军将士疲劳，军中疾病流行，各营长官屡屡报告，诸葛恪却都以为是将士怯战，以斩首威胁。一个叫蔡林的都尉心生怨恨，索性把这个消息报告给了魏军。一直观望的魏国军队这才大举进军。诸葛恪明白大势已去，只好在当年七月退军。司马师就这样赢得了战争，声望急剧上升。

这一战，东吴将士死伤不少，更重要的是军官和士兵都对诸葛恪心生怨恨，而诸葛恪浑然不觉，不仅继续严苛治军，还打算进攻青州、徐州。

东吴　铜铭文错金银带钩

这股怨恨断送了诸葛恪的性命。还师之后，东吴宗室孙峻向皇帝孙亮虚构诸葛恪的罪状，得到皇帝允许后策划了一场政变。借着一场酒会，诸葛恪被叫到宫中，孙峻拿刀杀死了他。诸葛恪死后，为东吴立下汗马功劳的诸葛氏三族都被夷灭。

废黜皇帝的司马师

司马氏虽然在魏国权变中取得胜利，但这场胜利的主要因素在曹爽的寡断，司马懿父子只是完成了对曹爽集团的斩首行动，朝中很多亲附曹爽的势力仍然没有得到清洗。这些人中有的叛逃敌国，有的暗中谋划，是司马氏掌权的最大隐患，司马师虽然能宽容败将，但对这些人却毫不留情。

掌权之初，他就剥夺了曹爽的表弟夏侯玄征西将军的军权，将他调回中央监控，命令和夏侯霸（夏侯渊之子，同样亲附曹爽）关系不好的郭淮接任征西将军，此举逼得夏侯霸投降蜀国，相当于废掉了曹爽一派的军权。但司马师仍然不放心，时刻寻找机会铲除这股势力。

嘉平六年（254），司马师终于找到了突破口——中书令李丰。李丰十七八岁时就在海内享有清名，在司马懿和曹爽的争斗中也没有倾向哪一方。但他和夏侯玄、张缉等曹爽一系的人关系亲密，虽然受到司马师的提拔却不太领情，经常在背后议论司马师。

司马师得知后，大怒，将李丰叫来责问后当庭杀死，又下令将李丰的儿子李韬及与李丰关系要好的夏侯玄、张缉都送交廷尉。负责审理的是钟毓，在审讯中夏侯玄一言不发，钟毓只好亲自审讯。见了钟毓，夏侯玄反问："我有什么罪呢？你是审讯官，你就替我写吧！"钟毓知道夏侯玄很有节气，不可能屈服，于是连夜写了一篇供状给夏侯玄看，夏侯玄没说一句话，只是点头而已。

于是，审理结果是这几人密谋政变，打算刺杀司马师，劫持皇帝，改任夏侯玄为大将军。凭此罪名，司马师直接将夏侯玄、张缉杀掉，夷灭三族，同时逼迫曹芳废除和几人有亲缘的张皇后，和几人关系亲善的官员也都被波及。魏国一时陷于混乱。

因为做得太过分，小皇帝曹芳也看不过去了，对司马家起了敌意。当时司马师的弟弟司马昭是安东将军，曹芳曾诏他对付姜维，司马昭于是带兵在平乐观面见皇帝。左右大臣劝曹芳借机杀死司马昭，剥夺兵权，用他的兵马对付司马师。但曹芳胆小怕事，诏书都写好了却不敢发出，任由司马昭带兵入城。

有了弟弟的兵马，司马师先下手为强，假借皇太后诏令召集百官，提出皇帝荒淫无度理应另选明君，群臣和太后都不能阻拦，最终曹芳被废。郭太后虽然不满但无力回天，只好交出皇帝的玉玺，但条件是立十四岁的高贵乡公曹髦为皇帝，而不是司马师提议的曹据。

司马师考虑到郭太后的重要性，便听从她的意见，派人迎立曹髦到洛阳登基。曹髦当上皇帝后，郭太后依然是皇太后，司马师掌握朝政大权。

二十四孝之卧冰求鲤

王祥，字休徵，琅琊临沂人。传统文化中二十四孝之一"卧冰求鲤"的主人公。正元元年（254），高贵乡公曹髦即位，王祥因参与定策有功，被封为关内侯。又拜光禄勋，转任司隶校尉。

司马夺权，变乱迭起

废黜皇帝曹芳，引起轩然大波，魏国各地不满司马师的将领先后以匡扶社稷为名举旗起义。与此同时，掌握蜀汉军政的姜维则在西方屡次发起北伐，而东吴则陷入诸葛恪死后引发的动乱之中。

最先反抗司马师的是扬州刺史文钦和镇东将军毌丘俭，两人当初都和曹爽友善，在司马师手下惴惴不安。

正元二年（255）正月，两人假借太后名义在寿春起兵，向各州郡发檄文。为了争取更多支持，檄文肯定司马懿的功劳，只是要求废黜司马师，让司马昭、司马望等担当重任。他们率军渡过淮河，从寿春向西进攻，打到项县暂停行军，由毌丘俭驻守，文钦为机动部队。

司马师的眼睛上长有肉瘤，当时刚做完切除，原本不宜行动。但他知道这是生死存亡时刻，一步输则万劫不复，所以带病出征。面对淮南叛军，司马师综合朝臣意见，打算高垒深沟以防守为主，这样一则可以拖垮叛军的锐气，二则可给叛军中不坚定的人逃离的机会，最后还可以等待东方各郡的援兵。坚守之余，他也听取荆州刺史王基的合理建议，派王基在叛军前抢到了要地南顿，遏制了叛军的扩张。

对峙一段时间后，魏国东方州郡的援兵纷纷赶到，诸葛诞进攻寿春，征东将军胡遵断绝叛军后路，邓艾则占领乐嘉等待司马师赶来。东吴的孙峻也趁机偷袭寿春，叛军前进则求战不得，回退则归路被断，将士大都无心作战。

尤其是作为游兵的文钦，他在进攻乐嘉城时正好赶上司马师和邓艾会师。文钦惊慌失措，只好委托年仅十八、勇武过人的儿子文鸯主导应敌。文鸯骁勇善战，将大军由文钦和自己各带一路，趁司马师大军立足未稳，计划连夜夹攻。这场奇袭非常成功，司马师在睡梦中听闻军中杀声震天，吓得病眼鼓出眼眶，他害怕自己这番模样被士兵看见动摇军心，竟然狠心弄破了自己的眼睛，以便遮挡。

可惜的是文钦胆怯，没有配合儿子夹攻，文鸯只好骚扰一番后撤退。虽然司马师及时派出八千骑兵追击，但文鸯骁勇无比，曾六七次冲入追兵前队断后，每次都杀伤百余人而退，竟然将追兵吓倒，不敢全力追击。

司马师虽赶走了文钦父子，但自毁一目的举措已经危及他的生命，他身边有个叫尹大目的人，本来是曹氏的家奴，他试图把司马师命不久矣的消息传递给文钦，让文钦不要退兵，但文钦没有听懂，只管败逃而去。文钦的胆怯导致整个淮南军队土崩瓦解，驻守的毌丘俭听到消息后弃城而逃，一路上士兵越逃越少，以致毌丘俭在慎县被当地老百姓杀死。文钦见项县已经失守，只好投靠了吴国。

吴国攻打寿春的军队没想到淮南军败退如此之快，只好接受了文钦的败军而回。而司马师也因为眼疾发作，死在了许昌，他的弟弟司马昭袭承职爵。

趁着魏国大变，姜维力排众议再次发兵，当年八月，数万大军再次奔赴狄道。魏国接到消息，命征西将军陈泰、雍州刺史王经进军狄道，两军会合后共同对付姜维。但王经作战不力，先是在故关和姜维作战失利，随后又渡过洮水，放弃狄道的险要和姜维在洮西对战，结果大败而归，只剩下万余人退守狄道城。

得胜之后，姜维冒着粮草不济的风险，执意包围狄道城，打算一举取得决定性胜利。危急之时，魏军中持观望态度的人不少，他们不敢和姜维的胜利之师硬抗，打算先据守险地自保，战略放弃狄道。但陈泰认为姜维带的都是轻装部队，想要准备好攻城器械至少要三个月，因此狄道并不好打，应该立即增援给守城的王经信心，以免他因绝望弃城。果然，当陈泰的援兵连夜急进，沿路大放烽火，奏响鼓角之后，姜维只好与之交战。由于被威胁将截断退路，姜维不得不率军撤退。陈泰到时，王经的粮食已经撑不了几天了，如果援兵稍晚，狄道失守，姜维收纳降兵、掠取粮食，招拢羌人、胡人，恐怕雍州就归蜀汉所有了。

由于洮西之败令魏国伤筋动骨，姜维打算伺机再次北伐，甘露元年

（256）七月，他变换进攻目标，率军直奔祁山，打算掠取此地正待收获的粮食，以此为基础展开北伐。然而他的意图被魏国安西将军邓艾预判，大军赶到时祁山已有防备，姜维只好放弃祁山，转向南安，但中途被邓艾在武城山拦截。魏军凭险据守，姜维攻之不下，只能和蜀汉的镇西大将军胡济约定在上邽会和。但胡济迟到，导致姜维在进军时被邓艾在段谷拦截，大败而归，士兵死伤逃亡甚众，这次北伐以失败告终。

由于出色的军政应对，一连串变乱都被魏国平定下来。

智灭三帅说的是姜维北伐的功绩。所谓"灭三帅"是指北伐过程中姜维在两年时间里招降魏国狄道长李简，击杀魏国将军徐质，击败魏国雍州刺史王经。

清 马骀 历代名将画谱·智灭三帅

时间 251—260

5 远征东吴

司马师死时,皇帝曹髦命令司马昭镇守许昌,同时命令尚书傅嘏率军回洛阳。此举是想架空司马昭,趁机夺回司马家族的辅政大权。但傅嘏和钟会都支持司马氏,因而还军时上表,请司马昭一同返回。当司马昭率军赶回洛阳时,皇帝只能承认他为大将军,加侍中,都督中外诸军、录尚书事,司马昭因此牢牢掌握朝政大权。随后,他不断地晋封爵位,增加封邑,威势大到朝中已经有人暗中议论禅让之事。

此时东吴的主政者也发生变化,孙峻突然暴病而死,委托族弟孙綝主管内外军事,但孙綝为人倨傲无礼,并不得人心。孙綝主政不久,甘露二年(257)四月,吴主孙亮亲政,这位小皇帝不鸣则已,一亲政就表现出惊人的智慧。孙綝感觉自己的权力注定被夺,对孙亮非常忌讳。两人的矛盾还未爆发,吴国却遇到一件大喜事。

这年五月,司马昭让皇帝封镇东将军诸葛诞为司空,到京师上任。诸葛诞担心司马昭对自己不利,于是杀死扬州刺史乐綝后起兵。原来,诸葛

风云人物

"小侦探"孙亮

孙亮刚一执政就因聪明镇住了文武百官。当时进献给皇帝的蜂蜜里发现了几颗老鼠屎,众人非常愤怒,都认为是管理的官员玩忽职守。而孙亮却没来由地问那个官员,最近是否有黄门前来讨要蜂蜜。官员连忙点头,并表示虽然黄门来讨,但自己没有私下拨给。孙亮一笑,当即命令把那个黄门抓住治罪。黄门不服,孙亮也不跟他辩解,直接令人把老鼠屎切开,指着干燥的老鼠屎内部说:"如果老鼠屎早在蜜中,一定早已湿透,这分明是你怀恨在心,后来丢进去的!"黄门当场就吓得招供了,满朝文武无不大惊失色。

诞本就和夏侯玄等人关系不错，又对曹氏忠心耿耿，所以这些年他一直畜养死士、高筑城墙，杀死乐綝时他已经有淮南、淮北兵马十余万及扬州新募兵士四五万人。而且为防止孤军难立，诸葛诞起事后便送儿子诸葛靓到吴国作人质，向吴国称臣求援。东吴大喜过望，立即封赏诸葛诞并派唐咨、全端、全怿等人率三万兵力来救，之前投降的文钦也率军赶来救援。这场起义于是变为魏吴之间的大战。

魏国方面的反应也很坚决，司马昭一番分析后，要求皇帝曹髦御驾亲征，他征发青州兵、徐州兵、荆州兵、豫州兵，还从关中分出部分军队，一起奔赴淮北平乱。

六月，天子到达项城，司马昭命令各路大军二十六万进驻丘头，打算以大军合围诸葛诞。但形成包围需要一定时间，趁此机会，东吴赶来救援的文钦、全怿等军突破封锁和诸葛诞会师。吴将朱异也带领三万人马屯驻安丰，和文钦策应。魏国方面，出谋划策的是军事天才钟会，起到关键作用的是镇南将军王基，也就是文钦叛乱中抢占南顿的那位。他不同意为了朱异转换防守阵地，主张不动如山、不管朱异的部队，稳步完成合围。

果然，合围完成之后，文钦数次出兵试图打开通路都以失败告终，而朱异的军队也被司马昭派精锐的机动部队击退，诸葛诞和东吴的联系被彻底切断。

吴国大将军孙綝只能于七月大举发兵，并命令朱异率军解除寿春的包围。朱异只好将辎重留在都陆，轻装进攻黎浆，但被石苞、州泰

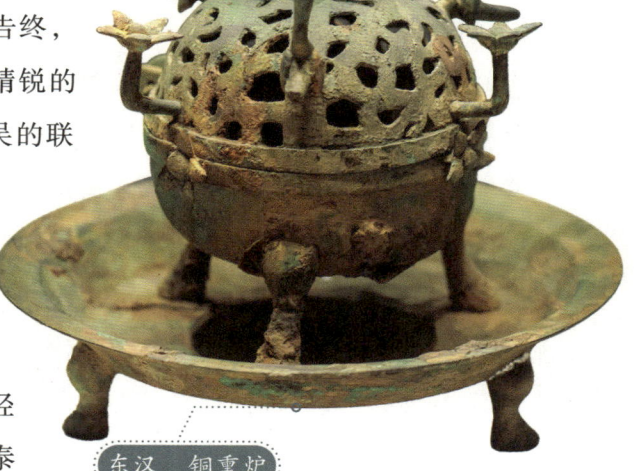

东汉　铜熏炉

率军击败，其留在都陆的辎重也被泰山太守胡烈以五千骑兵突袭，粮草被焚烧殆尽。朱异只好带着饥饿的士兵吃葛叶维生，退向孙綝。孙綝大怒，令朱异和魏军拼死作战，朱异以士兵饥饿为由拒绝，竟然被固执的孙綝斩首。可斩杀朱异之后，孙綝自己却退回建业，放弃了救援行动。吴军士兵见孙綝毫无作为，又斩杀名将泄愤，都充满了怨恨。

此时，东吴退军的消息，诸葛诞还不得而知。司马昭担心诸葛诞鱼死网破，于是一面加紧包围，一面派人传出流言，声称吴国救兵将至，而魏军缺少粮食，打算分批撤退。

诸葛诞信以为真，命令士兵放宽标准尽情吃喝。很快，城中粮食短缺，而东吴救兵连影子都没有。大军瞬间焦躁不安，诸葛诞的麾下也出现了两种声音。一种以蒋班、焦彝为首，认为应当拼死一战，从一面突围。另一种以文钦为首，认为纵然孙綝不肯救援，东吴也不可能坐视不理，镇守一年魏国必然大乱，诸葛诞也倾向于防守。蒋班、焦彝担心触怒诸葛诞会被杀，于是越过城墙投降。不久以后，和文钦一起进城的东吴将军全怿也投降了，这次性质更恶劣，全怿不仅打开城门，还带了几千人一并逃走。

这一年，蜀国姜维趁关中空虚出兵进攻秦川，但此时魏军虽然边境兵员不多，但存粮充足，所以只要派机动部队准确驻防，姜维就攻打不下。最终姜维被邓艾和司马望拦在芒水，数次挑战都无人理睬。

拖到甘露三年（258）正月，诸葛诞、文钦已经捉襟见肘，决定出其不意从南面突围，但魏军围城很久，准备充足，立刻以石车火箭猛烈攻击。诸葛诞军队死伤遍地，一连攻打了五六天都突围不出去，只能退回城内。

这次失败使得文钦和诸葛诞的矛盾加剧，尤其是文钦为了省粮，打算把城中所有北方人赶出去，只留东吴人镇守的建议惹怒了诸葛诞。最终，诸葛诞杀死文钦，文钦的两个儿子文鸯、文虎出逃投降。司马昭命令文鸯、文虎每天带队在城边巡视，大喊："文钦的儿子尚且投降不杀，你们还怕什么？"于是城中人心动摇，二月，司马昭四面齐攻，于是寿春沦陷。诸葛诞率数百亲兵被魏军抓获，魏军让他们排成一列，每杀一人就劝降一次，

童子对棍图漆盘

此盘为蜀地制造，却出土于吴地，主人是东吴大将朱然。在历史上，他曾擒关羽、夺荆州，为东吴立下赫赫战功。漆盘底部漆书"蜀郡作牢"四字，表明其产地正是漆器生产中心之一的蜀郡，也就是现在的成都。魏蜀吴三国鼎立之时，军事政治上你来我往，民间的经济文化交流却始终不绝如缕，充满活力。

但直到死绝也无人投降。诸葛诞死后，三族都被夷灭，被魏军俘虏的东吴淮南士兵多达十余万。

姜维远在西蜀，听到诸葛诞死讯，只好放弃对峙，退回成都，一场大乱又被司马氏化解。

在处理战后事宜上，司马昭表现出高明的手段，大战一结束就立即封赏有功的王基，阻止坑杀东吴降兵的暴举，赦免了被迫参与叛乱的淮南将士百姓，并准许文鸯收殓父亲遗骨。

于是天下归心于司马氏。

吴魏废君

营救诸葛诞失败，吴主孙亮对孙綝越发不满，多次就政事对孙綝责问发难，孙綝非常害怕，于是称病不上朝，并令弟弟孙据和心腹控制各营人马。随着掌权日久，孙綝为夺权犯下的罪行逐渐被孙亮得知，这位少年皇帝也起了杀孙綝的心思。

太平三年（258）九月，由于孙綝权倾朝野，孙亮决定策划一次斩首行动。孙亮命令黄门侍郎全纪向其父卫将军全尚（孙亮岳父）传令，要他整顿人马，配合自己亲率的宿卫虎骑等人马包围孙綝，到时再赦免孙綝的同党则大事可定。事前，孙亮一再叮嘱全纪此事切不可被其母（即孙綝堂姊）得知，但全纪口风不严，结果消息通过其母被孙綝知晓。

孙綝当即趁夜袭击全尚，随后纠合人马包围皇宫。年仅十六岁的孙亮得知后大怒："我是大皇帝的亲儿子，在位已经五年，我看谁敢不从！"说罢就要策马带弓出去，但左右臣子都死死拉着不放。孙亮喟叹一声，知道大势已去，只能任由孙綝罗织罪名，废黜帝位，成了会稽王。

废黜主君之后，孙綝不敢自己窃据皇位，于是立琅琊王孙休为帝，但军政大权仍然被自己独揽。所以新继位的孙休很快也对孙綝不满，不过孙休采取的是"将欲取之，必先予之"的策略，对孙綝百依百顺、屡次赏赐；有人说孙綝的坏话，他就把人抓住给孙綝处置；孙綝要求驻屯武昌，从武

奇珍异宝

东汉执矛骑俑

汉俑所刻画的骑士栩栩如生，骑士塑像武器装备的细节则引人深思。

东汉时期，矛已经开始使用，并且有多处史料为证。《三国志》中，汉末名将公孙瓒曾率军数十骑遇鲜卑数百骑："瓒乃自持矛，两头施刃，驰出刺胡，杀伤数十人。"吕布与郭汜决斗："布以矛刺中汜。"马超与阎行决斗："行尝刺超，矛折。"当阳之战刘备军溃败，张飞断后："飞据水断桥，瞋目横矛曰：身是张益德也，可来共决死！敌皆无敢近者。"程普曾在战场上为救孙策"驱马疾呼，以矛突贼"。

库拿走大量武器，孙休也一概答应。

当年十二月，孙休听取左将军丁奉的建议，打算借腊会铲除孙綝。腊会当天，孙綝察觉到风声，称病不往，孙休就不断派使者去请，反复十余次。孙綝害怕落下口实，于是冒险参会，并令手下准备兵马，腊会开始后就在家中点火，借救火脱身。但孙休根本不理这一套，直接将孙綝斩首示众。

在魏国，类似的剧情同样上演。甘露五年（260），皇帝曹髦见司马昭的权势一天大过一天，自己对国家政事不能作主，同样起了罢免司马昭的想法。五月，曹髦命李昭等人在陵云台部署禁卫军，召集王沈、王业、王经等人，愤慨地对他们说："司马昭之心，路人皆知！我不能坐等被废受辱，如今，我要亲自率你们去讨伐他。"王经知道事不可为，于是苦苦劝阻，但曹髦不怕死，执意要搏一搏渺茫的成功机会。

谁知王沈、王业早已被司马昭收买，立即向司马昭告密。势单力孤的曹髦只好亲率宫中卫士和奴仆冲出，然而未出皇宫，便被司马昭的弟弟司马伷、中护军贾充等人拦住。曹髦提起宝剑，亲自对敌，左右卫士也大声呵斥，司马伷的人马被吓退，而贾充却心狠手辣，呵斥诸将说："司马公平时养活你们，就是为了今天啊！"随后，太子舍人成济举起战戈一举将曹髦刺死。

司马昭虽然专权良久，但此时还不想担下弑君之罪，他大惊失色，作态跪倒在地上。

事后，司马昭逼迫太后下令历数曹髦的种种罪状，废黜了他的天子身份，从而洗清弑君之罪。不仅如此，他还将所有罪行都归到成济身上，以大逆不道之罪将成济灭族。但这也只是收买人心的表面文章罢了，对于主谋贾充，司马昭却舍不得处置。

不久，司马昭与公卿立燕王曹宇儿子常道乡公曹璜（后由郭太后改名曹奂）为皇帝，改元景元。

也是在这一年，有宫人控告被废黜的吴国皇帝孙亮从事巫蛊，孙亮因此被贬为侯，他是个聪明人，接到消息便自杀了。

时间 263年8月—11月

29 魏国平蜀

> 邓艾矫然强壮，立功立事，然暗于防患，咎败旋至，岂远知乎诸葛恪而不能近自见，此盖古人所谓目论者也。
> ——《三国志·魏书·邓艾传》

【人物】钟会、邓艾、诸葛绪、姜维、廖化、诸葛瞻

【事件】钟会率军攻蜀国、邓艾奇袭阴平

完全控制魏国后，钟会率军攻蜀，主力军被堵在剑阁时邓艾献上奇计，率军跋山涉水，攻下涪城，直指成都城下。蜀国后主刘禅在群臣建议下，率部出城投降。蜀国由此灭亡，钟会和邓艾灭蜀有功，却引起司马昭妒忌，不久相继死去。

伐蜀决议

公开弑杀皇帝曹髦之后，司马氏进一步掌控魏国朝廷。但此举使司马氏的风评受损，早已策划的禅代之事只好暂缓。此刻，司马昭急需一场大胜利来洗刷污点，建立不世功勋，为篡位累积资本。

恰在此时，景元三年（262）十月，姜维再次北伐，攻打魏国洮阳，但负责防备的邓艾军事才能很强，姜维被他在侯和击败，只好退回沓中。姜维本是魏国小将，根基不稳，归附蜀国后连年在外用兵却无法建立大功，反而劳民伤财，让蜀国将官都对姜维的能力产生了质疑，蜀国将军廖化甚至认定姜维军事能力不如邓艾，坚决反对出兵。朝中大臣此时也已经唯宦

官黄皓是瞻，姜维试图上书诛杀黄皓，刘禅没有否定黄皓的罪过，但也不肯杀黄皓，姜维由此得知黄皓势力根深蒂固，因此不敢再回成都。

趁着蜀汉连年战败、国力衰弱、百姓不堪负担之际，司马昭认为寿春之战已经过去六年，魏国基本恢复元气，所以听取钟会的意见，决定转变战略重心，先攻取蜀国，等蜀国平定后，顺长江水陆并进，再并吴国，统一天下。

钟会是攻打寿春时起到决定性作用的谋士，此人是太傅钟繇幼子，少年便才华横溢，司马昭把他看作自己的张良。逃到蜀国的大将夏侯霸就曾特意说过，如果钟会主事，蜀国就危险了。

而这一次，司马昭正是以钟会为主将，任命他为镇西将军，都督关中，全权负责攻蜀。钟会麾下也是人才济济，数次挫败姜维的邓艾也在其中。姜维得知钟会出任镇西将军后判定魏军将大举进攻。他急忙上报给蜀国皇帝刘禅，建议派兵把守阳安关口和阴平桥头，加强防备。但刘禅宠信宦官黄皓，竟然信了黄皓的占卜，认为魏军不会进攻，将姜维的上表瞒了下来，满朝文武于是对这次危机后知后觉。

景元四年（263）八月，魏国出动十八万军队，分三路进攻蜀国。其中，邓艾率三万人马为西路军，走出狄道，直指甘松、沓中，负责进攻姜

成语典故

九伐中原

九伐中原是文学作品中对蜀汉大将军姜维一生对魏国军事行动的概括。根据《三国志》记载，238年到262年之间，为了光复中原，完成诸葛亮未已的事业，姜维共进行了十一次北伐。然而他的军事能力只和魏国守将邓艾等人相当，无法在谋略上取得压制，而北伐所面临最大掣肘的粮食问题他也无法解决，所以连年征战中并没有建功多少，只是以耗损国力为代价延缓了蜀汉的灭亡。

维所部；诸葛绪率三万人马为中路军，从祁山攻向武街、阴平桥头，负责切断姜维所部后路，这两路其实都是对付姜维的。而钟会率十多万人马为东路军，是这次进攻主力，主力又分为三路，分别从关中通往汉中的褒斜道、傥骆道、子午道三条狭道向汉中进攻。

得知魏军即将发起大规模进攻时，刘禅慌了，连忙按姜维建议的部署，命令廖化率军增援姜维，派张翼和董厥率军到阳安关口加强防御。

九月，魏军全面发起进攻。刘禅依照姜维布防计划，命令汉中蜀军不要迎战，撤退到汉城和乐城防守，此时两城各有五千人马。

钟会得知蜀军布置后，派李辅率魏军进攻乐城，派荀恺率魏军进攻汉城，亲自率军直扑阳安关，派胡烈率军攻打阳安关关城。

阳安和阴平一东一西，都是汉中进入益州的门户，益州内部一马平川，汉中来的兵马只要进入盆地，成都就无险可守，由此控制汉中到益州通道口的阴平、阳安就是蜀国的命门。

阳安本来不好攻破，但蜀汉在人事派遣上出现重大失误，当时防守阳关的本来是蒋舒，此人因为在位不作为而被傅佥取代。临阵换将已是大忌，蜀汉却又任由蒋舒留在原关口执掌要务。结果蒋舒怀恨在心，借口出城迎敌，实际带兵投靠了魏国。傅佥孤木难支，阳安于是轻易失守。阳安失守不仅意味着一条通路被打开，其中的存粮也为钟会解决了一部分给养问题。钟会于是留下两万人继续围攻汉城和乐城，亲自率东路军长驱直入，直逼剑阁，剑阁就是通向益州盆地的最后一道关口，蜀国的信心几乎崩溃。钟会则借机颁发《移蜀将吏士民檄》，派人送到蜀国各地，劝导蜀地军民投降。

再说姜维一面。西路军展开攻势后，邓艾命令魏军分别从东、西、北三面进攻姜维所在的沓中。姜维获悉魏军已攻入汉中，担心阳安关失守，剑阁孤危，便不做抵抗，且战且退，希望尽快收拢兵力，去守住阳安关。然而这一点已经被钟会预测，诸葛绪的军队此刻已从祁山进达阴平桥头，切断了姜维的退路。

为引开魏军，姜维率蜀军从孔函谷绕到诸葛绪所部魏军后方。诸葛绪怕后路被切断，慌忙后退三十里。姜维趁机率蜀军回头越过阴平桥头。诸葛绪察觉上当时，已经追赶不上蜀军。姜维率蜀军一路南撤，途中与廖化、张翼、董厥等路蜀军会合。

由于途中听说阳安关丢失，姜维最终和剑阁守军会合，在此抵抗魏军。剑阁地形险峻，道小谷深，易守难攻。姜维利用有利防守地形，列营守险，同时，刘禅派人向吴国求救。吴国派出丁封、孙异等人率军支援。

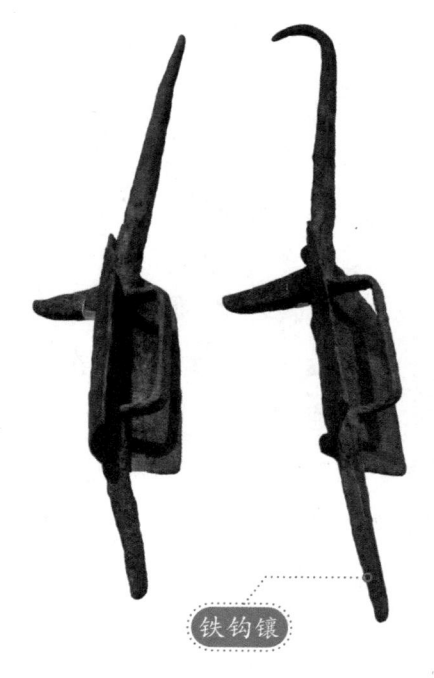

铁钩镶

钩镶是由盾演变而来的一种钩、盾结合的复合兵器，为汉代独有，通常与刀、剑等兵器配合使用。钩镶是专为克制"卜"字戟而设计的。戟横出小枝被勾束后，持钩镶者即可砍刺对手。汉晋以后，戟逐渐退出战场，钩镶也随之绝迹。

5 蜀国投降

于是，钟会所率中路军被蜀军阻拦在剑门关外，只要蜀军防守够久，孤军深入的钟会就会因军粮问题溃败，由此还可能引发东吴入侵、内郡叛乱等恶性后果。

钟会不敢承担这种风险，准备撤军。但在关键时刻，邓艾提出一条奇策。

前文提过，阴平和阳安都是益州通道入口，区别在于阳安向南的道路相对好走，而阴平向南的阴平小道通行条件很差。邓艾的计策就是派一支魏军从阴平绕小道进攻涪城，一旦成功，如果姜维率军从剑阁支援涪城，剑阁势孤，钟会率军就有可能将其攻破；如果姜维不率军支援涪城，魏军可轻易攻破涪城，切断姜维所部后路，并可以直指成都。

时间　263年8月—11月

　　这个计策邓艾本想和中路军的诸葛绪一道执行，但诸葛绪认为他接到的任务是牵制姜维，不肯私自行动，打算率军与钟会会合。

　　邓艾想要专权，于是密告诸葛绪畏战不敢前进，将诸葛绪押解回京，自己掌握全部军权。他挑选精锐，执行奇袭。从阴平到江油关，高山险阻，人迹罕至，运粮艰难。古稀之年的邓艾率三万魏军走阴平道，路过三百多公里无人之地。他身先士卒，带领将士们沿着藤蔓攀上悬崖，遇到绝险处，凿山通道，造作桥阁。在克服难以想象的困难后，他们通过阴平险道，到达江油关。

　　江油关守将马邈见魏军"从天而降"，大惊失色，竟然不战而降。邓艾占领江油关，蜀国已穷途末路。此时，成都军民士气已降到谷底，满朝文武一片降旗。

清　马骀　历代名将画谱·阴平击险

危亡在即，刘禅只能派诸葛亮之子诸葛瞻率蜀军抗击邓艾，行到交通便利的涪地时，诸葛瞻犹豫不决，想要在这里对抗邓艾。尚书郎黄崇屡次劝告他想要阻拦邓艾必须立即急行军，抢先占据有利地形，可诸葛瞻犹豫不决，被邓艾夺取险地。进入平地之后，邓艾将诸葛瞻前军打败，逼得他退守绵竹。一个是孤军深入的勇将，一个是誓死卫国的忠臣，双方战斗意志都很坚决，诸葛瞻斩杀劝降的来使，而邓艾因为进军不顺连亲生儿子都差点儿斩杀。最终，邓艾更胜一筹。诸葛瞻和儿子诸葛尚都为蜀国尽忠而死。

　　诸葛瞻一死，蜀国大乱，后方各城完全没有防备调度，百姓为了避战有不少逃入山林。蜀国君臣不知所措，有心逃到南中地区却苦于未做准备，担心少数民族反而叛乱。若是东投吴国，以当前形势，吴国也多半朝不保夕，还不如直接投降魏国，免于受二次耻辱。于是，这年十一月，刘禅下令开城向魏军投降，并向姜维等人寄出投降敕令。接到命令以后，姜维只得向钟会投降。只有刘禅的儿子、北地王刘谌悲怆地对父亲哭道："就算山穷水尽，大难临头，我们父子也不过是坚守孤城、以身殉国，到黄泉向先帝谢罪而已，怎么能投降呢！"可刘禅根本不听，刘谌只好在刘备的庙宇哭泣，杀死妻子儿女，随后自杀殉国。

　　吴国听说蜀国灭亡，自然也罢兵回朝了。

清　金古良　无双谱·北地王刘谌

地图专题 祁山道

意　　义：由汉中盆地进入陇西高原的狭长山道。

知名事件：诸葛亮六出祁山、姜维九伐中原、挥泪斩马谡。

透过地图说历史：

祁山位于甘肃省东南。在古代，对于中原王朝而言，祁山是比较偏僻的。这个地方之所以知名，很大程度是因为它位于祁山古道的北口，三国时期蜀国对魏国的战争很多都发生在这里。

从地图可以看出，祁山道的起点就是金牛道的终点，大体位于阳平关一带，而祁山道的终点是另一个地理单元陇右。古代的地图西在右边，所以陇右也就是陇西。陇西之所以得名就是因为它在陇山以西，陇山就好比一道东西分界线，以东是关中盆地，以西是陇西高原。

说到这里，读者朋友应该就能理解，祁山道其实是蜀国从四川盆地进入关中盆地的路线中段。比起山高谷深、重兵防守的秦岭古道，陇西高原虽然绕远，但地势相对平坦，那里居住的也不是魏国的死忠势力，防守远远弱于关中。

因此蜀国从诸葛亮时代起，就把进军陇右、拉拢当地势力、以陇右为

跳板进入关中作为重要战略。诸葛亮去世后，出身陇右的蜀汉大将姜维更加注重联络当地的少数民族，因此有了《三国演义》里蜀国六出祁山、九伐中原的经典剧情。其实这里的中原指的已经是陇右地区了。祁山道虽然相对好走，但其漫长程度却超过了任何一条秦岭古道，蜀汉在这里打仗，最艰难的就是粮食供应，这也是诸葛亮、姜维两代人都没能建功的重要原因。

　　《三国演义》中的挥泪斩马谡也发生在祁山道，街亭是陇西进出关中的咽喉，马谡丢了它等于让蜀军北伐的大半成果付之东流。

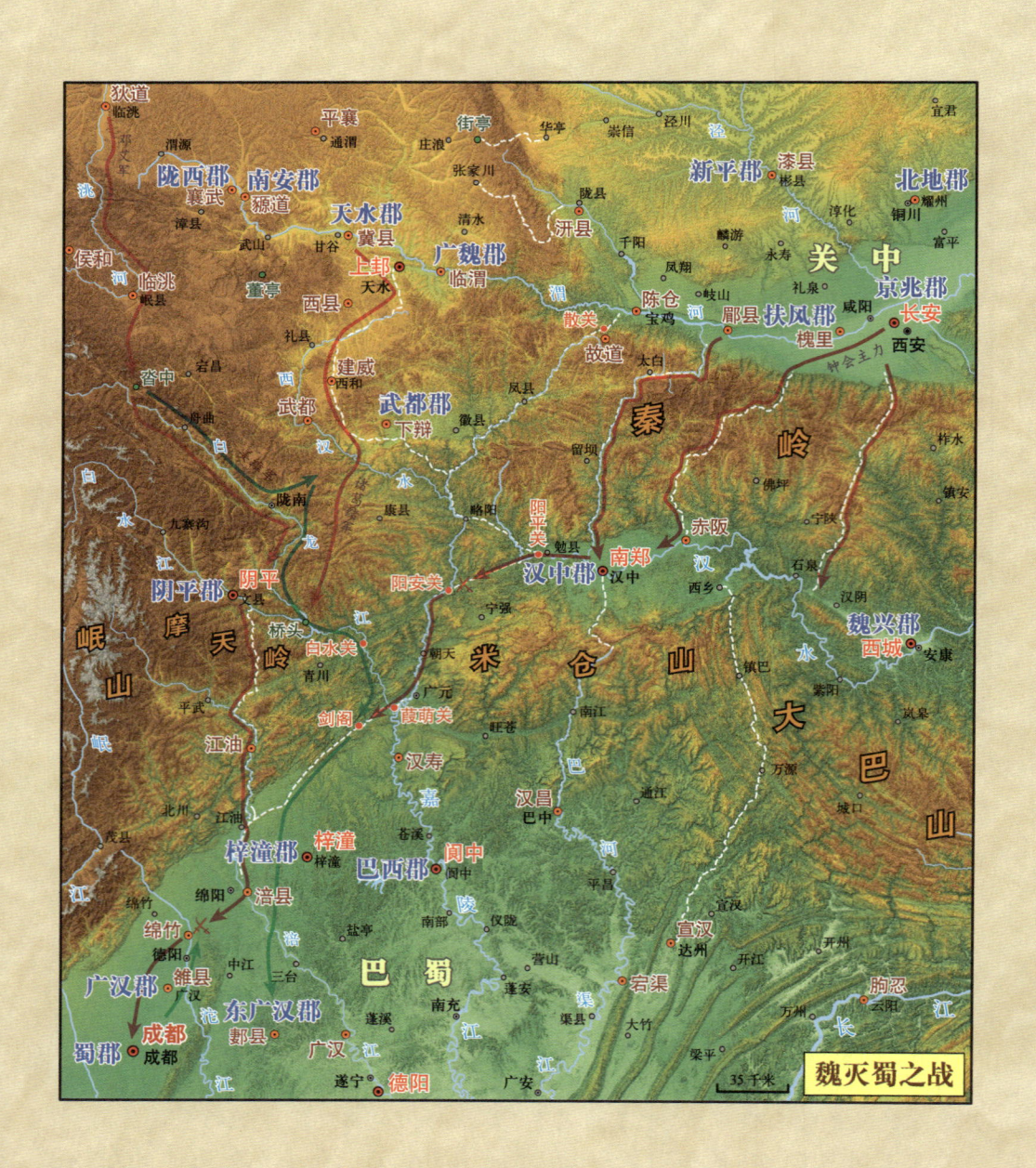

魏灭蜀之战

地图专题：魏灭蜀之战

本　　质：汉末三国一统的开始。
作战双方：姜维、诸葛瞻等所率的蜀汉军；邓艾、钟会等所率的魏军。
背　　景：诸葛亮去世后，蜀汉人才凋零，内部矛盾加剧，魏国和蜀国的国力差距也开始显现。

透过地图说历史：

从路线上看，魏国灭蜀的路线非常像诸葛亮北伐的逆行，魏国军队从关中、陇西出发，同样穿过了漫长艰难的山道。那么，同样的路线，为什么诸葛亮、姜维数次北伐无功，钟会却能一战灭蜀呢？邓艾偷渡的小道真的是蜀汉防御的真空吗？其实这和姜维对魏国的防御策略及蜀汉内部不和都有关联。

在魏延时代，守汉中的策略是御敌于重门之外，也就是将兵力布置在秦岭一带的关隘，不让敌人进入汉中平原。但姜维认为这样只能防御不能建功，他的计策是关门打狗，放任敌人进入汉中，一面坚壁清野，一面游击骚扰，让魏军攻坚不下，不得不千里运粮，从而被拖垮于汉中平原。

但关门打狗的策略出了两个岔子。第一是汉中之战爆发以前，姜维害怕被蜀国奸臣黄皓所害，所以大军没有驻扎在利于回防的蜀汉内地，而是远在地图西面的沓中，距离汉中足有数百里山路。第二是钟会进入汉中后，阳安关的守将投降了。这样一来，打狗的人回不来，关狗的门也破了，姜维的策略也就成了笑话。从地图可以看出，邓艾出兵陇西就是为了牵制姜维在沓中的军队。而驻守沓中也不是全无好处，这里恰好堵住了阴平小道。

总的来说，钟会的胜利是环环因果相扣的。没有姜维的战略转变，魏军难以顺利进入汉中，阳安守将也不会如此快地崩溃投降，姜维也不必弃下沓中急忙回防剑阁，可这样阴平小道却又成了无人把守了。

时间　263年8月—11月

5 破蜀不还

　　魏国灭蜀之前，钟会曾经向王戎问策，王戎认为功成不难，保持难。后来成为西晋重臣的刘寔也赞成这一点，还做出一个惊人的预言："破蜀必矣，而皆不还。"

　　灭蜀过程中，无人知道这个预言的含义，灭蜀之后，才显出一点儿端倪。

　　虽然钟会和邓艾的军事能力都超绝，但两人都有性格缺陷，在蜀地善后时做了很多不当之举。邓艾性格骄傲，掌控欲很强，灭蜀之后更是沾沾自喜，开始自作主张。他给晋公司马昭再三上书，认为应趁热打铁一举灭亡吴国，考虑到眼下魏军疲惫，他还具体提出在陇右和蜀地各留兵两万，以及封刘禅为王，大加赏赐，从而诱惑孙休投降。

　　邓艾的建议从军事上说都很中肯，但在司马昭看来却不是如此——这些军政大事是一个将军该私自决定的吗？如果事事依邓艾所言，和让他割地自立有什么区别？司马昭于是委婉地建议："这些事都需要上报，不能直接施行。"可邓艾不明利害，认为只要为了国家就可以专权行事，结果引发司马昭的猜忌。

　　而钟会虽然是名门之后，但为人好利，喜欢搬弄是非。他不像邓艾那样想着为国立功，而是打算拥兵自立。姜维察觉到这一点，对钟会大加劝诱，两人于是关系大好。想要拥兵自立，钟会就必须除掉邓艾。他本身是书法家，于是便利用特长把邓艾写给司马昭的文书仿写一遍，对关键词句进行改动，又把司马昭给邓艾的文书毁掉，如法炮制。在钟会的挑拨下，司马昭决定让钟会率军到成都将邓艾召回。

　　钟会带了不少人马，但执行时却先派监军卫瓘带着很少的人马去收邓艾的军权，打算激怒邓艾杀死卫瓘。但卫瓘差事做得很好，他连夜向各路将军下令，命令士兵不想造反的就都远离邓艾，结果邓艾一身策略无处施展，就这样在睡梦中被抓住了。

　　邓艾被捕，钟会掌握远征军大权，开始谋划造反大计。他打算以姜维为先锋带兵五万出斜谷，自己率大军殿后夺取长安，然后水路并进，袭击洛阳。

然而此时他接到司马昭的书信，信上说担心邓艾不肯从命，所以已经派贾充带领骑兵万人进入斜谷，而他自己也带了十万人马在长安驻屯。钟会大惊失色，明白自己同样被怀疑了，预先的计划因为司马昭已有准备自然不能实行，只好冒险提前起事。

为了名正言顺，他诈称有太后遗诏命他废黜司马昭，号召诸军起事，姜维于是趁机建议他杀尽外兵将领。不过姜维这样做不是为了在新东家面前显示能力，而是想挑拨魏军大乱，趁机杀死钟会，从而坑杀魏兵，重新迎立刘禅，使得社稷危而复安，日月幽而复明。

这个计策牵涉太广，钟会一时不敢施行，结果消息泄露，引发兵变。姜维和钟会都被包围其中，只有少数卫士跟随，两人纵然有奇谋妙计也都施展不开，一忠一奸全都死在乱军之中。

此时，虽然邓艾的亲信士兵觉察不对，抢先一步追回了邓艾的囚车，但为时已晚。监军卫瓘在这次混乱中已掌握了钟会的军队，他派出人马轻易袭杀了邓艾父子。姜维、邓艾、钟会，这三位智术超群的将领，全都死于无名之辈手中。

奇珍异宝

钟会书法　　钟会（225—264），字士季，颍川长社人，三国时期魏国军事家、书法家，太傅钟繇幼子、青州刺史钟毓弟弟。钟会精通文赋和玄学，著有《魏钟司徒集》，工于书法，其书法作品被唐朝张怀瓘在《书断》中评为妙品。

时间 265—280

30 天下归晋

> 泰始之际，人只呈贶，羊公起平吴之策，其见天地之心焉。……垂大信于南服，倾吴人于汉渚，江衢如砥，禔袄同归。而在乎成功弗居，幅巾穷巷，落落焉其有风飚者也。
> ——《晋书·羊祜传》

【人物】司马炎、羊祜、杜预

【事件】西晋建立、羊祜治荆州、灭吴之战

西蜀灭亡，意味着三国鼎立的结束，魏国对东吴形成西、北两个大方向的合围。然而，统一三国的功绩并未落在魏国名下，不久以后，司马炎继承祖业，接受禅让，魏国便再不存在了。建晋代魏后，司马炎完成天下统一，东汉末年的分裂局面彻底结束。

建晋代魏

平定西蜀以后，魏吴主政者再次迎来换届，咸熙元年（264），吴主孙休陡然患病，连话都说不出来了。孙休病死之后，东吴立孙权的儿子废太子孙和的子嗣孙皓为帝。孙皓此时已经二十多岁，的确很适合稳定国内局势，他继位之初也大行仁政，抚恤百姓，赈济贫乏，似乎是一位仁君。但这只是孙皓为了掌握权力的表演而已，大权在握后，他粗暴骄横，爱好酒色，对不满的臣子大开杀戒。他的生活也极其奢靡，曾经耗费亿万修建昭明宫。

成语典故

以茶代酒

孙皓大宴群臣时，每个人最少要饮七升酒，即使喝不下，杯子里也要斟上，端起杯子大声说"干"。群臣喝醉了，孙皓就让近臣戏弄他们为乐。只有韦曜酒量不好，喝两升就会醉倒，孙皓特许他以茶代酒。

泰始元年（265）五月，魏国皇帝曹奂再次赐给司马昭特殊待遇，他的夫人可以称为王后，世子可以称为太子。司马昭距离称帝不过半步而已。但还未登上帝位，司马昭就去世了，儿子司马炎掌握大权。这次权力过渡非常稳定，当年十二月，司马炎就接受曹奂禅让，即位为帝，改国号为晋，追封司马懿为宣帝，司马师为景帝，司马昭为文帝；对曹氏则采取优待政策，封曹奂为陈留王，载天子旌旗，行魏正朔，郊祀天地、礼乐制度如旧，上书不称臣，同时解除对汉朝王室的禁锢；对其余曹氏子弟也加以封赏，使其富贵而已。

为了安抚人心，司马炎采取无为宽松的政策，推崇节俭孝顺的社会风气，还进行了一些政治革新。建晋代魏后，魏国的显贵大都成为新朝开国元勋。为拉拢这些人，司马炎模仿古代名称，杂采近代制度，同时设置太宰、太傅、太保、太尉、司徒、司空、大司马、大将军等名号，号称八公，以宠待勋臣贵戚。

当然，司马炎设置的八公是虚职，属于一种荣誉。晋朝的决策权在尚书省。尚书省由尚书令、尚书仆射主掌。尚书省以外，司马炎还设立了中书省、门下省。中书省长官为中书监、中书令，掌管诏令、文书撰写，也参议政事。门下省长官为侍中、散骑常侍等，他们在皇帝身边为皇帝提供政策咨询，又有审查尚书机构上行下达文案的职权。至此，三省基本上取代传统的三公九卿，这种制度一直沿用到宋辽时期，一直到明朝才为六部

史海辨真

仁孝治国

建立晋朝以后，司马昭和兄长司马师一样克制私欲，树立道德模范的形象，推行"以孝治天下"的理念。在此影响下，无论是晋国的主君还是重臣名士都往往是闻名的孝子。此举自然是为了消除曹操追求实用的法家影响，然而，司马氏本身就是弑君继位，所以在推行名教时，他们不得不舍弃了忠孝道德体系中的"忠"字。

制度取代，意义极为深远。

为了重新分配权力，司马炎也对分封制度做了调整。他分封宗室子弟为王，以郡为国——拥有两万户食邑的为大国，置上、中、下三军，拥有五千精兵；拥有一万户食邑的为次国，置上、下两军，拥有三千精兵；拥有五千户食邑的为小国，拥有一千五精兵。其中大国有司马干、司马伦、司马亮、司马攸四国。司马孚是特例，食邑户数多达四万户，其封国是超级大国。除此五人外，司马家族还有二十二人封王。

支持司马炎建晋代魏的勋臣贵戚也得以加封晋爵，或者为公爵，或者为侯爵——拥有一万户食邑的为大国，拥有五千户食邑的为次国，不满五千户封邑的为下国。

此举直接导致诸侯王再度成为地方政权的控制者，也为晋朝的命运埋下了伏笔。

"伐吴战备官"羊祜

泰始五年（269），经过五年的休养生息，司马炎稳定了国家局势，开始有灭吴的打算。

为此他重用尚书左仆射羊祜，任命他都督荆州的军事。

羊祜到任后施行德政，深得当地百姓喜爱。对吴国人，他也讲求信义，投降的人中有想回家的，都听之任之，吴国人因此信任羊祜。改善边境关系之后，羊祜得以减少戍卫，腾出更多人力开垦了八百多顷土地，大力积存粮食。羊祜初到时，军中粮食不过百日，但经过几年积累，粮食已足够吃十年。羊祜在荆州的经营，为晋朝打下了灭吴的基调。

但是东吴仰仗长江天险，想讨伐绝非一朝一夕

清　马骀　历代名将画谱·羊祜

可成，当时，晋朝有五十五万陆军，但缺少水军。吴国虽只拥有二十三万军队，但水军非常强，有五百余艘舟船。为此晋朝一面令羊祜在荆州准备，一面也令王濬出任益州刺史。按照诏令，王濬最初的职责是带五六百士兵在蜀地屯田，后来朝廷急于修造战船，就下令停止屯田，所有士兵一并修造。王濬是一位很有主见的将领，他听从别驾何攀的建议，认定当务之急不是停止屯田而是扩充人手，于是招募兵马，将五六百人的屯田兵扩充到近万人，双管齐下，出色地完成了任务。其所造的大舰长一百二十步，可

东吴 战船模型

以运载士兵两千余人，船上设有木楼，非常宽敞，可以骑马往来。

东吴人发现从上游经常有造船的边角料顺流而下，于是也做了防范，用粗大的铁索拦住长江。准备的过程中，晋、吴两国内部并不安定，晋国的问题是西北方的匈奴、鲜卑人屡次作乱，并且边地镇压不力。而东吴也在做类似的事情，只不过他们的隐患是叛乱的交趾地区。这场大战于是迟迟没打起来。

然而，泰始八年（272），发生了一场意外的战役。当时吴主孙皓奢靡残暴，经常胡乱杀人，国内大臣人人自危。一次，孙皓突然征召镇守要地西陵的昭武将军步阐入朝，步阐世代在西陵镇守，突然接到诏令非常恐慌，觉得这是孙皓想除掉自己，于是于当年九月投降晋朝。

西陵是东吴的门户要地，步阐叛乱自然引发一场大战，此时东吴的政治水平和国力都弱于晋，但是指挥这场大战的将军陆抗（陆逊之子）精明强干，他力排众议，凭独到的战略眼光为衰弱的东吴赢来了几年时间。

战斗开始时，陆抗虽然在第一时间包围步阐所在的故市，但并不急于攻打防备坚固的城池，而是在缺乏险要地形的沿江修筑工事，以便抵抗晋军并断绝故市人马的去路。由于陆抗早有准备，羊祜没有直接到故市救援步阐，而是率军五万进攻西陵。东吴诸将认为江陵防备坚固，不需要冒险支援，但陆抗认为一旦晋朝占据江陵，将导致南山的少数民族群起响应，后果不堪设想，于是执意支援。但他并不鲁莽，没有硬抗，而是命令修筑大堤拦水，如此两岸洪水泛滥，就变成一片难以通行的沼泽。

羊祜感到很棘手，就诈称要毁掉大堤，而实际却借水势用船运粮，但陆抗更胜一筹，直接先一步摧毁大堤。羊祜只好在泥地里用车运粮，举步维艰。两军对峙到十一月，东吴的一个都督投降，为晋朝带来了很多虚实情报。陆抗略一思索，认定叛徒一定会带晋军攻打东吴军中缺乏训练的少数民族兵营，于是连夜调动人马，全都换上精锐士兵防守，晋朝荆州刺史杨肇果然上当，不仅攻不下来，反而死伤惨重。双方僵持到十二月，杨肇手段用尽，仓皇撤退，整个西陵之战以东吴胜利告终。羊祜被连降数级，贬为平南将军，杨肇从刺史直接被贬为平民。

奇闻逸事

周处除三害

周处是吴国鄱阳太守的儿子，年纪轻轻就勇武过人，但他做事随心所欲，不拘小节，给百姓带来很多苦恼却不自知。一天，周处见一个人满脸愁苦，好奇地问道："老人家，现在收成这么好，你怎么不快乐呢？"那人没好气地道："乡里三个祸害未除，有什么好快乐的？"周处大奇，忙问祸害有哪些。那人犹豫一下，说："南山白额虎、长桥作浪蛟，加上你就是三害了！"周处大为羞愧，半晌才坚定地说："如果祸患仅此而已，我周处都能消除！"说罢入深山射虎，下长桥斗蛟，凭着一身武艺杀死了它们，三害只剩下了他自己。他没打算自杀，但想到了通过学习消除自己的缺点。为此他拜陆机、陆云为师，磨砺意志，发奋好学，才一年就凭才能和品德被征辟为官。可惜，他还没有发挥多少才能，东吴就灭亡了，只能在晋朝建功立业。

> **成语典故**
>
> **天下不如意事十常居八九**
>
> 在决策是否进攻东吴的时候，晋朝很多大臣各抒己见，其中不乏反对攻吴的，他们列举北方尚有叛乱、军费消耗颇多等条条伐吴的困难，以此责难羊祜。羊祜没有一一辩驳，但他说了一句流传千古的话："天下不如意事十常居八九。"意思是凡事不可能只有积极因素，没有消极因素。听了羊祜的进言，司马炎终于坚定了伐吴的决心。

然而，一场失败并不能挫败羊祜，回到荆州以后他依旧实施怀柔、攻心之计。每次和吴军交战，羊祜都预先与对方商定交战时间，从不搞突然袭击。有部将主张偷袭，羊祜就用酒将他们灌醉，不许他们再说。在他的约束下，晋军对边境的吴国百姓秋毫无犯，即便情急收割吴国稻谷以充军粮，事后也要付钱偿还。打猎时，羊祜手下的士兵从不超越边界线，甚至在边境捡到吴国人射伤的禽兽，也会如数奉还。吴国人由此对羊祜十分尊重，不称呼他的名字，只称羊公。

而东吴方面名将陆抗已经年老，他屡次向孙皓提出富国强兵的建议，但终究不为所用。孙皓只是让陆抗镇守西陵，自己则花天酒地。他喜欢在酒宴时强行给大臣立下饮酒指标，达不到就强灌，又喜欢让身边的侍臣嘲弄醉酒的大臣为乐，并且屡屡残害忠良。他的后宫很大，公卿之女中有美色的都是他的筛选对象，他还在国穷兵少的时候分出三万三千兵马给封王的子弟。东吴于是群臣离心，都不愿为国家出力了。

泰始十年（274），陆抗病逝，临死前请求孙皓收回发给诸侯王的兵马，并且在西陵屯兵八万以防晋军从上游顺流而下。然而，孙皓终究没有实行，他沉迷于西陵之战的胜利中，可笑地信奉从各地挖出的祥瑞、符谶，相信"扬州士，作天子"的鬼话。

晋灭东吴，三国落幕

咸宁四年（278），羊祜病逝。虽然生前曾有西陵之耻，但羊祜极受司马炎敬重，他的伐吴政策一直被坚定推行。羊祜死时正是冬季，司马炎哭得须发冰结，南州的百姓因他的死讯罢市，街头巷尾都是一片哭声，连吴国守边的将士也为他流涕。

咸宁五年（279），安东将军王浑上表，称孙皓打算率军北上，晋朝边境于是纷纷戒严。当时晋强吴弱，吴国自然是虚张声势，而晋朝却借戒严的机会大举调度兵马，决意攻打东吴。

十一月，司马炎采用羊祜生前拟制的计划，命太尉贾充出任大都督，率中军驻守在襄阳，统一指挥诸军；命中书令张华出任度支尚书，负责筹划粮运；并出动二十万晋军，分六路进攻吴国。其中，琅邪王司马伷率军从下邳向涂中方向进攻；安东将军王浑率军从寿春向和县，出横江渡口进军；建威将军王戎率军从豫州向武昌方向进军；平南将军胡奋率军从荆州向夏口方向进军；镇南大将军杜预率军从襄阳向江陵方向进军；龙骧将军王濬、巴东监军唐彬率军从巴蜀顺江东下，直指建业。

其作战计划大体是令益州的水师从长江顺水而下，在两淮地区也多路进兵牵制东吴，最终水陆配合夺取长江中游的控制权，然后水陆并发，沿江而下，直逼东吴腹地。

似乎是天意在晋，同年十二月，西北也传来捷报，司马督马隆凭借招募的三千勇士，利用扁箱车在山路转战，成功平定了鲜卑之乱。这支奇兵自正月出发，此后几乎毫无音讯。他们远征几千里，最终斩杀了鲜卑叛军首领树机能，凉州边患于是平定，晋朝可以全力南下攻吴。

由于国力悬殊，晋灭吴之战进展非常顺利，太康元年（280），杜预、王浑两路所向披靡，益州的水师也在丹阳得胜。吴国耗费巨资修建的横江铁索被王濬用长达十余丈的麻油火炬生生烧断，江中放置的铁锥也被开路的木筏破开。

水师于是顺江而下,西陵、荆门、夷道、江陵相继被破,接连战败引起吴国的巨大恐慌,沅水、湘水以南,交州、广州之地,都有州郡献上印绶投降,东吴措手不及,惊呼"北来诸军,乃飞渡江也"。

吴国皇帝孙皓得知王浑率晋军南下,派张悌与沈莹、孙震、诸葛靓(诸葛诞之子)等人率三万吴军迎战,企图挫败晋军渡江。沈莹向张悌分析形势,建议集中兵力守采石,等待晋军渡江决战。张悌认为,吴国即将灭亡,人人早已看清。晋军一至,众人心中必然恐惧,难以再整军出战。还不如趁晋军未到,渡江与其决战。

张悌的举措是明智的,吴军渡江以后就成功逼降王浑的部将张乔所率的七千晋军,但此后的对抗却屡屡受挫。当时,张悌亲自挑选五千精锐士兵冲击扬州刺史周浚所率晋军,哪知三次冲锋都以失败告终,这几乎摧毁了吴军的信心,这三万阻击军的溃败一发不可收拾。在晋军的追杀下,张悌誓死不肯逃离,大约七千多吴军和他一起被斩杀,其余或逃或散,这也是全吴能够调动的大部分精兵了。

这支军队败亡后,王濬水师击破武昌顺流而下,前方便是吴国都城建业。孙皓命令游击将军张象率万人抵御,但看见王濬的舰队满江而来,旌旗几乎能将天穹染色,张象毫无斗志,直接投降了。

此时王浑、司马伷等各路魏军也相继得胜,从不同方向

清 马骀 历代名将画谱·铁索沉江

中外对比

280年，西晋攻入建业，吴国灭亡。

271年，罗马皇帝修筑长城，抵御外族入侵。

汇聚在建业长江北岸。吴国许多高官交出印信符节，前往晋军投降。吴国皇帝孙皓见内部已分崩离析，只好决定投降，但他没有把降书交给一人，而是采纳薛莹、胡冲的计策分别派使者送信给王浑、王濬、司马伷三位晋军统帅，企图挑唆他们争功内斗。

但这已经无法阻挡东吴灭亡了，王濬的水师以风大无法停船为借口，直接回绝了王浑商量对策的要求，率水军直冲建业。当天，八万水陆晋军攻入建业城。

吴国皇帝孙皓没办法，只好反绑双手，拉着棺木，前往王濬军前投降，昔日孙坚从校尉打下的赫赫基业，于此变为一片废墟。

四月，司马炎封孙皓为归命侯，宣告吴国灭亡，三国长期分裂局面随之结束。这是一个英雄的时代，也是一个灾难的时代，是中国史上最意难平的时期。数百年后，唐人刘禹锡还为诗叹惋，很好地概括了这段悲壮的历史。

西塞山怀古
刘禹锡

王濬楼船下益州，
金陵王气黯然收。
千寻铁锁沉江底，
一片降幡出石头。
人世几回伤往事，
山形依旧枕寒流。
今逢四海为家日，
故垒萧萧芦荻秋。

地图专题 西晋灭吴

本　　质：汉末割据的结束。

作战双方：司马伷、王浑、王戎、胡奋、杜预、王濬等率领的晋军；东吴的沿江守军。

背　　景：西蜀平定以后，东吴政局因皇位继承之争出现极大动荡，而晋国在司马炎的主持下却政局平稳，并开始了数年的伐吴准备。

透过地图说历史：

早在司马氏取代曹氏以前，司马昭就定下了"宜先取蜀，三年之后，因巴蜀顺流之势，水陆并进"的灭吴战略，只不过灭蜀之后的波折远比司马昭所想为多，蜀汉灭亡十多年后，伐吴才真正展开。

西晋灭吴，兵分六路，一路沿江东进，五路自北而南。从长江上游的巴蜀，到中游的荆州汉水区域，乃至下游的江淮地区都有兵力布置。总体来说，这是一场空前的水陆联合之战，堪称中国北方统一南方作战的教科书。

在作战细节上，由于内部矛盾和政治腐败，东吴的抵抗乏善可陈，吴军整体是摧枯拉朽式地战败的，只是在采石矶（时称牛渚）组织过一次主动反击。但此时晋军已与建康近在咫尺，若驻守采石矶打水战，固然是吴军强项，但士兵的心理却容易被晋朝"兵甲满江，旌旗烛天"的声势压至崩溃，可若渡江迎战，又是自取其短，无论如何胜算都是微乎其微了。

比较值得称道的是晋朝西路的王濬军，晋朝本来不长于水师，但灭吴之时，王濬已经在益州经营了七年，不仅准备了大量水战利器，包括可以

承载两千多士兵、其上可以策马奔跑的巨舰,而且晋朝的战士在此期间也熟悉了水战之法,和曹丕时代望江兴叹的水军完全不同了。

在地图上,我们只能看到王濬大军沿江而东的流畅曲线,其实早在大军出蜀东下之时,江上的博弈就已经开始。东吴在从丹阳(今湖北秭归西南)以下的长江三峡要害之处都设置了障碍,以千寻铁索横断江面,阻拦舰船通行,水下又配合险滩秘密放置了长达丈余的铁锥,在湍急的江水中,大船一旦触及就难免船毁人亡。但是晋军的处理非常老到,派出数十条巨大的木筏先行探路,这些筏子巨大而便宜,一条筏子只载数人而已,木筏所过之处,若有铁锥就会触及木筏而被发现清理,而木筏本身就是透水的,根本不怕戳。

至于明面的铁索,则更好处理,只是用长十多丈的火炬猛火炙烤,就将其烧断了。

于是,"千寻铁锁沉江底,一片降幡出石头",东吴政权就这样在主场长江一败涂地。

附录 东汉三国文学史大事年表

时间 8—280

东汉

东汉文学是中国文学上古期和中古期的分水岭，随着这一时期结束，中国所有的文学体裁几乎都孕育出了雏形。严格来说，两汉文学并没有因王朝变更而发生骤变，从西汉元帝到东汉和帝都是汉文学的中兴期，当然因为社会的动荡，东汉辞赋、乐府诗在题材、内容和风格上出现了明显变化。从汉安帝到汉灵帝时，东汉衰亡，文学也迎来一次大转变。

班彪（3—54）

东汉史学家、文学家。早年出仕，先后依附于隗嚣、窦融、刘秀。后专心从事史学，决心续写《史记》。这项工作浩大繁杂，班彪一生只完成了《后传》六十五篇，续写《史记》的工作遂由后人完成。班彪也擅长辞赋论著，如今保留有《王命论》《北征赋》等。

桓谭（约前20—56）

东汉思想家。博学多识，对于鼓吹谶纬之学的庸俗儒生大力批评。著有《新论》二十九篇，现传《新论·形神》一篇，文中以烛火比喻精神，认为精神不能离开肉体，正如烛光不能脱离蜡烛，否认了神仙和长生的说法。

班固（32—92）

班彪之子，史学家、文学家。奉诏完成父亲遗志，历时二十多年完成《汉书》的大部分。班固还擅长作赋，著有名篇《两都赋》。其所著《白虎通义》是建初年间白虎观经学辩论的成果汇总，有宝贵的资料价值。班固所写的《汉书》文辞渊雅，叙事详赡，整齐了纪传体史书的形式，开创了断代史体例。

王充（27—约97）

东汉思想家。年少时曾于洛阳太学师从班彪，喜欢博览群书，而不愿拘泥于章句。王充早年为官，后来辞官专心著书。他继承并发展了先秦气一元论的自然观，认为由于"气"本身运动产生万物，而非由某种有意识的主宰所创，人们畏惧的天灾也是气变化的自然结果，和人事无关。著有《论衡》。

班昭（约49—约120）

东汉史学家、文学家，班固之妹。班固死后，《汉书》的八表和《天文志》还未完成，班昭遂与马续共同完成了《汉书》的剩余工作。班昭威望很高，经常出入宫廷，担任皇后和妃子们的老师。著有《东征赋》《女诫》七篇等。

张衡（78—139）

东汉科学家、文学家、画家。天文著作有《灵宪》《浑天仪注》，文学作品有《二京赋》《归田赋》。

王符（约85—162）

东汉思想家。一生潜心著书隐居，著有《潜夫论》。王符和王充一样认为"气"是万物的本原，但也承认鬼神和天命。王符生平关心国政，在著述中对时政得失多有讥评，认为农、桑是国家之本，反对地主豪强的贪婪。

秦嘉（？—？）

东汉诗人，抒情诗成就颇高。秦嘉与妻子感情很好，在洛阳为官时经常写诗寄托情意。存世诗文有《与妻徐淑书》《重报妻书》《赠妇诗》四首、《述昏》诗一首。

郦炎（150—178）

东汉诗人，他的诗存世的有《述志诗》《对事》《遗令书》等，作诗风格锋芒毕露，开建安风骨之端。

蔡邕（132—192）

东汉文学家、书法家。精通经史、音律、天文，擅长辞章。其散文以碑记最为有名，工整典雅，多用对偶，颇受当时文人推重。蔡邕的书法造诣也极高，尤其擅长隶书，他的隶书结构严整，骨气洞达，爽爽有神，曾自创"飞白"书。

祢衡（173—198）

汉末文学家，少有才辩，长于笔札。传世有著作《鹦鹉赋》《吊张衡文》。《鹦鹉赋》借鹦鹉来抒写有才之人在乱世的悲惨命运，是咏物小赋中的上品之作。祢衡一生短暂，个性刚强孤傲。曹操欲见，他以狂病拒绝，后至刘表之处也相处不睦，最终被黄祖所杀。

赵壹（？—？）

东汉辞赋家。曾作《刺世疾邪赋》，强烈反对世族豪强垄断政权，专横残暴，抨击官场中的腐朽黑暗。

三国

三国时期（魏），是中国文学中古期的开始，当时的文人生逢乱世，生活和精神世界受到巨大动荡，因此他们继承乐府的传统，在五言古诗和辞赋方面大有进境，完成了从建安风骨到正始之音的风格转变。这一过程中门阀制度的崛起、玄学的兴盛及佛教作为外来宗教的传入，都对文学产生了深刻影响。

刘桢（？—217）

汉末文学家，建安七子之一。以五言诗闻名当时，但作品传世很少，传世之作中大多以酬答亲友、抒发抱负为题。

应玚（？—217）

汉末文学家，建安七子之一。其才学曾得到曹丕盛赞，但传世作品很少。

曹操（155—220）

三国政治家、军事家、诗人。其著《观沧海》《蒿里行》《龟虽寿》等均为流传千古的名篇。曹操多于诗歌中抒发政治抱负，反映人民疾苦。他的诗歌气魄雄伟，慷慨悲凉。曹操也善于为文，其散文清峻整洁。

曹丕（187—226）

曹操之子，有文才，爱文学。既有丰富的个人创作，又在创作理论上颇有成就。其诗歌大有民歌之风，语言通俗，描写细腻，所著《燕歌行》是文人七言诗的优秀之作，所著《典论·论文》是极为著名的文学理论。

曹植（192—232）

魏国诗人。封陈王，谥"思"，故称陈思王。曹植才高八斗，文学成就为一代之翘楚。其诗歌多为五言诗，早期多以人生抱负和宴会游猎为主题，后期因受到兄长曹丕猜忌，诗歌转以描写人生中的苦闷、悲观。曹植的诗歌语言精练、辞采华茂，对五言诗的发展有里程碑的意义。曹植也善于写文，其《洛神赋》是流传千古的名篇。

陈琳（？—217）

汉末文学家，建安七子之一。善于书写檄文，文辞工丽，多用骈偶句式。其诗歌仅传四首，但水平不凡。《饮马长城窟》深刻书写人民徭役之苦，可谓入木三分。

蔡琰（蔡文姬）（？—？）

蔡邕之女，博学多才，精通音律。汉末大乱被董卓部将掳走，嫁给匈奴左贤王，十二年远离中土。著有《悲愤诗》五言及骚体各一首，深刻描写了个人悲惨的命运和人民在战乱中的疾苦。有很多人认为，《胡笳十八拍》为蔡文姬所作。

阮籍（210—263）

三国魏文学家、思想家。竹林七贤之一。推崇老庄思想，蔑视礼教，以白眼看待固执于礼法的"礼俗之士"，往往以酗酒逃避政治斗争从而保全自己。擅长五言诗，其所著《咏怀》八十余首多表现人生孤苦，内容富有哲理，对社会黑暗多有隐约讽刺。阮籍的文章也写得很好，著有《大人先生传》《达庄论》以批判礼法。

嵇康（223—262，或224—263）

三国魏文学家、思想家、音乐家，竹林七贤之一。崇尚老庄思想，不满礼教，不满司马氏政权，最终被司马昭所杀。嵇康的文章思想新颖，往往批驳古时旧说。其代表作为《与山巨源绝交书》《难自然好学论》。嵇康的诗以四言为长，风格清峻，代表诗作为《赠兄秀才从军》《幽愤诗》。尤其擅长演奏《广陵散》，并作有《琴赋》《声无哀乐论》等文理和音乐思想并茂的文章。